Michel Albert

資本主義 対 資本主義 改訂新版

ミシェル・アルベール 著
小池はるひ 訳　久水宏之 監修

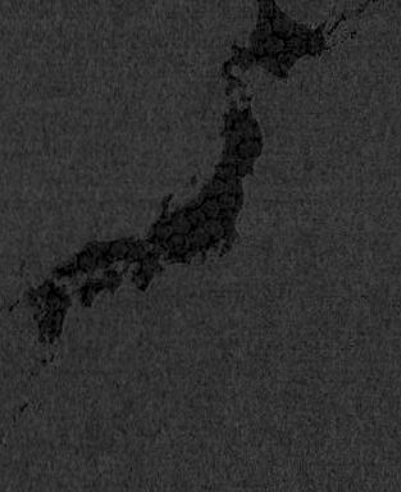

竹内書店新社

〈資本主義 対 資本主義〉 目次

資本主義 対 資本主義

序　章

資本主義は、史上初めて、いま本当の勝利をおさめている。それも全面的な勝利である。問題はすでに解決された。おそらく、今世紀最大の問題が――。

資本主義の勝利は三つの戦線においてくり拡げられた。まず第一の戦いは、イギリスのサッチャー首相と米国のレーガン大統領によって行われたもので、それは、資本主義を汚染している、国家の介入というものに対する国内での戦いである。乾物屋の娘のサッチャーと元俳優のレーガンは、共に、経済政策に関しては初めての「保守革命」を進めた。つまり、「小さな政府」への革命である。その主たる原則の中で最も目立つものは、資本家を筆頭とする金持ちの税金を減らすことであった。もし金持ちの税金が減れば、経済成長はより力強いものとなり、全国民がその恩恵にあずかるというわけだ。一九八一年、米国連邦政府は、最高所得層からは、収入の七五％までもの税金を徴収していたが、一九八九年には最高課税率は三三％になっている。英国では，労働党政府の下で、資本収益への課税率は九八％にも達していたが、サッチャーの政府では最高のもので四〇％までに落ちている。世界中で、こんなに人気の高かった経済改革は今まで例がない。十ヶ国もの国で、国と国民との歴史的関係の方向を変えた改革だった。二世紀にわたって、税の圧力は、特に先進国では増大する一方だった。この傾向が、今ひっくり返り、世界は減税競争の時代となったのである。まさに革命である。

資本主義の第二の勝利は、正面から挑んだ全面的勝利であり、戦いを交えずに得たものであるだけにいっそう華々しいものだった。百年前から、資本主義は共産主義と対抗してきた。五十年近く前からは、その対立は主にアメリカとソ連の間のもので、これが世界情勢を支配してきた。一九八九年十一月、ドイツの若者たちがベルリンの壁を越えることに挑み、全東欧諸国の三億の欲求不満の人々の先駆けとなった。彼らの自由へのあこがれ、それはまたスーパーマーケット、つまり資本主義への欲求だったのだ。

第三の勝利は、イラクの南方の百時間ばかりの戦いで、千対一の勝利となったことである。これはまず、力と正義の合わさった勝利で、アメリカとこれを支持したイスラム教国八ヶ国を含む二十八ヶ国の勝利であった。また国連においてはソ連と中国までもが味方についたのだ。さらにこれは専制に苦しめられ経済成長をすることのできない人々の幻滅に助けられた、資本主義の勝利でもあった。賭けてもいい、サダム・フセインに裏切られた群衆は、あの共産主義国の群衆と同じ道をたどるだろう。いまや運命は決められたのだ。資本主義へと向かって。

⌘　⌘

この資本主義の勝利は、世界の経済史を新たな光で照らしてくれた。経済地図を根底から変えてしまったとも言える。共産主義の目隠し、シベリアの闇とも呼べるものが現実の光で散らされてしまった今考えると、われわれ人類の過去は全く対称的な二つの時代に分けることができる。

資本主義以前、人類史が始まって以来、すべての国々、優れた文明を持つ国々も含むすべての国は、今われわれが第三世界と呼ぶものに似ていた。人間は「自然」に生まれ、あらゆる動物と同じように生き、三十歳になる前に、瀕繁にくり返される飢饉や、食料不足による伝染病、さらには「聖なるもの」つまり「権力」の、有史以来変わらぬ圧力のために死んでいったのである。

フランス、そうフランスでさえこれほど豊かな土壌を持ちながら、一八四八年の革命前夜までは、本格的飢饉に苦しんでいたのだ。

それは欠乏の世界であり、いわば経済の先史時代であった。

それまでに例のなかった資本主義の歴史的役割は、およそ三世紀前から、欠乏や飢饉や犠牲といった辛苦を少なくしたことである。この革命はユダヤ・キリスト教の国で始まった。そして百年前からは規模も大きく速度も早くなって極東諸国にも広がっていき、どこの国でも、その土台は、三位一体の基盤を持つ制度上のシステム作りであった。まず資本主義、つまり市場での価格付けの自由、生産手段所有の自由である（他の定義はここでは挙げない。なぜならこの二つが最も重要であると思われるので）。第二は信教の自由を始めとする人権。そして第三は権力の分化と民主主義への進行である。

絶え間ない飢饉の続いた時代が終わり、新たな経済発展の時代は始まったばかりなのだ。資本主義の三重の勝利を通じて、世界経済の地図に二つの空間が描かれた、いや刻みこまれたのを見ることができる。

まず第一に、この二十年来、われわれの頭上には絶えず、石油供給の問題、経済にとって酸素とも言える問題、それがダモクレスの刃のようにぶらさがっていたのだが、今や長期的に見ても、物理的に解決したといえる。問題はもはや充分に買えるかどうかではなく、価格の問題であり、大気に捨てる量が多すぎはしないか、になった。エネルギー源の新しい地図は石油掘削の地図ではなく、代替エネルギーと、公害対策の道具のためのものになった。

さらに重要なのは、第三世界という観念の内容そのものが、冷戦終結後に「消滅」してしまうということである。共産国が資本主義国に、経済効率という面で挑戦をしていた間は、われわれは信ずるふりを装って「トリロジー」（三元論）つまり、資本主義国、共産主義国、第三世界を維持させていることができた。

フルシチョフが一九六〇年に国連の演壇で、紀元二〇〇〇年にはソ連経済はアメリカに追いつくだろうと宣言し、だれも驚かなかったことを忘れはしまい。最近まで、多くの大学がそんな愚言を教えていたのだ。仮面ははがされ、だれもが共産主義経済の嘆かわしい後退ぶりを確認することができた今、当然、共産国を他の発展途上国と同じカテゴリーに入れなければなるまい。こうして三元論は単なる二元論となった。その一方は先進国または発展の速く進んでいる国々、つまり資本主義国で、他方には発展途上国、いわゆる貧しい国々がある。「第三世界」という表現はもはや意味がなくなった。

経済発展の途上に置くには、その国に資本主義を打ち建てればよいというわけではない。それには最低限の規則が必要だ。つまり有能で腐敗していない国家が必要なのだ。確かにかなり発展している資本主義国にも多数の貧乏人がいる。それもどんどん増えている。特にアメリカがそうだ。小さなことだが明記しておこう。アメリカにおいて、肥満は確実に全国的な健康問題になっている。しかも肥満者は貧乏人なのだ。

先進国および急速な発展の途上にある資本主義国のリストを挙げておこう。

○　北アメリカ諸国。これにはメキシコと新たに力強い発展を遂げているチリを含む。
○　西ヨーロッパ諸国。ＥＥＣあるいはＡＥＬＥ（ヨーロッパ自由貿易連合）に属している国々。
○　日本とアジアの新興工業地域（ＮＩＥＳ）の国々：タイ、韓国、台湾、ホンコン、シンガポール。

これだけである。

このリストはおそらく反論を食らうだろう。例えば、なぜ、サウジアラビアとアラブ首長国連合を先進資本主義国に入れないのか。なぜなら彼らの富は、市場で得たものではなく、土の中から吸い取ったものだからだ。そのおかげで、現在まで彼らは民主主義と権力の分化の法則に従うことを免れてきたのだ。さらに、なぜメキシコを他の南米諸国と一緒にしないのか？　それは、メキシコが、米国と自由貿易の協定まで結んで、自国の経済を外国との交易に開いているからだ。チリもまた、市場経済を取り入れて再出発している。だが他の南米諸国では、多くの財産が、資本主義のゲームの法則の外で築かれ続けており、市場経済と競争の掟を逃れているのだ。その結果、これらの国々はインフレと低開発のくびきから逃れることができない。

もう一つ、なぜ南アフリカがこのリストにないのか？　それは、これらの国々では民主主義が、社会的アパルトヘイトの代わりに真の経済的アパルトヘイトを生み出しているからだ。しかしアフリカといえば、この不幸な大陸には、何年か前から、北アフリカと南ヨーロッパとの間に橋を渡そうとしている国があるのだが、あまり知られていない。モロッコである。

ますます複雑になると言われている世界にしては、何という単純化であろうか。新経済世界地図は突如、最も単純で、二元性のものに見えてきた。この二元論は耐えがたいものではないのだろうか？　この先進国主導、独占といってもいい状態は、資本主義の本来の性質とは正反対のものであるのだからなおさらである。実際、資本主義の第一の原則は、何度も言ったように市場、つまり競争なのである。ところが、あまり強大になりすぎ、資本主義に敵はいなくなってしまった。
勝利は完全なものであったので、資本主義は自身の鏡と引き立て役両方を失った。民主主義も、自由主義も、資本主義も、独占の経験はない。反対を受けないものをどうやって管理したらよいのだろうか。

⌘　　　⌘

むやみに仮定を持ち出すより、資本主義諸国が、特定の問題に対して与えた答えを考察してみよう。わたしの独断で、そのうちの一〇題を取り挙げてみた。答えが多様で興味深いのだが、何より、その問題の答えによって、資本主義は均質なものではなく、反対に大きく分けて二つの型に分けられることを確認したのはさらに興味深いことだった。この二つの資本主義は、対立しているのだ。

1　移民問題

移民問題は多分、ほとんどの先進国で、二十一世紀の最大の政治的論点となるであろう。この問題は、特に資本家には興味がある。というのは、移民の労働力は、自国民より、同じ生産性でも、ずっと安くつくからだ。この理由で、米国は長年、移民数を縮小する政策をとってきたが、今や南米移民を中心にどんどん受け入れを始めているように見える。一九八六年の法律で、三〇〇万の不法滞在者の身分を正当化し、一九九〇年の法律では、一九九五年に四七万から七〇万人へ合法移民の数を増やすことを決めている。そして、メルティングポットといわれる同化のメカニズムが、外国人種の新しい部族主義へと移行を始めようとしている今、そうした政策がとられているのである。外国移民はアメリカ人になるよりも自分たちの文化的アイデンティティーを強めることに熱心になってきたのだ。

なぜ資本主義日本は、いつまでもあんなに閉鎖的なのであろうか。人口密度の高さが確かに大きな原因ではあるが、それだけではない。日本人が、フィリピンや韓国の移民に対して示す待遇のひどさは、アメリカでは考えられないことだ。それと同様に日本人にとって考えられないのは、アメリカ人の二人に一人が、黒人である連合軍指揮官のコリン・パウエル将軍が、一九九二年にブッシュ大統領が再選されたときに副大統領になることを願っていることである。

米国の例にならって、英国もインドとパキスタンの移民に準市民権を与えた。だがドイツではそれはありえない。血縁が国への帰属を決定し、一九九〇年の法律でもドイツ文化均質化を最優先のものと定めたのだから。ドイツ人は他のドイツ語圏国家との連帯の義務は感じているが、トルコ移民の同化は考えることができないようだ。アングロサクソン型に対し、ドイツ・日本型と呼べるものがある。

2　貧　困

この問題は、移民の問題と結びつけられることが多いが、資本主義諸国どうしの対立が最も深くなるものの一つである。その表れ方においても、またそのための組織作りにおいても。人類史上、ほとんどの社会で、貧乏人は、可哀想な奴、無能力、失敗した人、怠け者、疑わしい、さらには罪を犯す人、という扱いを受けることが多かった。今でも、職に恵まれた人々が、失職者をどうしようもない怠け者とまでは言わなくても、労働市場に適応する勇気のない人間だ、と見る傾向がどこの国でもあるのではないだろうか。これは少なくとも二大資本主義国、日本とアメリカでは広く支配的な意見である。

その結果、この両国では、ヨーロッパで、もう五十年近く前に作られた社会の保護システムに比べられるようなものを持たないし、持つ予定もない。当時のヨーロッパ人の収入は現在の日米に比べると三分の二か四分の三にも満たなかったはずである。

社会の組織作りにおけるこうした差はどこから来るのだろう。おそらくヨーロッパ人は伝統的に、貧乏人は罪人というよりは犠牲者と見るからかもしれない。しかし、この見方にも色々な面がある。つまり、無知で、貧しく、絶望していて、社会的に弱い、と見なしているのだ。われわれは、社会保障費を払い続けられるのだろうか。この疑問はあらゆる国で生まれている。二大資本主義国がこの分野で節約しているのだ。フランスでも、どの国にもまして切実な問題である。

3　社会保障は、経済発展に有利だろうか？

この問題は前項の貧困の問題をもっとさかのぼったところにあり、やはり大論争の対象である。レーガン派とサッチャー派の資本家たちの答えは明らかにノーである。社会保障ぐらい怠惰と無責任を助長し、甘えの精神を生み出すものはほかにはない、というわけである。しかしながら、サッチャー首相は、十年間の努力も虚しく、国民保健サービスについては実質的に触れることができなかったのはご存知のとおりだ。日本の資本家は、社会保障は、国ではなく企業の仕事と考えている。もっとも企業が従業員に保険を与えられるぐらい裕福であったらの話だが、中小企業の大部分はその余裕はない。日本では、資本家たちは、自分の企業で従業員が自由加入する社会保険に金融面の援助をすることすら応じているのである。

逆に、アルプス地域、つまりベネルクス三国（ベルギー、オランダ、ルクセンブルグ）と北欧諸国では、すべての人が、社会保障は経済発展の単純な結果だと考えており、多数の人が経済成長に好都合な制度と考えている。しかし、ある貧困の限度より下にいる貧乏人は拾いあげることはできない。他方、ヨーロッパの最先進国（ドイツ、フランス、英国、オランダ、デンマーク）では、最低賃金を保証している。

選挙に勝つためには、今でもこの伝統的手段に頼らねばならない。だが、特にEECの内部においては、国の経済全体に社会保障がますます重荷になり、ひいては競争力にも影響があるとされるようになり、議論は盛んになっている。スウェーデンでさえ、あの高名な「スウェーデン型」保障制度は、同じ理由で、社会民主党政府自らさえも批難するに至っている。反対に、保障がないことを耐えられないことだと考えるアメリカ人も、一部にはいる（少数だが）。あらゆる国で、いま資本主義は、なんらかの方法で社会保障の論理と対決せざるをえなくなった。

4　給与の序列

給与は、資本主義論理では、他に代えることのできない、効率のための手段である…はずであった。労働者に働かせたければ、個人の生産性に見合ったものを支払わねばならない。それだけのことだ。採用と解雇についても同様である。あるアメリカの保険会社社長は、「クリスマス表」というものを作って有名になった。つまり、彼はその表に、共同経営者の名と彼ら一人一人による利益と、かかった費用の見積りを書き入れた。ご心配は無用である。それで気を悪くするような人はいない。それに、八〇年代初頭のアングロサクソンの保守革命が起こる以前、国の介入や社会保障がまだ進歩の証しだと考えられていたころは、ほとんどの先進国で給与格差が縮まる傾向にあったのだが、八〇年以来、アメリカ、イギリス、その他アングロサクソンの例にならった国々で再び広がり始めていたのだ。フランスもそのうちの一員で、大多数が、経済競争力をつけるためには、収入の序列を厳しくしなければならないと考えていた。

しかし他の資本主義国では逆に、企業が収入の格差を少ない限度にとどめるよう努力をした。日本もそうで、すべての決定は、集団でなされ、給与設定も例外ではない。日本では愛社精神が給料より強い発展の要因なのだ。このことは、わたしがアルペンの国々と呼ぶ国々（スイス、オーストリア、ドイツ）でも同様だ。だが、これらの国々でも、伝統が見直されている。各職種企業の内部で、自分の価値を早く認めさせようとする若者と、特権を失うまいとする年長者との真の対立が深まっているからだ。

5　税制は貯蓄と負債のどちらに有利か？

フランスでは今も貯蓄に好意的な意見がほとんどだ。その額は年々少なくなってはいるが。ドイツと日本では、貯蓄は国家の美徳、税制はこれを促すものと見なされている。両国は優れた〝アリ〟の国である。米国は反対に〝キリギリス〟の国だ。個人の成功のシンボルは、富という外見的なもので表現される傾向が〈新しい保守革命〉以降さらに顕著になった。税金が負債を促進する理由である。負債が多ければ多いほど税金は少ないのだから、そうなって当り前だ。

八〇年代、その結果は驚くべきものだった。家庭の可処分所得に対する貯蓄率は、米国で一三％以上から五％へ減少し、英国では七％から三％という低い数字になったのである。

各国の将来にとって決定的であるといえる税の分野において、アングロサクソン型とドイツ・日本型は、根本から対立している。何年も前から英米両国は、ドイツと日本の融資を受けている。なぜか？　それは、家庭の貯蓄率が日本とドイツでは、十年ほど前から、英米に比べて二倍も高いからである。このような格差が長期的に続くものでないのは明らかだ。アングロサクソン型資本主義の大規模な挑戦の一つは、選挙民に、貯蓄することを再び始めようと説き伏せることだ。清教徒たちがあの古き良き昔にしていたように。何という大仕事だろう。なにしろこの格差については、これからも触れていくが、二つの資本主義どうしの戦いの最も深い原因と結果が集中していると言ってよい所である。

6　規制をもっと多くして、それを適用するための役人を増やすべきか。または裁判をするための弁護士を増やすべきか？

いつもそしてどこでも、成功する資本家、利益を得る人々は、規制に対して反抗する人々であったが、五十年近くの間、彼らの声は無視されてきた。国家介入は、あちこちに広がり、特に労働党のイギリスでは目立つものとなって、それがサッチャー人気を生み出した。それ以来、規制排除は新保守派の第一信条、誓いの言葉となったのである。

今日、この問題は、正反対の二つの意味を持つ理論の衝突を引き起こした。

イギリス、そして特にアメリカで、航空会社の分裂と貯蓄銀行の破産が主な理由だが、規制排除で主に得をするのは、いつも弁護士であるということに人々は気づき始めた。ローヤーと呼ばれるこの弁護士は、ヨーロッパの伝統に見られるようなリベラルな職業ではなく商業的なもので、まさに訴訟産業と呼べるものを作り出し、その発展のめざましさは、現在アメリカでは農夫より弁護士のほうが多いと言われるぐらいだ。日本人にとって、訴訟を起こすのは精神分析医にかかるのと同じくらい不名誉なことだ。ドイツ人も、よく知られているように規律を守るのが得意であり、明確な規則を好む。しかしＥＣの共同権利は基本的に規制排除のイデオロギーから出たもので、議員たちは自分たちの権威を失わせるとして抗議し始めている。

これについての議論もまだ序の口である。

７　銀行か株式取引所か？

自由主義理論では、競争が完全に自由な場における資本の動きのみが、企業の発展に必要な資金の最適な割当てを保証してくれることになっている。貸し出し金の分配に際して銀行の役割を少なくすることが、効率を高める要因の一つだと考える人は多い。一九七〇年には「仲介率」つまり、大ざっぱに言えば、アメリカの経済の資金繰りにおける銀行の占める位置が八〇％であったのに対し、一九九〇年には二〇％に落ちている。この劇的な下落は、その向う側に債券と動産の市場の異常なほどの発展があるためだ。つまり、極論すれば、銀行に株式取引所がとって代わったのだ。アングロサクソンの新資本主義全体がこの傾向を好んでいるし、ＥＣのブリュセル会議でも、レオン・ブリタン議長がこの考えを支持していた。

アルペンの国々の資本主義は（アルプスでいちばん高い山は富士山だと言ってよいだろう！）、これと反対の考え方である。フランスは迷っている。若き狼たちと年老いた株主たちはアングロサクソン党の党員である。一方企業主は、ＣＮＰＦ（フランス経営者会議）所属の調査機関「企業研究所」のまとめたところによると、かなりアルペン寄りの立場をとっている（一九九一年一月発行『企業の戦略と株主』による）。

本物の資本家ならば、この問題は死活に関わる。事実、財産をつくるにはまず二つの方法しか考えられない。生産において有能であるか、投機に長《た》けているかどうかである。株式取引より銀行を優遇する経済形態は、迅速に財産を築く可能性を提供することが少ない。すぐに財産を得ようと思わない者はどちらをとってもよいことになる。態度を明らかにする必要はないわけだ。

銀行か株式か、これはアメリカで次なる大論点となるだろう。旧式な銀行のシステムの破滅を恐れ、しかも、分裂や弁済不能の危機にあるブッシュ政権は、最近、ヨーロッパの例に、もっとはっきり言えばアルペン型にならって改革案を打ち出した。実施のためには、銀行の数を一万二千五百から数千に減らさねばならず、全州にまたがって、二十万人の解雇が必要となる。それを決めるのは議員だ。がんばって欲しい。

8　企業の中の権力は、株主、経営者、従業員の間でどのように割り振ったらよいか。

この問題は、前項に関連するものだが、多くの重役会議の場をまさに戦いの場と変えてしまうだろう。株主が社長の脇には一人しか秘書をおかせないと主張する場合があったり、経営側と株主が同数対決をしたり、あるいは経営者が株主を選ぶのであって逆ではない場合があったりするのを知っている。

企業の権力の限界に関しては、戦いは大きく激しくなる一方である。企業の本質そのものがかかっているのだ。株主が所有し、自由に処理する、単なる商品が企業なのか（アングロサクソン型）。それとも、株主の権力と経営者の権力とのバランスがとれ、その経営者を銀行と従業員とが（後者は表立っているとは限らないが）選考するという、複雑な一種の共同体が企業なのだろうか（日本・ドイツ型）。どちらがよいのだろうか。

9　教育と職業研修における企業の役割りはいかなるものか？

アングロサクソンの答えは、「最小限にする」である。理由は二つある。得られる利益は長期的なものなのに当座のコストがかかりすぎること。長期的仕事をしている暇はないのだから、即時に利益を最大のものにするべきだ。そしてもう一つ、労働力が不安定なことを考慮するとあまりに不確かな投資だ。そしてその不安定さは「労働市場」がよく機能している証拠なのである。

ドイツ・日本型の答えは全く逆だ。彼らは、すべての職員を職業的に向上させようとする。その職業管理政策は、社会の調和と経済効率を可能なかぎり確保することを目的とした、未来型のものである。だがそこでもまた、すでに得た経験に対して最大限に報酬を得ようとする人間と、古い社会習慣から逃れようともがく人間との議論は絶えない。

この具体的な問題から発し、いくつかの方向に敷衍してみることができる。アングロサクソンの伝統では、企業は、「利益を得る」という、はっきり特定された機能を与えられている。日本やヨーロッパ大陸の国々では、企業の意味はもっと広くなり、雇用をすることから、国の競争力のことまで含まれる。

10　保険：本議論の典型的分野

わたしは保険屋なので、典型的などと断定することは、この職業の悪い癖かと解釈されるかもしれないが、そうは思わない。どんな資本制社会も、革新をする能力や、競争力を強めようとして、あらゆる種類の保険の発展とともに、少なくともその後から成長していくものだ。そして、二つの資本主義のいちばん大きい差は、それぞれが現在と未来に与える価値の違いだと言える。保険業にとってはすべてが未来の価値を判断するためのものである。なぜなら、保険の仕事は、現在の資金を、少しでも大きくしながら未来へ移動させるところにあるからだ。

ところが今、保険に関しては二つの全く反対の考え方がある。最初のはアングロサクソンのもので、つまりそれは単なる市場活動だという考えだ。この考えはブリュッセルで強く訴えられた。もう一つは、企業と個人の安全を守るための制度としての重要さを強調したものである。あなたには関係がない論争とお考えだとしたら、あなたは自動車事故も、年老いてから家庭での介護も絶対自分には縁がないと思っていらっしゃるのだろう。しかしそんなに確信を持っていいのだろうか。

このように保険業の基本的で模範といえる二つの型の対立がある。最初のほうはマネーゲームの世界、つまり個人のリスク、商品としての冒険、長期航海の世界に属している。第二のものは、共同で連帯の安全の追求に徹し、この安全の網の中でより良い未来を探っていくものである。

二つの資本主義の形のまさに写し絵といえよう。わたしは私情ぬきで、考えていきたいと思う。今の時代、どんな複雑な問題でも三分間でテレビが説明してしまうのだから。何でも漫画にしてしまう、つまり大げさにすることなく簡潔にすることが喜ばれるということを意識しながら。

⌘　　⌘

十項目の具体例を示した前述のような概要には、二つの興味深い点が示されているように思う。

外から見ると、現在資本主義はその本質と全く離れて独走状態にあるのだが、悪くすると、マルクス主義的決定論に継ぐ新たな決定論を持つブロックの一枚岩となってくる恐れがある。ところが、今見て来たように、真の資本主義の国々で実践されているものは、その中に入ってみればすぐわかるが、一つで答えが出せるものではない。社会の大きな問題に「ただ一つのベストな方法」を与えてくれるものではない。反対に、資本主義は多層のもので、人生のように複雑だ。イデオロギーではなく、実践なのである。

そしてもう一つ大事なことがある。この多様性のために、資本主義は同等の重要さを持つ二つの極を持つのである。この二極の間で、人類の未来が賭けられてはならない。このような考え方を進める前に、事実の観察をしておく必要がある。なぜなら、アングロサクソンの国の人々は、ほぼ完全な主導権を教育と経済研究の両分野で握っているが、彼らのリベラルな論理では、わたしの訴えようとすることは考えられないことなのだ。実際、その考え方によると、市場経済は唯一の純粋で効果的な論理という以外ありえないのだろう。他はすべて、例えば、価格の合理性に、制度や政治、社会といった性質を組み入れて考えるなどというのは、堕落であり正統の道をはずれたことであると言うのだ。

こうした学術的考えについては、米国が世界で唯一の「聖地」であり、情報拠点、基準となる場でもある。幸いにも、実際は物事はそんなに単純ではない。本書の第一の目的は、ネオアメリカ型経済のほかにも、経済的に有能で社会的にもより公平になりうる型があることを示すことでもある。

それをどのように紹介していったらよいだろうか。

［1］　まず大ざっぱに見ると、「アングロサクソン型」と「ドイツ・日本型」を対抗させてみたくなる。

前者の範囲は広い。広すぎるかもしれない。オーストラリア、ニュージーランドもサッチャーのイギリスと同カテゴリーに入るが、労働党の影響がまだずっと強く残っていることを忘れてはならない。同じく、カナダについても、「美しい田舎」とイギリスが呼ぶケベック州は、この十五年間、ものすごい経済発展に成功しているが、これは、「預金供託局」の設置や、デジャルタンのグループ等のように、アングロサクソン型がこの十年来、全体として特徴としてきたこととはまさに反対の流れによるものが大きかった。

そしてさらに米国と英国を一つにして考えるのは、基本的な現象を抽象化することになる。米国には、前に触れたように、社会保障という全国的な体制がない。対照的に英国では、サッチャーでさえ英国の非常に完全な社会保障制度を根こそぎにすることはできなかった。その起源は、ビバリッジどころか、ビスマルクにまで遡るのである。

そして「ドイツ・日本型」という名は、百年前から日本がアジアのドイツと呼ばれていたことを思い出すが、現在はドイツと日本の最大手企業が他に例をみない協定で結ばれているのである。三菱とダイムラーベンツ、トヨタとフォルクスワーゲン、そして松下とジーメンス等だ。

また、企業の出資システムや社会的役割が類似していることのほかにも、ドイツと日本を近づける大きな点は、輸出という原動力である。だがドイツには、大企業と下請企業との二元性もないし、日本の商社のような役割りを持つ組織も存在しない。二十年来、産業専門化の研究をしてきたＣＥＰＩＩ（仏未来予測および国際情報研究所）は、この分野の全く正反対の例がドイツと日本であることを強調している。

ドイツは得意分野（機械、運輸機器、化学）が固定的で、日本は専門分野を変える速度が速い。繊維がなくなり、造船は方向を変え、自動車産業、大量消費のエレクトロニクスは爆発的に成長している。

結局、「ドイツ・日本型」対「アングロサクソン型」という見方は、遠くから眺めた場合に役立つものだということなのだ。

［2］　アメリカ型、あるいはネオアメリカ型。

サッチャー首相の保守革命にかかわらず、イギリスがヨーロッパと近づく努力を始めて以来、アメリカとは遠ざかっている。そしてアメリカが一国だけで一つの経済の型を構成するということになった。これは一九八〇年のレーガン大統領当選以来である。それ以前は、三〇年代の危機からずっと、社会、経済における国家の役割は米国でも、ヨーロッパでも、お互いの資本主義を接近させることであったと言える。共産主義との共通の戦いがあったからだ。

ところが、欧州ではどこにも、レーガンの革命に似たようなものは起こらなかった。そこで「レーガノミクス」と呼ぶべき一つの新しい経済の型が築かれたのだ。レーガンが国内で直面する困難も、国際面での彼の栄光を少しも損いはしなかった。

この複雑な現象は経済データより心理的要因のほうが強く影響しているのだが、これをわたしは「ネオアメリカ型」と呼ぶ。

［3］　こうして考えていると、疑問が生じてくる。それは、ヨーロッパ独自の経済は存在しないのだろうかということだ。あらゆる要因から、そう推測することができる。例えば、ＥＥＣは三十年前から活動を始めた。ヨーロッパの統合は、政治的でも外交的でも社会的でさえもなく、根本から経済的なのである。統合はもう実現した、あるいはほとんど完成したかのように人々は言っている。なのにどこにも、ヨーロッパ的な経済型は存在し

ないのだ。イギリスのものは、ドイツよりアメリカに近い。イタリアのものは家族資本主義や国家の弱体化、国家財政の巨大な赤字、そして中小企業の驚くべき活気という点で、中国華僑に似ている以外はどことも比べようがない。

そしてフランスとスペインが非常に似ているのは、存外知られていないといえる。両国は保護主義、統制経済、肥大化傾向のある協同組合等、よく似た遺産を受け継いでいる。どちらの国も、苦しんだ後、それらの旧システムから脱し、近代化の加速に踏み出した。そして三つの傾向のはざまを漂っている。

その三つとは、まず、再活性化すればアルプス型に近づくであろう制度を有する伝統。次に企業設立が盛んな、「アメリカ風」の姿勢、投機や社会の緊張はその特徴だ。そして三つめは、イタリア式「資本への帰着」。個人の財産が注目を浴び、高名な家族の栄光を大事にする。

以上の理由で「ヨーロッパ型」というものは、ありえないのである。

［4］　しかしながら、ヨーロッパ経済には一種の「固い核」ようなものがある。これには二つの面がある。

（i）　アルペン的な面：つまりドイツマルク圏にスイス、オーストリア（オランダは除く）が含まれる。そこでは、ネオアメリカ型の経済に対抗している最も強力なものを見出すことができる。さらにどの貨幣も、一時代以上の期間、ドルよりドイツマルクと似た管理方法をとってきた。

（ii）　あるいはもっと社会的な角度で物事を見る。すると「ライン」という言葉がより適切に思えてくる。ラインはテクサン（テキサス）と韻を踏む。テキサスはアメリカの悪いイメージである。同時にラインという言葉は、新ドイツの、プロシアではなくラインのドイツとしての彼らの特徴を表している。この国はベルリンではなくボンで生まれたのだ。

ライン川のほとり、ボンに近いバドゴーデスベルグの保養地で、社会民主主義のドイツは、一九五九年の歴史的議会において、資本主義をとることを決定した。それは当時、なにも驚くようなことではなかった。だが、あいまいにしてはいけない。それは確かに資本主義だった。なぜなら、西ドイツ議会は、当時、「生産手段と個人財産の保護と促進」を強調し、「競争と企業の自由」を勧めていたのであったのだから。当時、社会党に裏切り者呼ばわりされたこの計画は、徐々にすべての人に受け容れられるようになり、道義の問題ではなく現実の体験における行動の中に見られるようになった。

そして、コール首相のドイツは、アデナウアーの後継者として、ブラント、シュミットに続いて、「資本主義のライン型」と呼ぶものを実践しているのである。この型は、ヨーロッパのライン川沿岸、スイス、オランダのみならず、程度の差こそあれ、スカンジナビアでも、そして文化的違いは否めないが、日本においても見出すことができる。

⌘　⌘

役者が出そろった今、スペクタルは始まる。

共産主義が崩れ去って、資本主義の二つの型の間の対立が明らかにされた。その一方、「ネオアメリカン」は、個人の成功と短期的な金銭利益を土台としている。他方の「ライン」型はドイツに中心を置くが、日本のものと相似点が多い。日本もドイツも、集団での成功、コンセンサス、長期的な配慮に価値を見出している。この十年の歴史で、それまで自己の身分証明もさせてもらえなかった第二の型、「ライン型」が実は最も正当な効率の高いものであることが示された。

一九九〇年末、コール首相の勝利とサッチャー首相の辞任は、単に両国の内政的偶然、では説明のつけられない大きな出来事だったと言える。少し後退して高い所から眺めてもらえばそれは、もはや共産主義と資本主義ではなくネオアメリカとラインの二つの資本主義の対立による、新たなイデオロギーの戦いの最初のエピソードであったことがわかるであろう。

この戦いは、地下に潜った、激しい、そして容赦のないものだが、派閥争いがいつもそうであるように、陰湿で偽善的とさえ言えるものだ。同じ一つのシステムから派出した二つの型を武器とした、兄弟どうしの戦いであり、また、同じリベラリズムの中で、相対する、資本主義の二つの論理を主張する者たちの戦いなのである。

そしておそらくは、企業における人間の位置や、社会における市場の位置、世界経済の中の法的秩序の役割等に関して、対立する二つの価値体系の戦いとさえ言えるかもしれない。

イデオロギーが終焉を迎えて、もう論争の種がなくなったと不満をもらす人々は、まだがっかりすることはない。

第1章　アメリカの復活
――アメリカ　イズ　バック――

アメリカの、湾岸戦争後の栄光は、あまりに華々しいものだったので、ホワイトハウスの正面にブッシュ大統領を讃えて結ばれた黄色いリボンを見ているうちに、「アメリカの復活」という言葉が、ロナルド・レーガンのモットーであり、彼の業績であったことを忘れてしまいそうになる。

しかし、レーガンのアメリカはもはや過去のものとはいえ、世界のあらゆる所できらめき続けているのだ。

南半球では、レーガンの、自信に満ちた資本主義が今でも支配者たちを魅了している（知識層をもだ）。負債と統制経済で身動きできなくなっている国々でだ。ブラジルでもアフリカのナイジェリアでも、レーガン思想のイメージは、八〇年代中期からずっと、成功、活力、富を具現するものと考えられている。

共産世界では、八九年から九〇年の大崩壊のとき、文字どおり、一挙にレーガン（サッチャーも）を祭り上げ、神格化してしまったようだ。ブダペストで、民主フォーラムや民主同盟等の新しいハンガリーの政党が、その純粋で強硬なやり方の市場経済を取り入れることを誓って止まなかった。ポーランドでも、グダニスクやクラコフで「自由クラブ」が結成されたが、その象徴的な人物はレーガンとサッチャーなのである。「バルセロヴィッチ・プラン」（ポーランドの若き蔵相の名をとった）は勇気ある決断にもかかわらず失敗に終わったのだが、レーガンのやり方を大っぴらに真似ている。一九九〇年十一月の大統領選の第一回投票で、スタニスラウ・ティミンスキーという男が挙げた、唖然とするばかりの得票率ももちろんこの流れである。だれも知らなかった、クラッシックな話し方をするこの男は、〝ロニー〟だって否定しえないことを言う。「財産をつくりたかったら、わたしのようにしなさい！」。この最も漫画的なレーガン主義の圧勝は何も驚くようなことではない。東側では、今や、だれもが共産主義は絶対悪、そして失敗を意味するものだと固く信じているため、資本主義が純粋で強硬であればあるほど、絶対善に近くなるのだとすぐ信じてしまう。

イギリスで、最も東欧をよく知っている人の一人、ティモシー・ガストン・アッシュは八九年の革命を「ニューヨーク・レビューオブブックス」に記事をのせるために密着体験をしているが、彼は自分の一九九〇年発行の本の中に書いている（『ボイラー』ガリマール社版　一九九〇年）。

「あたかも、自由市場が中央ヨーロッパの最後のユートピアであるかのようだった」。

ユートピア、ミラクル。確かにそのミラクルを夢見て、毎日、四、五百人のソビエト人がモスクワのプーシキン広場で足踏みしながら三時間行列して、マクドナルドに入れるのを待っているのだ。それは一九九〇年にオープンし、モスクワっ子たちは、「新たなレーニン廟」と呼んでいる。そして北京《ペキン》、そう北京でさえレーガンの名は完全に市民の間に知られ、うやうやしく崇められている。

こうした「外国人の純朴さ」を笑ってはいけない。西ヨーロッパでも、同じ考え方の波つまりレーガニズムがまだ支配的なのだ。アメリカではもはやそんなことはないのに。規制排除、国家の役割の減少、税の軽減、利益のための利益への熱狂、チャレンジ精神等が未だに世の中の聖典なのだ。そしてフランスの動きを見れば、極度にリベラルだと言って言い過ぎることはない。右派では、八六年から八八年にかけてレーガンよりレーガン的と思われる人が多かったが、左派においてもそれを見出したときの驚きは忘れられない。「共同プログラム」の残骸の上で利益の重要さと企業家の価値が謳われているのだ。

ＥＣの国々で勝利したのも、サッチャーとともにレーガンであった。サッチャーは確かに自分の党では、欧州建設に反対したために敗北したが、実際、「一九九二年の未来の大市場」を生み出す土台となったのは、彼女のアイディアなのだ。だがそれは、ＥＣの議会とドゥロール議長のあらゆる努力にもかかわらず、政治や社会を麻痺させ、商業のみを肥大させるものだった。大ざっぱに言えば、単なるマーケットなのだ。スーパーマーケットというだけのものとまで行かなくても、それに近い。人類史上、あれほど政治権力にわずらわされない状態で、商品導入がなされたことは未だかつてない。ここではアメリカさえ追い越した。より大規模にそして巧みにレーガン流のアメリカの「価値観」は、偽物も混ざったが、欧州に定着してしまったように見える。それは、ヨーロッパ人一人一人が、レーガンの空気を大量に吸い込んでしまったような具合だ。過去のユーロペシミズムは、力のある、しかし限界もある、一種のリベラリズムに取って代わったのである。社会という枠の中での、勝者への賞讃、はみ出し者への無関心さ、生産性本位の楽観主義的な生産力信奉、そうしたものがはびこる一九九一年のヨーロッパは、依然ある意味で、他人任せでもあり、ホワイトハウスの元カウボーイとスターウォーズの勝利の結果であると言える。

だがこれは誤解の勝利でもある。というのは、西欧はソ連の経済力を過大評価したおかげでとんだ間違いをしたのに、再びアメリカのことで思い違いをしている。アメリカの経済、社会的な弱さは、軍事的な強さの陰にあるため、推し測ることができない。ただこの誤解は、ソ連の時のようには言い訳ができないものだ。クレムリンの厚いミステリーの中のソビエト連邦は、二枚舌の政治家やうその数字発表等によって不透明なものであったが、アメリカは、なんと言っても世界一の民主国であり、最も透明で、白日の下で戦っているのだから。この日の光が、目をくらませるにはちがいないのだが……。

アメリカのビッグ・バン

あの目の眩むような「アメリカの光」は依然として、誤解であるとは言え、世界全体を照らしているのだが、それはその源である最初の「ビッグ・バン」がそれほどに衝撃的だったということであろう。そして八十年代初頭のレーガニズムの誕生は外側から見れば本当に魅惑的だったのだ。その時、何が起こったのだろう？　神話の仮面をはがすには、その出所を理解したほうがよい。「アメリカは甦った！」この高らかなスローガンで、未来の大統領レーガンは、一九八〇年、アメリカの熱意を呼び覚まそうとした。ベトナム症候群を払いのけ、開拓者伝説を甦らせせようとしたのだ。国内の危機にあえぎ、国外では屈辱を受け、これは特にイランのホメイニと人質事件だが、そしてソ連の軍事力に脅かされ、ヨーロッパと特に日本の新しい競争力のために、（すでに！）弱体化しているという状況のアメリカ、世界一の強大国にとって、目を覚ますことは必須なことであった。思い出してみよう。

どうしてアメリカ〝帝国〟がそんな状態に陥っていたのだろうか。集団意識がどんな暗い順路をたどって、自らに自信を失い、不安に悩むあまり、自分の運命を、強いが短絡的でもある思想を持つ元俳優に、伝統的な道徳観と古くさいイデオロギーを持つ西部の男に、託す気になったのだろうか？　なぜ突然の「保守革命」（と人は呼ぶようになる）が、その何年かの前にはマクガヴァン候補陣営の超改革派やカリフォルニアのニューエイジ運動を大歓迎していた、あんなに新しく寛容な社会を、こちら側から向う側へと吹き飛ばしてしまったのだろう。なぜこの急激で、強いものへの希い、巻き返しの意志が芽生えたのだろう。こうした疑問は、すでに遅すぎるということはない。アメリカの現状を理解したいのなら、これに答えを出すことは急を要する。現在のブッシュのアメリカ、栄光のもとで負債を抱えたアメリカの。

だがアメリカの資本主義を理解するには、長期的に考えなければいけない。見過ごされることの多い、深いところでの変化を見ていかねばならないのだ。データの基本は、アメリカの強さとともに弱さから出るものもあるからだ。

あまりの屈辱と足りない自信

レーガンのホワイトハウス到着は、アメリカ人の意識が特殊な揺れ方をしていた時代と合致している。この揺れはこの言葉で表すことができる。「あまりの屈辱と、少なすぎる自信」。

屈辱といえば、レーガンの選挙から遡る十年間、アメリカには国際的な失敗が際限なく続いていた。それも小さな事ではない。ベトナムとカンボジアでの敗北が、全面的な後退を告げていたかのようだ。同じころ、アフリカでは、ソビエトとキューバ同盟軍が、決定的とだれもが考えたポイントを稼いでいた。エチオピア、アンゴラ、ギニア、そしてモザンビーグで。中近東では、アメリカは、湾岸の警備を担当していた最大の友のイランの王を失った。また一九七五年に始まり、シリア人によって工作されていたレバノンの内戦でも影響力を持つことができないでいた。その年、キッシンジャーは、苦労してイスラエルから、シナイ半島から手を引くという協定を取りつけた。そしてアメリカの玄関口である中央アメリカでも、ニカラグアでソモザが墜ち、サンディニスタが権力を握った。これで、ラテンアメリカをアメリカの禁猟区、侵されることのない防衛帯としてきたモンロー主義は終わりを告げた。

屈辱、後退、弱体化——地球上あらゆる場所で、アメリカの影響力はソビエトの勢力拡大の影で後退していくようだった。星条旗は南半球の舗道で焼き打ちにあった。罵倒され、挑戦され、告発されるアメリカ——これが、ヒューストン、スプリングフィールドや、デトロイトの一般市民が毎日テレビで見て記憶する世界情勢なのだった。屈辱と疲労感に少しばかりの怒りが加えられる。国民の間に、栄華への暗いノスタルジーが少しずつ芽生えてくるのにそれ以上のものはいらなかった。強いアメリカを懐しむ感情が。レーガンがそのとき、あのジョン・ウェインのような言葉遣いと明瞭な考えを掲げて出て来なかったら、でっち上げてでも作り出す必要があっただろう。「アメリカ　イズ　バック！」。

なだれのような屈辱よりさらに辛かったのは、その頃アメリカ人が密かに感じていた、確信というものの深刻な欠如であろう。この意味でも、七〇年代は暗黒だった。自信のあとに来たのは疑いであり、「アメリカンドリーム」に取って代わったのは「アメリカ病」だ。これは、ミシェル・クロズィエの著書のタイトルである。どんな「病い」なのか。クロズィエは、ハーバードで教鞭をとっていたのだが、彼のいた時代から十年後のその時期を顧みて語っている。

「すべてが似ていたが、しかし異なっていた。すべての意味が変わったのだ。夢は散ってしまい、言葉だけが、美辞麗句だけが、残った」（『アメリカ病』ファイアール社版、一九八〇年）。

しかしこのアメリカ病は、どの国でも経験するような、得体の知れない動きの一種ではなかった。それは、制度を、正義を、揺るがしていたのだ。それは、憲法と聖書をバックにしているアメリカ人にとって、真の祖国だったのである。ウォーターゲートの危機、ニクソンの嘘、その後の辞任は、こうした信頼感を根底から揺すぶった。それがどれほどだったかは、カーター政権の執行部がひどく弱体なものだったのに、議会はそれに代わるものを見つけ出すことさえしなかったのだ。制度の危機、そしてアメリカの危機。

モンテスキューの影響を受けた、チェックアンドバランスの原則が、文字どおり執行部のメンバーを麻痺させてしまったら、今後どうやって世界一の強大国を統治していったらよいのだろう。キッシンジャーは、回顧録の中でこう語っている。彼が外交を実践していくために欠かせない、いくつかの秘密を守ろうとして、いかにして絶えず策を弄さねばならなかったか。

そんな空気の中で、政治からの逃避は、アメリカでは、伝統的なことだとはいえ（五〇％以下は稀であるにしても）、嫌悪感にまでなってしまった。七〇年代末期には、世論はもはや政治に大したことは望んでいない。しかし困惑しながらも、救世主を待っていたのだ。

悪はまだある。もっと巧妙なものがアメリカを蝕み始めていた。法律を盲目的に崇拝する傾向がその一つだ。まさに気狂い沙汰の裁判の嵐がアメリカを襲っていた。これを知っておく必要があるのは特にその頃、ある一つの流石が大西洋を横断していたからだ。その流行を見るかぎりでは、常に変化する法例を根拠とした法律支配のシステムでは、アメリカがヨーロッパ大陸に優ってきているように思えるが現実は全く違う。その裁判狂いはローヤー（弁護士）に一財産をもたらしたが、法治国家の法廷機構を、不透明で、窒息しそうな、不安定なものにしてしまった。すべてが裁判の材料となり、大きな獲物につきまとう弁護士は、セッターのような嗅覚で小さな獲物を追い払う。有名なのはＩＢＭの例で、ワシントンで、ある裁判のために雇った弁護士を住まわせるために、国家とのたった一件の裁判だったのだが、一軒のビルを丸ごと借りねばならなかったという。法律はアメリカの生みの母であり、「契約の社会」の優れた調整役だった。しかし、それが、法例や、連邦と州の数知れない規則がからみ合う、侵入することもできない迷路となってしまったのである。

だがその頃、アメリカ社会のもう一つの土台も弱くなっていた。団体の活動、つまり多くの地域グループである。トクヴィルも賞賛したし、民間社会全体を活気づけるものであったスポーツ団体や協同組合等である。こうした何千もの協会はたいてい美しくもあり活発なものだったし、強くもあって、公共の財産と公徳心についてのある種の考え方を生み出していた。幻滅したアメリカは、自分たちの伝統にはない、ある感情にもう抵抗する力を失っていたのだ。それは、「悪賢いシニシズム」である。「声なき多数」の人々もまた、社会組織と政治体制の風化を重苦しく感じていた。そうした所から伝統的価値観への復帰、自信に対する欲求が生まれてきたのだ。それは最低限の欲求であり、少し旧式なことでもあるが、あまりの変化の速さと、カリフォルニアから来た「寛容さ」への陶酔によって方向がわからなくなっていた社会に住みつくようになったのだ。レーガンの力強く明解な演説は、まさに待たれていたものである。彼ならば、経済の良い状況も、知的なムードも開拓することができるだろう。そしてもちろん国際社会も。アメリカは甦ったのだ。

アメリカの新たな挑戦

ロナルド・レーガンは、共和党の大統領候補として、一九八〇年十一月四日、圧倒的な支持を得て当選した。

カーター民主党候補に対して過半数九〇〇万票を獲得した。五十一州のうち四十四州が彼に入れた。ニューヨークや、北部工業地帯等民主党の地盤とされていた州でも勝ったのだった。一九八四年の再選は、それ以上に圧倒的で、一七〇〇万票、四十九州での勝利だった。

本当のことを言って、だれも、共和党保守派を代表するレーガンのこのような勝利は予想していなかった。彼のプログラムは、アメリカ開拓者と創建者の大いなる神話が浸み込んだもので、彼はそれを完全な演出技法とコミュニケーションで語りながら、重要ないくつかの点を理解させたのだった。

レーガンがまず主張したのは、アメリカを世界の表舞台に戻そうということだ。屈辱や失敗はもう金輪際ご免だ。あのサイゴン撤退の米軍ヘリコプターの悲惨な姿や、イランのタバ砂漠での米兵の黒焦げ死体、それに続いてテヘランのアメリカ大使館の人質事件、あんな映像はもう見たくない。もう「悪の力」に屈したり、捕われたりするのは嫌だ。アメリカは世界一の軍事国なのだ。と断言するのがレーガンである。時はブレジネフの末期のソ連主導の時代であった。そのソ連にレーガンは凄い挑戦状を投げつけるのだ。それが、〝スターウォーズ（ＳＤＩ戦略防衛構想）〟であった。

それが何かについて、一九八三年三月二十三日、レーガンは、効果を計算しながら自信たっぷりに、全国民の前でＴＶ演説を行った。簡単に言えば、核戦争の可能性をなくすために、ソ連のミサイルを探知する、いわば楯のようなものを宇宙に建設するというものだ。色々な試験済みの技術（電子探知、殺人サテライト）そして実験途中のもの（レーザー、電子ビーム射砲等）を駆使して、アメリカ国土を永久に敵から守るというわけだ。

このプロジェクトは、専門家の論争の的になったが、楽園的な印象だ。その内容は、「テクノロジーの大幅な進歩」を必要とするものもあり、信頼性に関しては保証できる人はいない。財政的にも危険が大きい。いかにアメリカが裕福でも。二兆五千億ドルがかかり、そのうち一〇%は研究のみにあてられる。すでにこの数字は大したものだが、それに加えて、費用超過も予測できないものだった。

しかし「スターウォーズ」はメディア的にも政治的にも完全な成功だった。その未来派的構想と目的（もう戦争はない！）は国際世論を、最も醒めた人種さえをも魅了した。一見しただけなら、こんなに素敵なことがあるだろうか。核の攻撃を制止する純粋に防衛のためだけの楯などという考え方。この楯で剣に勝利をする日が近いのを夢見ながら、レーガンは、見事な演説でたたみかける。「悪者」の剣に対抗するこの楯は、何にも優る〝正義〟の武器ではないか（〝砂漠の楯〟というのが、一九九〇年、サダム・フセインのクウェート併合に対する巻き返しの作戦につけられた最初のコードネームだった。作戦はその後、〝砂漠の嵐〟に変えられた）。この構想に反対を唱える人々は、特にヨーロッパでだが、レーガンの〝陰の野望〟を暴こうと試みた。彼は自国の防衛拠点を優先的に保護しながら、核保有量の均衡をアメリカに有利なように破ろうとしているのだ、と。スターウォーズの影響は莫大なものになるにちがいない。メッセージは明白で、はっきりしていた。アメリカがイニシアチブをとるが、武器は防衛のためにしか使わない。レーガンの言葉では、軍事的奮起は同時に平和主義の発想だというのだ。付け加えておくが九一年の一月から二月の湾岸戦争でのアメリカの勝利のいくつかは、このSDIの枠組みの中で作り出されたテクノロジーによって可能になったものである。

ソ連に向けてなされた、技術と財政の両面での挑戦は、想像されたよりもっと効率の高いものであった。八〇年代末期、ペレストロイカを何年か続けたソ連では、幹部の中に、ソ連体制の中のイデオロギー上の降伏におけるスターウォーズ」の果した役割を認める者もあった。巨大な地球規模の〝ポーカー〟は、武装への競争の最たるものだが、今度はソ連もついて行けなかった。だがアメリカにしてみれば、SDIが示すテクノロジーの凄さは、良いことずくめだった。宇宙、情報工学、レーザー、それには二十一世紀を支配するすべてがあるのだ。同じ時期、レーガンはアメリカの同盟国への外交的、政治的支援活動を繰り拡げた。ヨーロッパは、ソ連のSS20を迎え撃つためのパーシングロケットを配備し、アンゴラでは資金援助をして反共運動を推し進め、アフガニスタンやニカラグアにも出費した。すべてに同じ強い意志が表面立って示された。ソ連の影響力を後退させることである。アメリカは甦ったのだ！

こうした国際舞台でのカムバックに加えて内政的にももちろんのこと、アメリカ資本主義の積極的で物おじしない改革が行われた。レーガン政府は、企業家の意気をあおり、連邦政府の浪費、特に税金を告発した。この税金が悪の根源で、主導性を失わせアメリカの活力を失わせるものなのだ。アメリカは、だれでもがロックフェラーになれる、夢と冒険の大陸であるが、そのための条件は、自由企業の神聖な掟が自由に駆使されることだ。そしてだれもが、アダム・スミスやリベラリズムの創始者たちの〝見えざる手〟によって、個人の富は全員のためのものとなるのだということを忘れないことである。「豊かになれ！」、金持ちはより金持ちになる。貧乏人も、国から救いの手が差しのべられるのが、怠けるアリバイであるかのように待ちぼうけていずに仕事につきなさい！　最貧の人々や取り残されてしまった人々には慈善の手が伸びるだろう。国の仕事ではない。メッセージは単純である。そしてだれもがそれを理解した。

さらに良かったのは、レーガンが、過去の失敗や七〇年代の景気後退に象徴されるケインズ信奉の危機から脱し、力をつけて再出発できたことである。ケインズの理論の、需要促進と赤字予算に基礎を置くもので、特にヨーロッパで〝栄光の三十年〟（一九四五～一九七五年）の成功を生み出したものが、それは終止符を打ったといえる。

そして一九八〇年、ケインズの理論を葬ったのはアメリカだけではなかった。

ここでしばらく、考えていただきたい。レーガンは、特に、国家の役割を減らして、規制を少なくすることで改革しようとした。だが一つの分野だけ、彼は連邦政府の権限を強め、長期的な真の優先プロジェクトを与えた。それは防衛である。この分野は、湾岸戦争が示したように、期待以上の成功を実現したと言える。

長期的、という考え方をよく見てみよう。他のどの分野でも、レーガン下のアメリカは、それを忘れている。ところがドイツと日本の産業の強さはこれが大きな要素なのである。

ケインズを葬ったのはアメリカだけではなかった。ヨーロッパでも、フランスのシラクが七五年に、ドイツのシュミットが七八年に行った消費による景気促進の政策は失敗に終わった。この失敗から得た教訓は、それまで強く定着していた意見に反するものであった。大学で教えられていたのとは逆に、実際、失業とインフレは両立するらしいのだ。かのフィリップスの曲線は、今まで聞いたことのない野蛮な名前の新たな経済病の前にはもう使えないのだ。その病いはあちこちに蔓延していた。スタグフレーションである。

それはまさに、ある一つの経済思想が廃用になってしまったというわけだ。その代わりとして、対抗するように、新しいそして過激な流れが出現した。そしてレーガニズムがそのチャンピオンになるのだ。供給の理論（サプライサイドエコノミックス）とミルトン・フリードマンの指導のマネタリズム（通貨主義）がそれで、最も初歩的なケインズの原則の逆を行く政策を提案するのである。彼らのキーワードは税の軽減、通貨の厳格な統制、規制排除と民営化であった。「セルフメイドマン」（家柄も財産もないところから自力で財産、地位を築き上げる者）が地位を取り戻したアメリカで、国家は地位を失った。

具体的には、いくつかの劇的改革が始められた。ＥＲＡ（経済回復条例）がそれだ。この政策の先鋒部隊となったもので、基本的に三つの面を持つ。最初の段階は、石油、テレビ、航空、銀行業界における規制緩和である。

これは本当は、カーターが一九七八年に始めていたことであった。だがここでさらに強く推し進められたのである。二番目は税制である。大幅な改革が決定した。目標は、所得税の税率を低くし、控除はなくすことで単純化することだった。税率はひどく高かったのである。第三の段階では、貨幣流通高を厳しくコントロールすることでのインフレ対策だ。カーター大統領が任名したポール・ボルカー連邦準備制度理事会議長は、闘志に満ちてこれに取り組んだ。結果はすぐに表れた。つまりカネの値段は高くなり、宴は終わりを告げた。金利は八〇年から八一年には二〇％を越えるほどの劇的なレベルに達した。その結果、ドルの値は上昇し、八五年には一ドルが一〇フランにもなったのだ。レーガンのアドバイザーたちは、ドルが強いのは、アメリカ経済がまさっているからだと信じさせた。（一フラン＝二五円）

レーガン政権は、ＥＲＡをより完全にするために、感情抜きで社会福祉費を削り、軍事費を相当に増やした。この選択には、反論もあったが、少なくとも、理解しやすく首尾一貫しているという利点はあった。社会福祉費支出が少なくなったことは、個人が自信を取り戻し市場の法則が安定したという証しだったし、軍事費が増えたのは、アメリカに力を与え、レーガンの戦略家たちに野心を完遂するすべを与えるものなのだ。

衝撃的政策か政策的ショックか。ギー・ソルマンの著書のタイトルを借りれば、「保守革命」というものが、ここで軌道にのった。世界を征服はしないまでも魅了したのだ。

アメリカ、アメリカ

アメリカは甦った！　最初の何ヶ月かの間あちらこちらで、ホワイトハウスに住み着いたカウボーイを信じら

SOURCE : ***Valeurs actuelles*, 3 décembre 1990, p. 43.**

れないという目つきで見ていた人々の疑問は当惑になり、さらに好奇心、ついには驚きと賞賛へと変わっていった。ヨーロッパの知識人さえ、最初は嘲笑的であったのに、同じように変わっていった。新大統領の強さは、確かに、自分のメッセージを広めるためにメディアのインパクトを効果的に利用するというかなりプロフェッショナルな才能によるところが大きかった。レーガンはこのためにマスコミの専門家の助けを借り、多くの元首がうらやましがらんばかりの彼自身の魅力を駆使したのだった。効果を充分計算し、冷静な〝主人〟のイメージ、大牧場を愛する真のアメリカ人、そして彼の妻、大西部といったもののイメージを入念に作り上げ、カーターのように必死で書類に取り組んでいるという姿は決して見せずに、メディアの場に登場した。

なにより勇気ある大統領なのだ。例えば、八一年三月三十日、暗殺未遂という事件に遭ったとき、彼は冗談を言いながら立ち上がり、難なく手術を受け、その様子はメディアで広く伝えられた。人は彼を〝大いなるコミュニケーター〟と呼び、アメリカは早速そのイメージを輸出することに成功する。

レーガンは天才的な直観の持ち主でもあり、八〇年代のリベラルな波の上を渡っていくことができた。ヨーロッパ社会民主主義の悲観論をうまく利用したのである。彼のプログラムは人気があることを承知してそれに賭けようとした。たとえ手品師と言われようとも。手品といえば彼は、だれよりも弱味や陰の部分を隠すことがうまかったのである。悲惨な赤字予算は毎年ひどくなっており、アメリカ史上最大のものになっていた。そして南半球の国々での西寄りの動きに対する援助は、議会が反対しているため限られたものだった。

そんなことはどうでもいい！　こうした弱点にもかかわらず新生アメリカはレーガンによって再生し、その影響力は頂点に達した。まるで、資本主義のローマとでも言える姿を誇って、世界をその光で満たそうとしているかのようであった。レーガン流のリベラルな信条はあちこちで粉を引くように拡がっていったのである。ヨーロッパ人もその良い生徒となり、市場を開放し、第三世界もその後にすぐ続いた。今までにないほど、ＩＢＲＤ（国際復興開発銀行）とＩＭＦは、第三諸国に市場と競争と私企業を、発展の手段とするように働きかけた。南の国では、ヨーロッパと同様、民営化の動きが盛んだった。そして通貨政策は、アメリカの準備制度委員会の政策に直接影響を受けたものだった。それは厳しくインフレに対処し、不平等を増長させ国家を蝕む原因を根こそぎにしようというものである。

つまり、一九八〇年代は、レーガンのアメリカが星条旗の星を再び輝かせた時代で、世界がその真似をし、完全なリーダーシップを回復した時代であったのだ。

アメリカの強さの基盤

その頃からすでに、疑いを持ち始める人もあった。この劇的なルネッサンスは本当に土台のしっかりしたものなのだろうか、あるいはレーガンの手品師の才能によるものなのだろうか？　この成功は、あちこちで言われているように、レーガニズムの哲学的、イデオロギー的効果のもたらしたものか、それとも、アメリカが享受する、「特権」とは言わないまでも、ある種の特殊な切り札があるからなのだろうか？　このような疑問が出るということは答えが解っているということだ。なぜならレーガンの「革新」は世界のリーダーたちを魅了したのだが、その実は、ドイツや日本や韓国が誇ることができるような経済の奇跡と同じものではありえないのだから。アメリカの場合、ゲームは少しインチキだ。なにしろ、まさに特権を握っているのだから。

まず、比類のない財産を持っている。経済金融、技術に関して驚異的な遺産を持ち、その配当を受けとっているのだ。レーガンもホワイトハウスに着くなりそれを手にしている。数え挙げてみよう。

［1］　資本のストック。アメリカが終戦以来蓄えてきたものは、ほかとは比べものにならない。国内には、細心のインフラストラクチャーの巨大なネットワークがある。空港、高速道路、大学、工場、不動産等である。国外には、彼らの多国籍企業が莫大な資産を有している。しかも、それらの価値は、会計上現在価値ではなく、取得時の価格で処理されているために、大幅な過小評価となっている。そのため、アメリカの一九八〇年における海外投資残高は二一五〇億ドルにも上る。一九八七年、それは三〇九〇億ドルになった（ポール・マントル著『アメ

リカと私達』デュノ出版　一九八九年）。この遺産や資本収入は、アメリカに相当な所得をもたらしただけでなく、かなりの先行投資をすることも可能にした。一九八八年におけるアメリカ企業の外国での直接投資は、保有高にして日本の三倍だった。

［２］　アメリカの天然資源は地球最大規模のものの一つだ。エネルギー貯蔵量、中でも天然ガスと石炭は莫大だ。いくつかの戦略鉱石を除いて、ほとんどの金属がある。さらにアメリカの人口は世界で四番目、先進国ではトップだ。これは比類ない富なのである。アメリカは言わば、金の塊の上に座っているようなものだ。日本より居心地が良いのはだれもが認めるだろう。日本には原料もエネルギー源もなく、人口は高齢化して狭い国土には労働力が不足しているのである。

［３］　技術面でもアメリカは同じように有利な位置にいる。最高の研究者、技師、学生が、レーガンとは関係なく、アメリカへ渡る。そしてアメリカにだれもが最も貴重なものと認める、あの資本をもたらすのだ。頭脳である。ある数字を眺めるだけでもそれは証明される。毎年アメリカの科学者に贈られるノーベル賞の数だ。頭脳流入はアメリカの知性を豊かにする。アメリカはそれらの頭脳を開花させることができるからだ。これは特権ではなく獲得した利益なのだ。そしてその影響力は過小評価されることが多い。かのパトリオットミサイルに日本製部品が使われていることはだれでも知っているが、ソニーが、ビデオカメラをモトローラの半導体チップなしでは生産できないことはあまり取りあげられない。

［4］　通貨の優位は決定的なものである。一九四五年以来つまりブレトン・ウッズ協定以来、ドルは国際取引きにおける基準通貨とされている。さらに、大部分の国々の中央銀行が貯めている準備通貨の主たるものはドルである。途方もない帝国的優位である。これによってアメリカは自分の貨幣で自国の費用を借りたり出資したりできるのだ。この特権は普通にわれわれが考えるより実際もっと大きなものだ。アメリカのエコノミストのジョン・ニューラーはこう説明する（ル・モンド紙　一九九〇年七月十日付）。

だれでもいい、あなたの出会ったすべての人が、あなたの支払いに際し振り出したチェックを引き受けると想像してみて欲しい。そして、世界中に散らばったあなたのチェックの受取り人は、現金化もせずに自分の支出を片付けるのにお金の代わりにそれを使えるのである。これはあなたの財政に、二つの重大な結果をもたらすのだ。まず第一にもしあなたの小切手をだれもが受け取るのなら、もうあなたは現金を使う必要はない。小切手帳で事が足りる。さらに、あなたは口座状況を見ると自分が残した額以上の差引残高が記録されているのを発見して驚くだろう。なぜ？　つまり今述べたように、あなたの小切手が、現金化されずに、絶えず人の手から手へと廻っているからなのだ。実際の結果として、あなたは消費や投資のために、より多くの資金を使えるということだ。そして他人はあなたの小切手を現金代わりに遣い、それが多ければ多いほどあなたの使える額は大きくなるのである。

この論理で、ニューラーによればアメリカは自国民の税金から得た収入より約五千億ドル余計に使うことができたという。五千億ドルというのはアメリカの第三世界への援助の三十一年間分にあたる。（一年に約一六〇億ドル）この通貨面での特権は、今も相当に大きいものだ。だがそれと同じくらい大きい金融面の特権がほかにもいくつかある。アメリカの金融ネットワークの中を流通する額は一日、一兆二千億ドルとされている。これはフランスの国内総生産一年分より大きい。つまりアメリカは金の上に君臨しているのだ。それも自分と他人の金の。ドルはこの力の証しであり道具でもある。

〔５〕　文化面の支配、これはアメリカ史のあらゆる変遷を生き延びてきた。そしてますます強くなっている。地球のアメリカ化が避けられないものであるかのように、自分の動きそのものによる力で、世界各地での抵抗や批判に負けずに乗り越えてきた。世界の何十億もの人々にとって、共産主義国家中国でもおそらく他の国以上に、近代化とはアメリカ流の生活や考え方と同義語なのである。この文化的支配は少なくとも三つの要素を基盤にしている。言語、大学、そしてメディアである。

言語については明白だ。英語はほとんど万国共通のエスペラントといえる。観光客も使うが、科学者やビジネスマンが特に多い。こんなに需要の多い品物はほかにはない。それが英語、アメリカ語、アメリカ帝国の言葉なのだ。例えば、ケベックの人々にとって耐えがたいのは、ラテンアメリカやアジアからの新たな移民がアメリカ語以外習いたがらないことである。もっと正確に言えば、今やある万国共通のビジネスやテクノロジー関係の言語がある。それは英語を使っているのみならず、アメリカの大学で開発された概念を含む内容を取り入れたものなのである。まさに、価値観、習慣、考え方がひとまとめになって全世界に、常に広められているということだ。

文化的主導型の二つめの道具は、おそらくもっと力があると言える。それはアメリカ高等教育制度のほとんど万能の影響力によるものである。ハーバード、スタンフォード、ウォートン、バークレイ、エール、ＵＣＬＡなどのアメリカの豊かで威信のある大学は、世界の最高の人材を魅きつける。教育の質の高さ、情報源とその輝くような功績はすばらしいもので、あらゆる国のエリートが集まる。これはアメリカの自尊心を満足させるだけでなく長期的な並外れた効果を示すものだ。アメリカは事実、最も高いレベルにおける自国の文化、価値観、思考方法を世界中に普及させることができる。スタンフォードやバークレイで学んだ外国人学生が本国に帰ってその布教者となるのだ。ラテンアメリカの指導者の大部分はそうしたアメリカの大学で教育を受けている。そしてその影響は、各国の経済発展に有利に働き始めている。メキシコとチリが最良の例である。

ヨーロッパの若いエリートたちも大企業就職に非常に有利な、〝魔法〟の修士号をみな夢見ている。経済学に関する教育ではアメリカは常にほぼ独占的な立場にある。この独占の効果は並み外れたもので、国際経済文化の中では、アメリカでないものは無視されていると言える。つまりドイツ式市場社会経済は経済界の幹部にほとんど知られていないのだから、大衆に至ってはもちろんのことだ。

この文化的特権は世界的に見て想像を越えて効果も大きく有益なものだ。アメリカに、十九世紀のイギリスの鉱山資源と比べられるくらいの利益をもたらしている。

さらにそれを補うものは、メディアである。これは最も劇的でよく知られており、それゆえに批判されることの多いアメリカ化への仲介要素となっている。ここでは、フランスだけでなく全世界の「自国文化」擁護派が「アメリカ文化侵入」に対して絶えず行っている論争には手をつけないでおく。一つ明白な事実のみを示しておこう。テレビ、映画の分野においてアメリカのスタイルと産業はまさに世界中に浸み込んでいる。たいていの場合その影響は悪く出るが、アメリカには利益をもたらすものばかりだ。

この分野においてアメリカは、プロフェッショナル主義と大量生産とでほとんどすべての市場に幅をきかせることに成功した。文化産業の市場法則強化、特にテレビ局の民営化は、当然のごとくアメリカの利益という結果になる。多くの国々で、実際、マルチメディアと呼ばれる民営のメディアグループは、国営の旧式メディアと比べて、当然とも言えるが、直接収入に結びつけることに長《た》けていることは証明された。国営局の製作した同規模の番組の七～八分の一の価格で買うことのできるアメリカの番組は、これからも明るい未来があると言えよう。さらに国営局製作の数多くのゲームやテレビコンテストの番組や、十本ほどの娯楽番組は、直接ネオアメリカ型の番組にそのアイディアのヒントを得ているのである。

アメリカは甦った！

⌘　⌘

だがアメリカは本当にだめになっていたのだろうか。その答えはあいまいである。このあいまいさが、レーガニズムについての誤解、解釈の誤り、そして幻想を生み出したのだ。一九八〇年にアメリカは本当に衰退と、ある程度の後退を経験している。しかし、第一にアメリカの国民の才能が獲得した特権や強さの基盤、第二に歴史から譲り受けた特典は失われてはいなかった。そのため、レーガンとレーガニズムをせっかちにも讃えてしまったのだ。だがその経済的成功は、指導者とその政策が正しかったというよりはアメリカという国の立場に負うものが大きかったのである。とんでもない錯覚だ。すでに獲得したものの上にあって、受け継いできた特権を利用し、すでに昔から流いている文化的主導権さえも握っていたからこそ、アメリカは「レーガンの時代」を難なく乗り越えることができたのだった。大いなる努力をして、組織を作り直したようなイメージを与えていただけなのだ。

他の国々は、圧倒され、信じがたい一方、しかしうらやまし気に、その手品を賞賛した。何か奇跡的方法なのだろうと想像したのだ。奇跡だって？　レーガニズムが？　本当のところ、重要なのは、アメリカがレーガンのもとでその遺産のどれだけを活用できたかどうかなのである。そしてさらに利益を出し続けられるかどうかなのだ。少し距離をおいて眺めてみれば、その十年間のでき事はそれほど結論に結びつかない。むしろ、アメリカ人はこの遺産を浪費したとさえ思える。そしてレーガンの改革は、退廃した帝国が放った最後の火花に似ているのだ。その花火に、外側で、力の幻想か幻想の力かにまどわされた人々が喝采を送ったのである。

アメリカの栄光が甦った後十年たって、たくさんの炎が消された。ミッキーマウスの楽観的世界、スペースシャトルやスターウォーズそしてＭ＆Ａの国アメリカはもはや人が信じるような黄金の国ではない。装飾や、サンライトの陰に、いま見るものは全く異なる現実である。

第2章　アメリカの後退＊

世界一美しい自然に恵まれた風景を近くに臨む場所にある、世界で最も権威あるビジネス街。そのまわりで今、人々には、何が見えるのだろうか。アメリカの大都市を訪ねた人々が発見するのは、汚さ、錆、ゴミ、つまりあらゆる堕落のしるしである。歩行者は、工場現場ではないのにビルの玄関の上部からの落石を避けるためになまこ板を張った下を通らねばならない。ここはどこなのだろう。プラハではない。プラハなら四十年間それに慣れてしまっているが、ここはニューヨークなのだ。

退廃がまさにそれを表すにふさわしい言葉だ。新しいアメリカは退廃している。物の面でまずそれは目に飛び込んでくる。だがもっと近よってみると、社会的な退廃も見えてくる。先進国の中で、犯罪と麻薬では一番、ワクチン普及と選挙の投票率は最下位とはどうしたことだろうか。どう理解し、説明すればよいのか。わたしもみなと同じように、この唖然とするばかりの疑問に対する答えをどうしても得る必要を感じる。だが何よりもまずよく見て比較してみよう。

アメリカの大都市の堕落とは？　二つの首都はほとんど破産状態である。

＊この章の数字と論旨の展開は、パリ第一大学のクリスチャン・モリソン教授の研究を参考にさせていただいた。

一九九〇年末、ワシントンは予算を決定する際二億ドルが不足していた。そして元知事のマリオン・バリーは八月に麻薬所持と使用の罪で六ヶ月の服役を宣告されている。ニューヨークの新知事のあのデビット・ディキンズは、同市の巨大な赤字を軽減するため、一九九一年夏から三万人の市職員を解雇せねばならなくなった。そのうち四〇〇〇人は教員であり、全職員の一〇％にも上る数である。公共トイレはすべて閉鎖し、麻薬中毒患者治療センターも閉鎖（ニューヨークの中毒患者は住民七〇〇万人の中の五〇万人にもなる）した。さらに八万人のホームレスのための受け入れセンターの大部分を廃止し、セントラルパークの動物園、三十の市営プールも同じ憂き目に遭った。

犯罪は増える一方なのに市内の照明の三分の一がカットされ、家庭ゴミの再処理プログラムは一年間中断となった。アメリカのほとんどの大都市が同様な状況である。

そして空港のメンテナンスは全くなっていないし、ブロンクスやサウスダラスには貧民窟が並び、フランス人やドイツ人がもう忘れ去ってしまったような貧困が存在している。サンフランシスコの新たなホームレスは、投機による不動産の暴騰のせいで、職があるのに家賃が払えず、車の中に住んでいる。大きな都市、シティーということばはもうあてはまらない。H・G・ウェルズはすでに「アンシティー」（非都市）という呼び方をしている。ヒューストン、ワシントン、ラスベガスはみな、麻薬と犯罪で完全に荒廃している。そして六〇年代と同じように黒人のゲットーが熱気を帯びてきた（「黒人はレーガン時代のつけを払わされている」と演出家スパイク・リーは言っている。すべての市民権運動は削減した）。

そしてその結果アメリカの特に黒人の犯罪率は、目のくらむほどの増加である。ニューヨークでは、毎日五件の殺人事件が記録されているが、もっと多い都市はほかにも十ほどある。ワシントンのシャロン・プラット・

ディクキン新知事は、着任したとたん、この町の殺人記録が一九九〇年は四八三件ということと、三年連続の記録更新をするだろうということを知らされるはずだ。一九八九年だけで全国で二万一千の殺人事件が起きている（一九九〇年予想は二万三千件）。現在、一〇〇万以上のアメリカ市民が服役中で、三〇〇万以上が法的拘束を受けている。この十年間にアメリカの犯罪人口は二倍以上になり南アフリカの記録を三〇％上まわった（四・二六％対三・三三％）。この「収容所」を何と呼んだらいいのだろう。アメリカに何が起きているのか。

別の話に移ろう。アメリカの多国籍企業は世界中に投資し続けているが、二〇年前から見ると何という違いだろう！「アメリカの挑戦」の時代から見ると！　毎月、ロックフェラーセンターや、ハリウッドの新メジャーやなにかの会社が、日本人に買い取られたという記事がプレスに出る（ＭＣＡは松下に、ＣＢＳはソニーに買収された）。一方、つい最近まで、ケネディ大統領が始めたニューフロンティア実験の権威あるシンボルであったＮＡＳＡとそのスペースシャトルは失敗をくり返している。また一九九〇年四月二十四日莫大な費用をかけて打ち上げた、とてつもない宇宙天体探査機の「ハブル」は建造段階の不注意により視野が狭く修理不能であることがわかった。そして空港では、飛行機の接触や、貨物の紛失や盗難が相次いでいる。

レーガン時代のあの豪勢なゴールデンボーイズたち、二千ドルもするスーツを着こみ、三ヶ月で一財産つくり上げていたあの金融の天才児たちは今、破滅の状態にある。あるいは刑務所だ。今までの、どの破産より大きかったのは、「セービングアンドローン」という貯蓄金融機関の数百件に及ぶケースであった。そこでは狂乱の証券取引きが行われて、失った額は五千億ドルにも及ぶことになるだろう。それはアメリカ人一人当たり一万フラン（二五万円）に匹敵する額で、それを全国民が支払うことになるわけだ。アメリカに何が起こっているのか。歴史家のポール・ケネディは、著書『大国の興亡』（ランダムハウス社　一九八八）の中で、アメリカが、一七世紀のハプスブルグ帝国や、一九世紀のイギリスのように歴史的に衰退の時期に入ったと書いている。歴史的衰退？　この予想は少し大げさだ。だがとにかくも論争の火ぶたは切られた。政治学者のジョセフＳ・ナイ・Jr.（一九九〇年『主導者としての出発』『アメリカパワーの変遷する姿』（ベーシックブック）の著者…『ＳＥＤＥＩＳ分析』（Ｊ・Ｍ・シローン著）も参考）はケネディに反論している。

○　合衆国は、全分野（軍事、経済、技術、天然資源）において強い地位を保っている唯一の国である。

○　合衆国は特に、宇宙、通信、文化、学術用語の領域で支配的である。日本人ノーベル賞受賞者はどこにいるか？

○　特に気がかりなのは、西側諸国で、優れた人々（反共産主義者のこともあるが）によって、ソ連ではなく米国に衰退の理論が適用されていることが確認できるからである（フランス人は立場が悪い）。

しかし、ナイ氏は、すべての衰退に共通するある点を無視している。それは、国の赤字を政府が統制する能力がないということだ。つまり税金を国民に認めさせることができないことだ。つまり国が受け継いだ特権は国民からは、税金の永久的免除なのだと受け取られていることになる。

アメリカ人にいま何を受け入れさせることが難しいかというと、まさにそれは税金の引き上げである。ウォルター・モンデール民主党大統領候補が一九八四年の選挙の際、将来において税金のいくつかを引き上げねばならないかもしれないと言ってしまった時のことを忘れはしまい。彼は四十九州で敗北した。

わたしはと言えば、進歩する国と衰退する国の境目は、大きな意味で、未来への建設を好むか、現在を享受することを取るか、だと思っている。この建設というのが、税金であり、借り入れや金利という形で表れるのだ。何であれ、ある種の不安がアメリカにはある。それはかなりのもので、陰気でストイックな、衰退に関しては

SOURCE : *Le Monde*, 20 octobre 1990, p. 2.

安心を与えるような宗教が、経済学者ベルナール・カゼスによれば「盛んな産業」なのだ。同様に黙示録的な予言をベースにした本が今やアメリカではベストセラーになっている。モスクワでもそうである。また、破産を扱う弁護士にこれほどの仕事があったことも初めてだ。流行の新作映画は（「ゴースト」「パシフィックハイツ」「逃亡者」等）破滅に怯えるアメリカ人の恐怖が描かれているのが象徴的だ。家を失うことによる恐迫観念。それは彼らが借金の利子を払えないからだ。

麻薬禍の蔓延は、最近「クラック」（コカインからとる安いドラッグ）の出現で、目もあてられないほどだ。一九八八年春、細かい調査が行われ、二三〇〇万のアメリカ人が過去三十日間に麻薬を利用したことがあるという事実が明らかにされた。そのうち六〇〇万人がある程度定期的にコカインを、五〇万人がヘロインを、使っている。高校生と小中学生では、二人に一人がマリファナを吸い、七人に一人がコカインを吸っている。同じ年、国立麻酔薬知能消耗委員会（ＮＮＩＣＣ）は、北アメリカと一部ヨーロッパで二二〇億ドルのコカインが取り引きされていると発表した。ＯＩＣＳ（覚醒剤規制国際委員会）が一九九一年一月九日発表した大がかりな調査がある。この機関は国連に属しウィーンに本部があるものだが、それによると、米国の麻薬乱用による社会経済的コストは一年間で六〇〇億ドルになり、一九八四年の六倍にもなっている。だが米国における麻薬の消費量はこれから減少していくことも述べられている。ブッシュ大統領は、厳格な措置が効を奏したことに賛辞を送った。しかしまだ高い数字は依然としてある。その上メタンフェタミンの消費は増える一方である。これらの調査結果が示すのは、アメリカの不穏《ふおん》さだ。それは、治安の悪化や麻薬、失業、借金、人種差別等のあらゆる恐怖の中に捕われ身動きできない個人のアメリカ人だけを襲うのではない。アメリカの国全体が陥っている。アメリカンドリームは、巡礼者がメイフラワー号で到着した時からずっとアメリカ人を前進させる力となってきたのに、今や散り散りになってしまった。また、世界中からの移民を同化させていくという考えの〝メルティングポット〟の夢ももう遠いものになった。九〇年代のアメリカは、「新部族化」の道をたどっている。これはひと言でいうと、様々な人種社会が、同化するどころか、お互いの相違点を武器に閉じこもっていくということだ。

それにだれもが今は、バリケードの後ろに閉じこもる時代だ。一九六〇年にわたしが始めて米国に行ったとき、家々のドアが決して錠で閉められていないのを見てびっくりしたものだ。二週間も留守をする時でさえも。泥棒もほとんどいなかったのだから、必要なかったのである。そして最近、わたしはセントラルパークに面した建物で夕食をしたが、そこの七五件のアパートのために、住人は、二四時間、二〇人の警備員を四人ずつ五チームに分けて雇っていた。これが現在、アメリカを旅行した人々が持ち帰る、乱暴で驚くべき、そして不安なイメージである。この十年の間に何が起きたのか知る必要がある。レーガンの時代の目のくらむような輝きのもとで。

二分されたアメリカ

ばらばらになったアメリカ社会で、ジャーナリストや社会学者、犯罪学者等の著書に新しい考え方が登場してきた。「二元性」論だ。これまで、この考えは、第三世界の研究者のものとされて来たもので、ブラジルや南ア等限られた社会を描くためのものだった。

二元論とは、決裂であり、差別、経済アパルトヘイトである。決定的にしかも冷酷に、二つの速度で進む社会に起きる状況である。異なる種類の人々が、年々ますます差の広がる二つの世界で暮らしている社会なのである。この二元性が、アメリカでは一般化している。レーガンの超自由主義政策の影響によるところが大きい。金持ちと貧乏人の二元性はもちろん、有名大学と荒廃した教育機関との二元性。病院と超モダンな私立クリニック。そして、軍事に関連する先端産業と大幅な遅れをとった他の多くの産業。

レーガンのリベラリズムの最大の結果は、貧乏人と金持ちの間の差が広がったことである。それはアメリカを復興する口実に使われた。パッとしない経済的結果のために支払った費用は大きい。だが何よりも、サプライサイド理論の主唱者が期待したのとは反対に、貧乏人の数は、この十年減ることはなかった。それどころか増加している。億万長者も三倍に増えているが。貧困なアメリカ人四千万人の所得は十年で一〇％減少した。貧乏人の定義が国民平均所得の半分以下の収入しかないこととすれば、全人口のうち一七％は貧乏人ということになる。ちなみにドイツ（旧西独）では五％、スイス、イギリスは一二％である。専門家の中にはこの計算方法に反論をする人もいて、アメリカ人口の貧乏人の割合は二〇％と言うのが事実だとさえしている。先進工業国では新記録

アメリカの家庭所得分配の不平等　1947－1986（ジニ係数[1]）

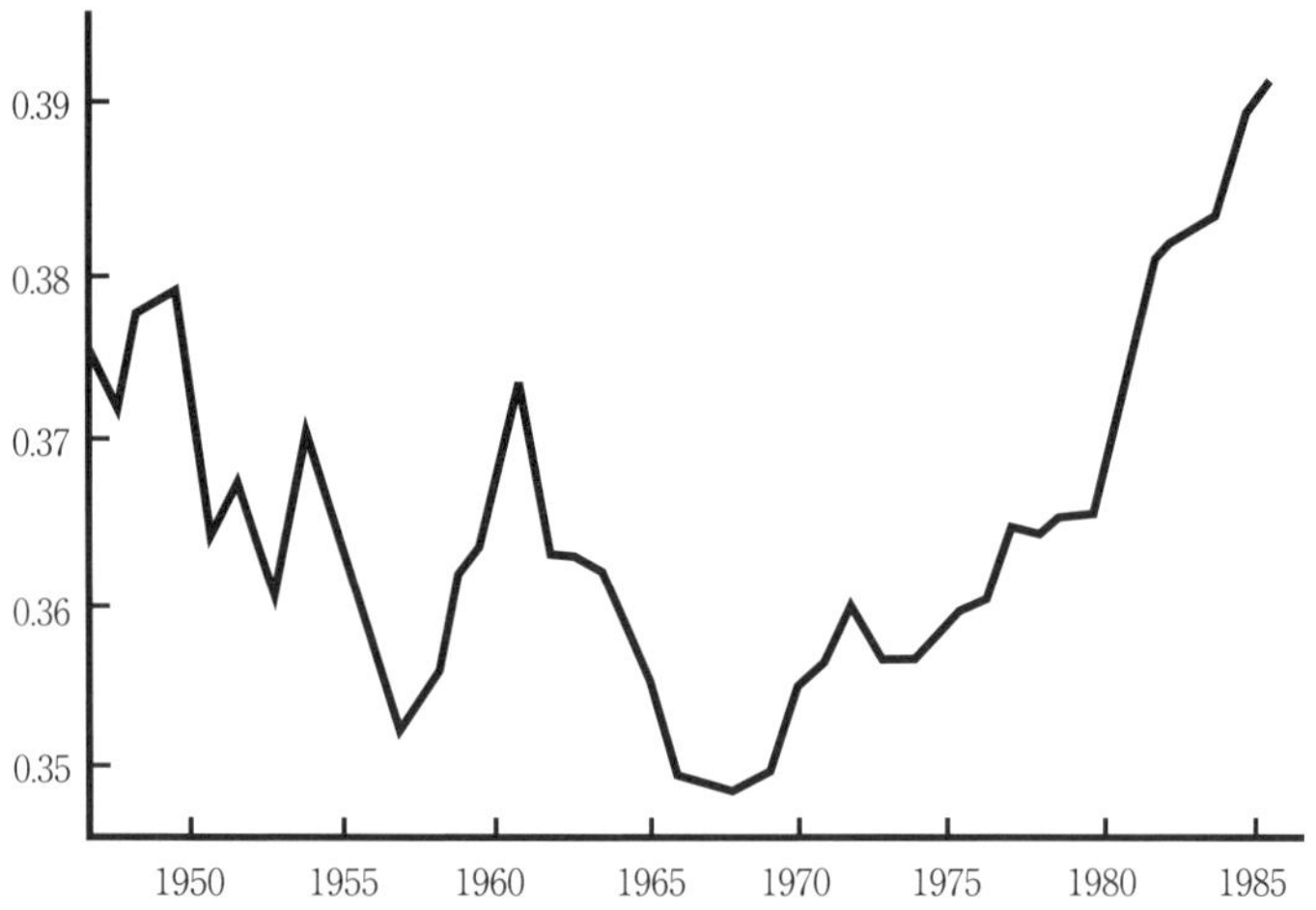

1. ジニ係数は、0と1の間の数値で社会の所得分布の不平等を測定する。（理論上では）この係数が0であれば所得分布は完全に平等となる。係数の上昇は不平等の増大に一致する。

SOURCE : US Bureau of Census.

だ。しかもこの数字には、特にカリフォルニアで増え続ける不法移民は含まれていない。

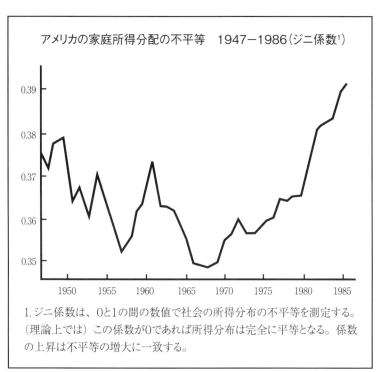

一九八九年に議会予算委員会が発表した公式数字のもととなった、さらに徹底的な調査では、以下の結論に至っている。「アメリカの金持ちと貧乏人の間の溝は、八〇年代の十年間であまりにも広がり、二五〇万人の金持ちたちだけで、一九九〇年には、最貧の一億人のアメリカ人の収入を全部合わせたのと同額の収入を得るであろう」と。

したがって、アメリカのあちこちで、南半球と同じような光景が繰り広げられても驚くにはあたらない。豪勢な邸宅の隣にあるスラムや、派手な豪華ブティックからすぐそばの歩道にたむろする失業者の列。破けたゴミ袋や腐った生ゴミが

貧乏人は上
世の中変わった！
BURGER KING
HOME OF THE WHOPPER
GR
ダラスでは貧乏人だけが通りを歩く。金持ちは地下に埋もれている。
ムード音楽も流れるがフランスほどではない。
金持ちは地下にアーケードを持ち、オフィスやパーキングへそこを通っていくことができる。
金持ちは地下！

Source : *Cabu en Amérique*, Éd. du Seuil, 1990, p. 139.

散乱し、扉の陰に足をひきずるようにして隠れる浮浪者の姿。そして中流階級は、アメリカが自慢のミドルクラス、安定の基であったのだが、これも年々減少している。新しい社会地図がここにある。ますます貧乏になる貧乏人に、ますます金持ちになる金持ち。アメリカに何が起こっているのか。

この二元性は当然、社会的緊張をよびさます。散発的に起こる無法な階級どうしの争いは、モスクワのレーガン主義に改宗したばかりの大学出の若者が想像もしないことだ。アメリカの金持ちは嘆く。大都市の危険は増す一方で環境の悪化は結果として貧乏人を増やす。必然のことではあるが、今成長著しいのは、警備会社、私設警察、ガードン会社で、武器の販売も記録を更新している。心は冷たく、不安を募らせるアメリカ社会はすみからすみまで防備する。一九九〇年、ニューヨークで「タイム」誌が行った調査では、六〇％の人が、常時またはよく犯罪の心配をすると答え、二六％がそれは滅多にないとしている。また、六八％が五年前より生活水準が悪くなったという。ニューヨークで現れた新商売は子供用の防弾カバンと下着だ。アメリカの都市では、若い男子に対する殺人がバングラデシュの四倍から多いところでは七三倍にもなる。この世で最も貧しい国の一つであるバングラデシュと比べてである。

明らかに金持ちは、邸宅に閉じこもり、自分が住んでいるのはもはやスイスやスウェーデンのような国ではないことを認められずにいるかのようだ。それどころかアメリカの不平等は、一種の第三世界の国のようになっているのに。

この第三世界にはたくさんの金持ちがいて、社会正義という概念は破壊的なことと考えられ、ほとんど下品だとされている。その代わりとして認められるのは、慈善による「貧困対策」のみである。そしてこの世界では、社会保障は支配階級に対する報復ととられているのだ。

虚栄のかがり火

米国で一九八七年に出版された、トム・ウルフの小説『虚栄のかがり火』は完璧に、新しい二元性のアメリカの恐ろしさと宿命とを描いている。その内容は、すべてのアメリカ人が八〇年代の彼らの現実にぴったり来ると言っているものである。トム・ウルフは、アメリカの〝ニュージャーナリズム〟の開拓者でもある。彼の小説はルポルタージュを感じさせる。ある若き金融マンがケネディ空港に愛人マリアを迎えに行き、町に戻ろうとする。日が暮れ、インターチェンジに差しかかった所で、彼はラインを間違えてしまう。車はバンパーとバンパーが隙間もなく走っていて車線変更もできず、四万八千ドルのメルセデスに乗って彼はブロンクス地区に出てしまう。道に迷い、ぐるぐる廻るうち高速道路のランプに近づいた。方向が違うのでためらったが、この際そんなことは構わない。マリアが言う。「少なくとも文明よ」。ところが、高速の入口付近にタイヤが山積みにしてあり、やむをえず車を停めた。車を降りてタイヤをどけようとしているとき、黒人が二人近づいてきた。彼、マッコイが恐怖にかられタイヤをそのうちの一人に投げつけると、その黒人はタイヤを投げ返してきた。マッコイは車に飛び乗り、恐れおののいたマリアがハンドルを握る。彼女は、タイヤやゴミ箱の間をジグザクに走る。と、後方のバンパーのほうで音がして二人目の黒人が見えなくなった。そして車は高速へとたどり着く。

マリアが少し落ち着くと、マッコイはさっきの音のことを話して、警察に知らせようという。いつも逢い引きをしているアパートへ戻ってくると、また同じ話をした。多分男は怪我をしただろう。知らせなくては。だがマリアは怒鳴りつける。「何が起きたのか教えてあげる。わたしの言葉がわからないわけないわよね。いいこと、二人の黒人はあのジャングルでわたしたちを殺そうとしたのよ。でもわたしたちはまだ生きている。それだけのことよ！」。弱気になって、しかも妻に浮気のことを知られたくないマッコイは、警察へどとけることをとどまった。運命は決まった。彼は白人で金持ちだ。その階級に対するあらゆる憎しみが償われる時が来る。

事実、メルセデスが倒した黒人、ヘンリー・ラムは、意識を取り戻すことなく一年後に死んだ。警察は車の持ち主を見つけ出し、マリアはハンドルを握っていたことを否認する。相棒の黒人も、マッコイだったと虚偽の証言をする。そしてマッコイは、彼を破滅させようと必死になっている三人の男の無慈悲な戦いの犠牲となるのだ。それは、黒人のブロンクス地区の牧師と、同地区の検事総長、そして、イギリス人記者の三人である。三人ともこの金持ちの白人を有罪にしたい理由があった。記者にとっては、〝黒人を殺して逃げたウォール街の金融王〟という最大級の特ダネだった。

この小説の背景には、金と権力に対する、ブロンクスの汚れきった惨めさという対照がある。マッコイはエール大学を出て、一年に数十万ドルを稼ぎ、三〇〇万ドルの豪華なアパートに住む。毎朝、家を出るとき、玄関の張り出し屋根の下に、パークアベニューの住民が買う黄色いチューリップが敷きつめられているのを目にとめる。ガラス張りの建物の五十階にある彼のオフィスも同じように豪勢だ。ゴールデンボーイズ（若き億万長者たち）の例に違わず、彼もこの世を支配していると感じていた。しかしその一方で、ブロンクスには、階段にたむろする何千もの若い黒人や麻薬トレーダーがいる。ドラッグ、セックス、暴力、何でもある。ここでは、引越をすれば、家具のいくつかは盗まれるのだ。しかし、若いヘンリー・ラムは例外的人物だった。優秀な生徒で、十八歳で何でも読むことができ、ニューヨークのシティーカレッジに入ることができた。パークアベニューとブロンクスの差は、南アのソウェトとヨハネスブルグのプール付き邸宅の差に匹敵する。この二つの世界を結びつけるのは、ブロンクスの教師と警官と検事だけだ。彼らは裁判所から二〇〇メートルと離れていないアパートで、わずかな給料で平凡に暮らしている。

マスコミと政治の間に捕われ、象徴的でもあり、スケープゴートでもあるマッコイは、この事件の中で沈んでいった。多くのアメリカの虚栄が沈んでいったように。

確かに、不平等はアメリカでは今始まったことではなく、ブロンクスの惨めさはレーガン以前から存在していた。だが、金持ちと貧乏人を分け、八〇年代にひどくなっていったこの恐るべき二元性は、文字どおり、意味が変わったのだ。ケビン・フィリップスは、ベストセラーとなった最新作『金持ちと貧乏人の政策』の中で、金持ちが何の反感も引き起こさずに、支障なく金もうけできる時代は終わったとしている。そして彼は、いつか、アメリカを民衆反乱が襲う深刻な事態も想像できないことではないと言うのだ。同じ考えは、一九九〇年五月四日号の英国の雑誌「エコノミスト」の資料を満載した長い記事の中でも仮定として提起されている。アメリカに何が起こったのだろうか。

病む学校、医療、そして民主主義

不吉な影響を暗示する、同様の二元性が、アメリカ社会のあらゆる分野を襲っている。その中には、つい最近まで、国力を支え、活力を養ってきたものもある。

おそらく最も重要な事である民主主義の病気については二つの言葉、二つの事実が存在する。まず、第一の事実――アメリカの投票率は西側民主主義国家で最低である。選挙が何であれ棄権率は三分の二に及

SOURCE : ***Punch*****, 7 septembre 1990, p. 23.**

ぶ。そして最も不幸なクラスの人々は押し潰され疎外されているかのようにほとんど無視されていて、選挙が自分たちの運命を少しでも決めていることさえ解っていないのだ。その規模の大きさを示す一つの現象が生まれた。ほとんどの先進国に関係していることで、ネオアメリカ型から出ている特性のいくつかと関連しているように思われる。昔は、貧乏人は反抗したものだった。だが現代、惨めな日常という麻薬に神経を冒され、メディアも無視、そして投票さえしなくなっていくのだ。

第二の事実——古代から文明国家というものは、国の人口を数えることができることで定義されていた（福音書でヘロデ王は人口調査をしている）。ところが、正当な市民とされる国民の一〇%から一五%が調査からもれているというのでは、アメリカ文明の後退があるといってよいのではなかろうか！

教育にいたっては、状況は信じがたいものだ。確かに高等（大学）教育だけとればアメリカは世界最高だ。アメリカで世界の科学論文の三分の一以上が毎年発行される。七六年から八六年までに、アメリカの研究者数は倍増した。アメリカの有名な大学は厳しい試験を行うためかなりの高いレベルを保つことができている。そして世界中がうらやむような予算と人材の両方の資力を持っている。

だが、この特権的な教育が、学生の家族には大きな負担となる一方で、初等中等教育の質はかなり低くなってきた。最近の、十、十三、十七歳の子供を対象にした科学知識の調査では、先進国中最低だった。他の課目でも結果は同じようなものだ。地理では十八から二十四歳の生徒が八ヶ国で最低だった。アメリカ人の四五％が中央アメリカが地図のどこにあるかも知らないのも不思議ではないし、イギリス、フランス、日本の位置さえも知らない人が多い。

もっと基本的なことだが、十八歳のカレッジ学生の四〇％が文字を正しく読むことができないというのは驚きである。ポルトガルとイギリスとでは文盲の数はどちらが多いか。答えは、イギリスだ。アメリカとポーランドでは？　アメリカである。どうしてなのだろうか。困惑してしまう。近代の既成観念では説明はつかない。市場が機能すればすべてはうまく行くわけではないのだ。

どんな国でも、教育の全体的な質がその国の価値を示すのではないかと思う。もしそうであれば、この何年来のアメリカの教育はなぜこれほど質が低下しているのか。これがネオアメリカ型の経済の一つの面でなくて何だろう。ヨーロッパでも、最も進んだ国々で特に一般教育、つまり、広い意味での公共教育の質が低下を始めているのだ。それはまさにライン型ではなく、ネオアメリカ型のほうへ向いている国なのだ。

ごく少数のための高等教育の質の高さと、初等中等教育の退廃との間の二元性は、事実、ドイツや日本と大きく違っている点である。

ドイツや日本では、大体の生徒が平均に近く最悪の得点はまれである。アメリカで、選抜試験が行われるのは三千六百校のうち、二百校だけである。家での勉強に関しては、どんな調査でも、アメリカでは一日一時間を越えない。テレビを見るのは三時間だ！　これでは、ますます近代社会の典型としてアメリカの姿から遠ざかっていく。

アメリカの教育の退廃は、一九八三年にレーガン大統領が委員会を設置したほど深刻なものだった。同委員会が発表した報告のタイトルは、ずばり、〝危機にある国家〟である。アメリカの教育レベルは、一九七五年より低くなっている。当時、ソ連がスプートニクを打ち上げ、アメリカは自らの能力を疑問視したものだった。

一九九〇年、アイゼンハウアーが設立したアメリカアセンブリーがコロンビア大学に十人の専門家を集め、レポートが発表された（「グローバルエコノミー」：九〇年代のアメリカの役割　ノートン社　一九九〇年）。その結論の中に注目すべきものが三つある。それは、「アメリカの教育制度は破滅寸前に来ている」。そして、アメリカの貯蓄率はどうしようもなく低く、それはレーガン政権が、くり返し、「貿易赤字が国の強さの証拠である」と発言したのだからあたりまえなのだ。

アメリカはそれでも健康な社会として残っていくだろうか。コマーシャルで見るあのバラ色の頬のすこやかな体の若者のような？　いや違う。レーガニズムが悪化させたもう一つの二元性が今、深刻にアメリカの医療システム全体をも襲っている。もちろん全体的に見ればアメリカは、ＯＥＣＤの国の中で、医療に最も予算をとっている国である（国内総生産の一〇％）。また多くの病院が専門別に世界有数のものだ。医学研究、薬学、最新医療の面でもトップであることが多い。

だがこうした地道な成果も、想像を上まわる一般医療システムの無惨な状況を忘れさせるものではない。この点でびっくりするような数字がある。乳児死亡率がアメリカは日本の倍の一〇％で、世界で二十二位なのだ。人種によって死亡率が特に多いものがあるとはいえ、この数字の高さはおかしい。白人の乳児においても、他の先進国とは大きな差なのである。ワクチンの接種率について言えば、他の工業国より四〇％も少なく、これは発展途上国にも劣ることさえある。少女の妊娠率（十五～十九歳）にいたっては日本の十倍の一〇％である。

これらの数字はすべて、家庭の崩壊や、貧困が進んで社会が分裂し、生活が困難になっている証拠だ。アメリカは、離婚した親を持つ未成年の子供のパーセンテージが世界一高い。さらに、子供の五分の一が、貧困限界より下のレベルの生活をし、八七年には、一千二百万人の子供たちが医療保険を受けていなかった。八一年から見れば一四％の増加だが。実のところ、アメリカには、一般的な病気に対する保険システムは存在しない。国家の支払う医療費の割合は四一％で、ＯＥＣＤの国々で最低だ。

レーガンの政治は何だったのだろうか。家庭の回復を唱えながら、全国民的な保険制度には猛烈に反抗した。そのため、中小企業の職員の半分が何も社会保護を受けられず、解雇予告の期間は……二日！　である。社会予算とプログラムの大幅削減は、もともと良くなかった状況をますます悪化させた。負債だらけのアメリカが、現在抱える赤字の最悪のものは、社会福祉関係費である。慈善や隣人愛ではもう補いきれない。レーガン政権は、アメリカを「再び強く」したがるあまり、貧乏人、いやむしろ普通のアメリカ人の場所を歴史の隙間に追いやってしまったのである。社会面でなしえなかった分まで、経済の分野を立ち直らせただろうか。いや……。

後退する産業

アメリカの産業は後退している。この点に異論があるとすれば、外国における多国籍企業の生産量の多さ（日

日本人がアメリカを買い取る

《この3000万の貧乏人のおかげで、割安になったよ！》

SOURCE : *Cabu en Amérique*, Éd. du Seuil, 1990, p. 246.

本の五％に対して二〇％を占める）だが、それでも二十五年前に比べると大きな違いである。六七年に、ジャンジャック・セルヴァン・シュライバーが彼のベストセラー『アメリカの挑戦』（ドゥノエル社版）の第一章を、このように始めている。「アメリカとソ連に次ぐ世界第三位の工業国は、十五年後に、ヨーロッパではなく、ヨーロッパでのアメリカになるであろう」。この時以来、アメリカのヨーロッパへの投資の流れは、毎年その意味を変え続けてきた。

一九九〇年九月二十四日、米誌「フォーチュン」は、驚くべきタイトルの記事を載せた。「メイドインＵＳＡは消滅するか？」である。

レーガン時代に生み出された百八十万もの職は、工業ではなく第三次つまりサービス業であった。レストランや商店そして警備関係の一時的なちょっとした仕事である。工業は、同じ時期に、二百万の労働人口を失い、記録的な貿易赤字を計上した。多くのセクターで、日本に追いつかれ、さらには追い越された。自動車産業では、ジェネラルモーターズのような大手が、九〇年第三四半期に二十億ドルの損失を発表した。フォードの業績は一九八二年以来最悪だったし、クライスラーも悪化の一途で、三ヶ月に二億一四〇〇万ドルの赤字を作った。合計すると、アメリカ自動車産業の貿易赤字は、六〇〇億ドルに昇る。

確かにアメリカが、試練から立ち直り、失敗の上に再出発する力があることは、みな知っている。しかし、遅れは取り戻すことのできないほどであって、何より遅れを取り戻すのは、良い方向へと再出発できてからの話なのだ。湾岸戦争が終わったころ、アメリカの産業幹部と教授たちで構成された競争力委員会が、ある結論を出した。将来、キーとなるテクノロジー、九十四のうち十五において、アメリカは一九九五年まで、国際舞台には登場できないであろう。パトリオットミサイルが、日本の部品なくしては、任務を全うできないというのも偶然ではない。ここでもまた、「長期的未来の考え方」という観念が出てくる。九一年湾岸でのアメリカの功績は、六〇年と七〇年代に決定されたことが基になっているのだ。

そのころから、将来は現在のために犠牲にされることが多くなった。カール・アイカンのような男でさえそれを認めているのは好ましい。アイカンはＴＷＡを買収した人物だが、自らの能力以上のことをしようとする、アメリカ経済のカジノ的ムードを告発しているのである。「インフラストラクチャーが破綻状態にある。建設もせず、維持することもしない」。そしてアイカンは、アメリカを農場になぞらえている。一代目が植え、二代目が収穫し、三代目になると差し押さえの役人がやってくるという。日本との間の状況がそれに近くになっている。生産品やノウハウの質もまた連動して落ちている。一九九〇年十一月初め、トヨタに部品を供給している会社の幹部二百人は、日本の企業の幹部の一人からぞっとするような情報を聞いた。アメリカの工場で生産した部品の欠陥品の率は、日本国内の十倍だというのだ。アメリカのメーカーは、ますます、日本やヨーロッパの会社と、ノウハウを輸入するための協定を結ばざるをえなくなっている。

航空産業でも同じ現象が見られる。米国防省からの直接、関接の注文という、比類のないほど大規模な援軍があるアメリカに対して、エアバスを持つ欧州の力は世界の市場の三〇%に食い込んでいる。エレクトロニクスやコンピュータ等の高度に戦略的な分野でも同じことが認められる。アメリカ人はトランジスターを発明したが、半導体チップの世界市場のアメリカのシェアは六〇年代末期の六〇%から一〇%にまで落ちた。そして、ジェネラルモーターズは注文する一〇〇のプレスのうち八〇は外国で買うという。そのほうが安く、性能も確かなのだ。

だからこそレーガンの並外れた才能と勇気には注目すべきだろう。彼は議会と世論両方に、この驚くべき産業衰退にもかかわらず、アメリカの進出を拒絶する保護主義には負けないという確信を持たせたのだから。

アメリカの産業の後退には、少なくとも五つの理由が挙げられる。それは、戦後の繁栄をもたらしていた五つの優位性の消滅につながってくる。ハーバード大学の高名なＭＩＴ（マサチューセッツ工科大）のために書かれたレポート（「メイド・イン・アメリカ」マイケル・デルトゥゾ、リチャード・レスター、ロバート・ソロー共著　ＭＩＴプレス　一九八九年）の中でそれらの点が細かく記されている。

［１］　国内市場は小さくなり、日本とヨーロッパに対抗して、海外の市場を征服する武装はできていない。

［２］　アメリカの技術的優位はもはや危ぶまれ、革新は多くの場合、外国でなされている。生産段階のシステムに新しいものを導入したり、新製品を開発したりするリズムは日本やヨーロッパのほうがずっと速い（自動車業界では四年対七年）。

［３］アメリカの労働者の質は、競争相手国よりずっと高かったものだが、今や相当低い。
［４］アメリカの富の貯えは相当なものだったので、月への上陸といった信じ難い挑戦を可能にした。もうそんなことは不可能だろう。
［５］マネージメントの方法は、過去には評価も高く、羨まれたものだが、もはや最上とはほど遠いものになった。この領域でも、日本とヨーロッパがアメリカを越えた。そしてアメリカは、時として、他で開発された方法を真似している。ＱＣ等がその例だ。

総括的に見て、株式重視、投機的経済、そして奇跡的利益という八〇年代を特徴づけた事柄は、産業にとっては逆の効果であったといえる。確かに若くして億万長者となるゴールデンボーイズの時代！　大学を出て労働市場に出て行く若者たちは、工業生産の厳しく、辛い道を選ぶ気にはなれなかっただろう。資本主義の株式漫画は、資本主義そのものに背を向けたのだ。そして金融で頭が一杯になっているうちに、産業は衰えていった。

一九九一年四月、北米、ヨーロッパ、日本の経営者と労働組合、そして政治家、経済学者を集めた三極会議は東京で総会を開いた。日本人は、単刀直入に彼らが確認した結論を引き出した。「われわれはこの十年、イギリスの産業再活性化に貢献してきた。次なる任務はアメリカの再活性化である」と。

悪夢の赤字

レーガン後のアメリカを脅かすのは、産業の衰退でも、社会の二元化でもない。未曾有の目もくらむような赤字である。国に自立の手段を取り戻させると同時に、政府の負担を軽減すると公約していた大統領の弱点である矛盾の重大な一点だ。今、一つの数字が、夜ごと多くのアメリカの責任者たちの眠りを妨げているが、その数字は以前とは違うものだ。六〇年代と七〇年代、単純な、だが恐ろしい数字がやはり毎朝、ラジオのニュースで発表されていた。それは、ベトナムで倒れた〝ボーイズ〟の数であった。だがいま別の数字が、絶えずニューヨーク四十二番街の電光掲示板に流れる。アメリカの連邦負債である。一九九〇年末には、その数字は信じがたくも三兆一千億ドルに達した。予算の三年分であり、予算赤字の三十五年分にもなるのである。

その他の数字についても、最も悲惨なものだけでも限りなく列挙することができる。いくつかに絞ってみよう。経常収支バランスは、七〇年代末期にはほぼ均衡がとれていたが、八七年には一八〇〇億ドルの赤字となり、国内総生産の三・五%を占めた。八九年にはこの赤字は八五〇億ドルに下がったが、まだ莫大だ。この赤字の源は産業なのだが、農作物の収支は黒字なのである。が安心してはいられない。アメリカは、農産物を輸出し、工業製品を輸入することで発展途上国の構造に近づいて来ているのだ。

予算については、状況ははかばかしくない。レーガンの残したつけは、選挙用ペテンから来たといってもいい。大体、軍事費を増やし他の出費にはほとんど手をつけずに、税金を減らすなどと主張するとは、何という度胸であろうか。MITの経済学者のレスター・サローは、次のような墓碑銘を考案した。

「世界の債権者の地位から、負債者へと大国アメリカを変え、その素速さが他に比を見ないものであったその男がここに眠る」。

レーガン政権末期の連邦赤字は年間約一五〇〇億ドルだった（国内総生産の三%）。どうやって減らすのか。アメリカの政治家たちはだれも選挙公約を破る決心をすることができない。税金を増やしたり、軍事費を削ったりするのは、大統領には問題外なのだ。赤字解消はまだ当分先のことだろう。

この赤字解消の論理は（五年間という前提）、グラム・ラドマン・ホリングス法によって課せられている理屈である。この法案では必要ならば、予算を削ることになっている。だがこれを実行するのに大統領と議会が意見の一致を見ない。一九九〇年十月末、大国アメリカにとって屈辱的な光景がワシントンで展開された。大統領が、議会の承認を得ることができず、連邦公務員に給料を支払わないと脅したのだ。

こうした赤字は、政治家の権力を麻痺させ、重要な政策をストップさせている。教育や研究、インフラストラクチャー等がそれである。湾岸戦争の勃発当時、世界は、アメリカが参戦をするにあたり、同盟国に寄付を要請せざるをえなかったのを見て驚きを示した。

しかしこれについては、わたしは、文句を言う人は失礼だと思う。それどころか、驚くべきは、主にアラブ諸国を中心に援助が要請されたことよりも、なぜそれより先に西欧諸国に頼まなかったかということである。なにしろ、スターリン時代以来、アメリカが西欧の防衛のための援助に来てくれなかったら、われわれはチェコやハンガリーと同じ運命だったかもしれないからだ。

世界最大の債務国

普通の世界では、金持ちが貧乏人に金を貸して発展を促す助けをするのは当然のことだ。この補完性の中に、自由世界倫理の奥深い正当性の一つが存在する。そして、イギリスとフランスは一世紀前から世界の二大債権国だった。アメリカも七〇年代まではそうだった。だが、八〇年以降、今までになかった現象だが、立場が逆転した。世界最大の経済国は、最大の債務国となった。

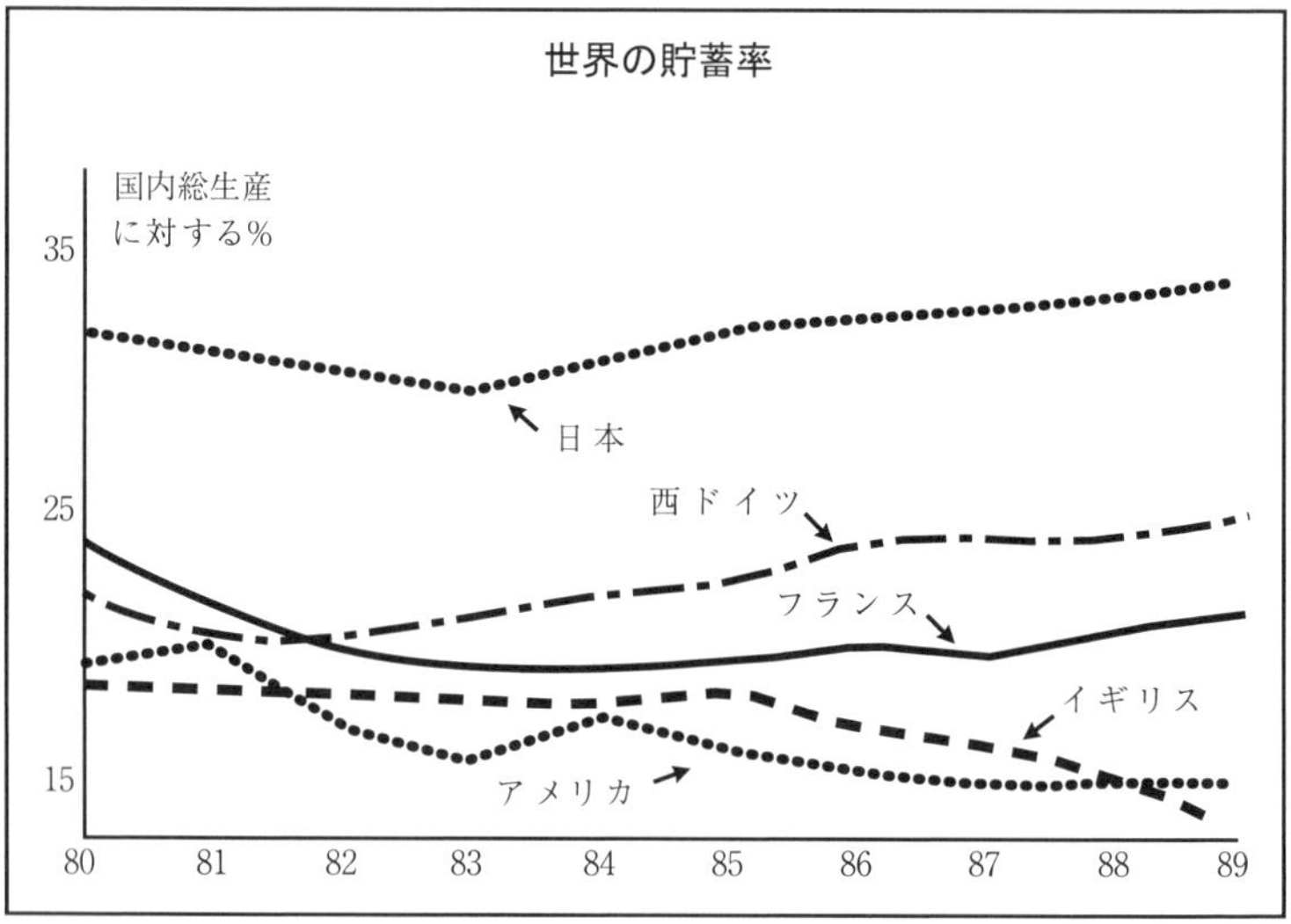

SOURCE : *Direction de la Prévision, 1989.*

その理由は一つしかない。それはレーガニストたちがあんなに高揚させた自由主義の倫理という点から見ると考慮の価値がある。アメリカ人がほとんど貯蓄をしなくなっているのだ。清教徒の高貴な道義にしたがって将来に備えるのではなく、消費のため、その場の楽しみのための借金に必死になっている。アメリカの新たな金融の慣習では、国民も国家も、貧困を批難し、将来を否定するのだ。

もう少し詳しく見てみよう。

アメリカの対外債務の正味は（つまり債権を差し引いた借金）一九八九年に六千億ドルに達した。全世界の債務の三分の一である。したがって米国は世界一の債務国になったのだ。十五年前にはまだ最大の債権国だったのに。自国の投資に充分なだけの国内貯蓄を持たないアメリカは、一五〇〇億ドルもの借金を毎年、黒字が彼らの赤字ほどもあるドイツや日本から、するはめになった。歴史の復讐は残酷である。第二次大戦の勝利者でキリギリスになったアメリカは、ドイツや日本の蟻たちに助けを求めるのだ。そして屈辱的な依存。国債の発行のたび、日本人が申し込んでくるのを米財務省は待たねばならない。海外投資家を魅きつけるために、本当は投資には不利益で、財政盛り返しに歯止めがかかる高金利を維持せざるをえない。

アメリカは負債で債権者への依存を余儀なくされ、企業の力を弱めもする。昔は財務の強さで知られていたが、それは負債が少なかったからで、今や企業は大幅な借金を始めている。アメリカ企業の借金は八〇年当時の額の三倍だ。自己資本に対する負債の割合は当時の二倍である。明らかに弱体化の徴候だ。ブルッキングス・インスティテュートは、深刻な景気後退があれば、一〇％の大企業が破産するだろうとしている。

こうしたアメリカの財政と、経済の前例のない弱体化は、世界の他の国々にとっても危険な不安定材料なのである。経済は相互依存が原則なのだ。一九八二年にメキシコが負債の返済不能（デフォルト）という発表をして、危うく世界的金融危機に陥るところだったのを覚えているだろうか。そして今回はアメリカである。アメリカの大手銀行は、不動産市場の低迷と、債務者の相次ぐ破産で今や相当弱まっている。特にジャンクボンドの発行者は完全な破局にある。〝倒れるには大きすぎる〟と言われていた、ある規模以上の銀行はどれも国家の援助を受けて命拾いした。それは、こうした大手機関が破産すれば、次から次へと全世界にすぐにも伝染していく危険があるからだ。いわゆる「蝶の羽根」効果で、東京やシカゴで羽根を打つとパリで突風が起きるわけだ（東京がくしゃみすればパリが風を引く）。これが、十年間の超リベラリズムの後、アメリカの金融システムの未来全体が連邦政府の援助を受けてどうにかもっている状態の理由である。

歴史の辛辣な、しかし危険な皮肉がここに見られる。現在の状況は、ポール・マントレが表現したように、「強者の耐えがたい軽さ」が世界に脅しをかけているのと言えるのである。

第3章　金融と栄光

ボーイング機がケネディ空港に向けて減速している。わたしの隣の席の客が言う。「なんて美しい国だ。ここでは、少しの間でひと財産つくることができるんだ」。

平凡な言葉だ。しかしどうやって、カジノでもなくて短時間に財産などつくれるというのだろう。方法は二つしかない。一つは産業、物を発明して売ること。二つ目は商業、つまり物を買って売ることである。ただ商人は決して商品そのものだけを売りはしない。そこにはサービス、付加価値がつくのだ。しかし金融家の特性は、現状のまま物を転売することで利益を得ることにある（金融市場では有価証券、商品取引所では商品）。金融家にとっての第一の問題は、買うのに必要な金をどうやってつくるかである。方法は三つしかない。

1　自己資金

これは、企業が、利益の中から減価償却分を差し引き、株主に配当金を払い、税金を納めた後で使える資金である。

自己資金は、企業主には大きな利点がある。彼は何も他人に頼む必要がなく、自分の稼いだ金で好きなことができる。自分の仕事を愛し、金融問題で面倒を起こしたくない事業家は、たいていこの道を採る。だが、本当の資本家は決してそうしない。この方法は時間がかかるからだ。内部の成長だけでは十分でなく、外部に資本源を求め、事業をなるべく早急に発展させねばならない。

伝統的には、アングロサクソンの国は、自己資金率の最も高い地域だったのだが、いまはドイツに追い抜かれた。ドイツの自己資金率は九〇％にもなる。逆に、日本の企業はその率が最も低く（七〇％）、その他のヨーロッパの国々、例えばフランスは、その中間に位置する。外部資金、主に借入金だが、それは補助的なものでしかない。だが、迅速に財産をつくるためにはあらゆる障害をも乗り越えられる人々は別だ。

2　借入金

債券の株式化と呼ばれる新しいやり方を考慮に入れなければ、企業は、一般的には銀行に借金をするか、あるいは金融市場で社債を発行するかで借入れを行う。銀行のルートが公表されずに行われるものであるのに対し、株式のルートは、企業の名が知れわたり、債券保持者にも喜ばれるので、創業が最近であればあるほど宣伝効果も大きいのである。借入れには三つの不都合な点がある。まず、その額が、昔から、借り手の自己資金の規模によって限定されることになっていることだ。「金持ちにしか貸さない」のだ。第二に、借金は高くつく。特に現代、先進国の金利は、十年前ぐらいから、この二世紀の記録をすべて破る高いものである。最後に、恒久的借金は稀である。借り手は、利子を払うだけでなく、原則として元金を返済せねばならない。こういうことはすべて、拘束的で、手続きが面倒なので、ダイナミックとは言えない。それが原因で、十五年ほど前からアングロサクソンの金融家たちは、想像力を発揮してある方法を考え出した。規制緩和をうまく利用したこのテクニックは、借り手が、貸し手に、すぐに相当な利益を引き出すことができると説得するのを条件に、かなりの額を借り入れることができるものだ。そうしてより高く売るための大きな買いものができる。もっともよく使われる方法は、ジャンクボンドの発行と、銀行によるレバレッジド・バイアウトと呼ばれる金融手段である（ＬＢＯ）。

こうした新方式は、大きな門構えの、力のある企業だけに、それも二次的にしか関係がない。若くて野心のある人間はどうするべきか。自分自身も財産を手早くつくり出しつつも、大企業独裁経済を「民主化」することに貢献するにはどうしたらよいだろう。この民主化という言葉は、レーガンの演説によく出たものである。この疑問に答えるかのように、一九八三年、ドレクセル・バーナム・ランバートの社長フレッド・ジョゼフという金融の天才が、経済金融史上に画期的な方法を見つけ出した。

それは三段階の戦法である。

まず、才能を発揮して、資産価値があるにもかかわらず、株式市場での価値がひどく過小評価されている企業を見つける。

その次に、野心的で能力もある銀行に三つサービスをさせる。まず自分の名を有名にする。市場で宣伝させるのだ。そこからすべてが始まるのである。「金融と栄光」はこのシステムでは切っても切れないカップルなのだ。銀行はそこでジャンクボンドを発行する。フランス語の訳は「腐った債券」というひどいものだが、普通より高利なのはリスクが大きいからだ。なぜリスクが大きいかというと、発行する者が若く、野心家で才能はあるが金はない一匹狼であって、財産をつくるためにリスクの大きい財務操作に挑もうとしているからである。そのため債権者が、ＩＢＭの債券より高い利率を要求してくることは当然となる。この段階で、若い一匹狼は、一般客に多額の金を貸してくれるように説得しなければならない。なにしろ保証人もなく信用もできていないのだから、この仕事が最も困難な段階だ。だからこそこの困難を乗り越えれば、銀行は資産家候補生として特別なサービスをしてくれるようになる。

さて三番目のサービスは、銀行が利率の高い直接貸し付けをしてくれて、市場に対し、この男の仕事に乗ったという約束を示してくれることである。この借入金で、男は資本が少ないにもかかわらず、企業を買収することができる。これがＬＢＯ（leveraged《レバレッジド》 buyout《バイアウト》）である。こうして、自分も、銀行も満足させられる利益がここで上げられるのだ。

何が新しいのかよく見てみよう。それは、大きなリスクを、これも高い金利によって裁定することだ。今までの銀行は、この差別化にあたってとても慎重だった。なぜなら銀行というのは、本来「制度」にのっとった行動をするところで、リスクのコントロールや貸し付け金の安全を優先させる。つまり短期より長期を優先させるのだ。ところが、金利もリスクも高い貸し付けというのは、次の期間にすでに利益をものにし、長期の問題のことは心配せず、利益を見せびらかす人間のやることだ。将来なんて構ったことではない。大事なのは、すぐにも有名になり征服して勝利することだ。

本章を進めつつ、二つめの資本主義の戦いは、まさにそこにあることを見ていきたい。それは短期に対する長期の、現在に対する未来の戦いなのだ。

さて、この戦略の三番目の段階に話を戻そう。ここでは、未来のゴールデンボーイが、軍資金づくりのための借り入れを終え、あとは、金鉱探しのごとき情熱にかられている様子を誇示し、獲物に襲いかかって、レイダー（略奪者）の行動へ出るだけだ。もしうまく行けば、株主にはそれ以前の株価より高い配当を払う。しかしそれは実際の企業価値よりは安いのだから、いわゆる〝アセットストリッピング〟の手順に出るというわけだ。この語はフランス語には軽蔑的に「資産解体」と訳されている。ヨーロッパでは企業は商品ではないのである。とにもかくにも、そこで借り手は借金を返済できただけでなく、即時に利益を手にし、銀行と山分けすることができる。サクセスストーリーの第一幕の終了である。

まるでハリウッドだが、こうした財務操作が相次ぐことを評して、過去、ニューヨークの金融を救ったこともあるラザール・フレール社の共同経営者のフェリックス・ロアタンは、ウォールストリートはハリウッドより悪いと言ってはばからない。実際のところ、そうやってバラバラにされてしまった会社や従業員の憂き目を哀れむわけではないが、この種の操作は、アメリカ金融システム全体を大きな危機に陥れてしまったのだ。パリバ銀行のミッシェルフランソワ・ポンセ会長は、この点について注目すべき数字をあげている。八七年の恐慌の後、先進国の金融当局は銀行にかの有名な「クック率」に要約される慎重政策をとることを決定した。このクック率とは、銀行が承諾する貸し付け金の大きさを規制するものである。これは本当に効を奏して、アメリカの銀行が、企業の資金繰りの全体に占める割合（仲介率と呼ぶ）は七〇年には八〇％だったものが九〇年には二〇％になったのだ。それがもたらしたものには次のようなものがある。一九七〇年、アメリカの銀行のうち八行が世界の二十五大銀行の中に数えられていたのに、一九九〇年になると全米で最大の銀行のシティコープ銀行が世界二十四位である。ところがアメリカの銀行が貸し付け金を制限すればするほど、収益を維持するために、利潤の高い、つまり危険も大きい取り引きに関与しなければならなくなった。こうして、一九九〇年のＬＢＯによる銀行貸し付け額は一九〇〇億ドルで、彼らが発展途上国へ貸し付けた全債権の額六四〇億ドルの三倍となった。

八七年の「暗黒の月曜日」以降、経済金融専門のマスコミでは、アメリカの金融機関の倒産件数が、異常なほど増えているとくり返し伝えている。業務量が激減した商業銀行は、慎重に行動するどころか、長期的な問題は顧みず、アメリカ資本主義システムがまさに要求する即時の利益に飛びつこうとした。つまり危険な取引きに手を出したのである。そして結局、それを償うのは国民なのだ。

3　資本の増殖

さて、若い一匹狼の話に戻ろう。彼は金融王になりたいのである。そして本物の金融の王、ゼロから出発して、大物貴族の宮廷に入りこむことのできる男というのは、自分の貯金で買物をしたり、他人の金を担保に借り入れをしたりすることでは満足せず、市場に自分の名前、名声を披露するだけで、資本の増殖をすることができる人物なのだ。資本とは永久的で費用もかからないという、ほとんど奇跡的な特質を持つものである。

借入れ金とは逆に、この金は永久に残る。資本は返済の必要がないのだから。先進国では少なくとも八％から十二％の費用がかかる借金とは違って、配当金は株価の三～四％を越えることはない。株主のリスクは無限である。それではどうして、長い業績を誇る第一線の企業でもない、若い野心家の発行する証券が買われるのだろうか。その答えは、これも栄光と「希望を売る才能」につきるのである。

貯金で買うのは平凡である。金を借りて買うのはそれよりはましだ。自分の名義で市場で自己資金を集めるのが、金融の神様のやり方なのだ。だが神がほかにもいる。投資銀行家だ。彼らの仕事は投資はほとんどせず、リスクも冒さない。主要な仕事は他人に売買させることにあるが、大いなる信念を必要とし金融ゲームの優れたセンスを持っていなければならない。彼らは取引のたびに手数料を手に入れる。売りも買いもだ。金鉱探しをする人々にとって、その手助けが、ほかの何より貴重なのだから当然だろう。つまり金塊発見にはどこを掘ればいいかを教えてくれるのであるから。

以上が簡単ではあるが、「金融バブル」「金融資本主義」「経済の金融化」と呼ばれる状況の発端が何であったのか、という解説である。市場がヒーローや栄光のストーリーに見出すのは心理的価値である。これは重要なことだ。資本主義の酸素は、儲けることへの希望であり、これがなければ企業はない。しかし、証券取引所においてさえも、理性は保たれねばならないのだ。

〝一種の狂乱〟

アングロサクソンの国々では、八〇年代以降、今までになく、そしてどこよりも株式市場が重要になってきた。逆にアルペンの国々では、企業の資金繰りで大きな役割を果たすのは銀行である。

資本市場がもともと強かったアメリカではますますその傾向が強まり、八〇年代、資金調達の環境は例外的といえるくらい好転した。八〇年と八九年の間にダウジョーンズ指標は三倍になった。また先物とオプション取引が相当に発展した。シカゴではニューヨークより二倍、さらには三倍の取引が行われるようになる。飛躍する株式市場だ。金融の爆発…新しい慣行、物々しい儀式、魔術の蔓延。そして金融仲介人の数は急増し、財産を増やすことに成功した。今まであまり知られていなかった金融会社が、メディアによってスター扱いされ、取材も多く受けるようになった。そしてＩＢＭやアップル、コルゲート等の大企業に取って代わったのだ。ドレクセル・バーナム・ランバートや、シェアソン・レーマン・ハットンやワッサーシュタイン・パレラといった会社である。株式投機という時代の先端を行く魔術と、ショウビジネスのきらびやかさとを組み合わせたような神話を作り上げたのが彼らだ。アメリカではいつもそうであるように、この金融が産業から得た勝利もまた、個人の輝かしい成功の栄光が目立ち、華やかさを添えている。

無名の人間が突然、ハリウッドのように有名になり、巨大な、あっという間につくりあげた財産を、マスコミが興奮してもてはやす。ジャンク債の王と呼ばれたマイケル・ミルケン（現在十年の服役中だ）、ピンクのロールスロイスに乗ったイヴァン・ボースキー（実刑三年と罰金一億ドルの判決を受けた）。タージマハールをジャンク債で買い取った誇大妄想狂的なドナルド・トランプ。彼らは、何年かの間、アメリカ資本主義のヒーローの座に祭り上げられていた。だがアメリカの経済に悪い予兆を感じないではいられなかった人も多かった。

一九八八年のノーベル経済学賞受賞者のモーリス・アレは、アメリカ経済が、一種の投機的金融狂乱に陥っているように見える、とためらいなく言っていた。現実的な土台のない巨大な収益があり、その影響が社会を退廃させていくことは認識されていないというのだ。

社会を退廃させる効果、それは、アメリカ流の善悪二元論にあてはめれば、金融という悪者がはびこって、この新ジャングルの法則を堕落させたというわけだ。だれが悪者かというと、レイダーズと呼ばれる、敵意ある株式買占めと、企業解体のプロである。彼らはバラバラにした企業を売りに出して巨大な収益を得るのだ。悪者にも色々ある。カール・アイカーンは、取引所をパニックに陥れた後、ＴＷＡを買収して、人徳も一緒に買い取ったかのように、会社の利益に心を配る経営者に変身した。かと思うとアーウィン・ジェイコブスのように、限られた金融論理のみに従い、最大の収益を最高に速く手に入れることに専念する。そして、ジミー・ゴールドスミスは、経済リベラリズムの十字軍といった言動で、国家介入を厳しく批判する。彼はこの思想を守るために、大手タイヤ製造のグッドイヤーを買収しようと試み、クラウン・ゼラーバックというコングロマリットをＭ＆Ａで獲得した。「ジミー」は、悪い脂肪のように企業に浸透してくる官僚権力を排斥し、株主の利益も顧みずに自分の地位に安穏としている経営陣を追放するのだと断言していた。だが彼が実現したのは結局、物凄い増収だったのである。

Ｍ＆Ａという慣行、企業の買収や吸収はアメリカの新しい現象を代表しているのではないだろうか。一般に信じられているのとは反対に、八〇年代のこうした買収行為の数は、六八年から七二年にかけての半分にしかならない。いちばん多かったのは七〇年（年間六千件）だった。だが、数ではなく、その金額で見れば、疑いもなく、八〇年代は爆発的だった。六八年～七二年には年額二百億ドルだったのが、八〇～八五年には九百億ドルになり、八八年には二四七〇億ドルにも達した。これを国内総生産の割合で見れば、八三～八五年の吸収・合併オペレーションは、六八～七二年の期間の倍に増えたのだ。（『資本の帰還』ボードアン・プロ、ミシェル・ド・ローゼン共著　ジャコブ社版　一九九〇年）

だが特に注目すべきなのは、それらのオペレーションの性質が、八二年以降変わってきたことだ。エドワード・Ｊ・エプシュタインが『だれが企業主なのか？　経営者と株主との戦い』の中で指摘している（ニューヨーク　２０ｔｈセンチュリーファンド社　一九八八年）。

吸収や買収はもちろん新しい現象ではない。少なくとも三十年前から、アメリカ企業は自社のシェアを伸ばすため、リスクを多様化するため、収支決算を向上させるため、そして何より税制面の優遇を受けるために、この手段をとってきた。だが八十年代まで、こうした行為は、双方合意の上で、少なくとも両者の取締役会の了承を得た上で行われてきた。その意図が州によって法律が異なるために、企業が監督権を握ることが難しく、危険になる可能性もあるという理由からだとしても。イリノイ州では乗っ取りに関する法律（イリノイビジネス・テイクオーバー条例）は、標的となった企業の株主の一〇％が州内に住んでいれば、州政府が介入してよいとしている。八二年に最高裁はこの条項を無効と決め、他の同類の条例もすべて廃止した。そのため、状況は大幅に変わり、敵対的な買収（株式売却）は容易になったのである。従来の吸収や買収が、大企業の場合は、自社グループを拡大するために行うもので、株価の一時的な低下が避けられないものであったのに対し、今の乗っ取りの目的は株価を上げるために、獲得した企業を解体して部門別に売り払うことにある。

はったりの渦巻

金融企業のスター化、その幹部のサクセスストーリー。こんな状況では、アメリカの知的エリートの大部分が、金融セクターにさらわれたとしても不思議ではない。これは工業セクターには打撃だった。もともと技術系や経済系のエリートを採用するのは大変であったのに、こうした若い大卒のエリートがみんな銀行や証券仲介業に流れてしまったのだ。収入が全然違うのだ。手も足も汚さずに。

これが八〇年代のアメリカだけの現象だとは信じないで欲しい。パリでも、証券取引所で働く若者たちの収入について調べればすぐにわかることだ。投機に関与しない分野で働く同窓生より、同じ社内にいながらも、二倍から三倍も稼いでいるのだ。能力も才能も同じなのにリスクが違うだけで三倍の給料、これが二つの資本主義の戦いの日々の焦点となっている、まさにその部分なのである。

アメリカでは、こうした才能の集中、輝やかしい成功、動かす金額の大きさ、スリラーよりもドラマチックな操作といった要素が集まって絶え間なくメディアのために格好の話題を提供した。マスコミにとっては、当時のウォールストリートのような、劇的な金融の世界はまさに天からの賜り物だったのだ。新聞（ウォールストリートジャーナルのような厳格なものは少し違うが）がウェスタンまがいのエキサイティングなエピソードを伝えない日はなかった――血なまぐさいＭ＆Ａやとてつもない儲け。巧妙なあるいは歪んだ攻撃方法等々。もちろん新たに誕生したキングたちの、物入りの多い私生活にからんだもめごともある（例えばトランプ氏との離婚を要求する、手に負えない妻…そして彼女の財産の行末などが、多くの雑誌のトップを飾る）。金融のみならず、経済界一般の全ての動きが今や脚光を浴びている。そしてそれは悪い方へ向かうことのほうが多かったのだ。

このメディア現象はウォールストリートの域を越え、企業主や経営者たちの反応を変えていった。彼らは、マスコミに「大キャプテン」として書かれることに非常に気を遣うようになり、漫画の主人公や、ビデオ映画のヒーローのように株式市場の腹黒い敵と戦って勝利する、というイメージを好んだ。八〇年代に広まっていったある種の単語を細かく研究すると教えられることが多い。戦士、白と黒の騎士たち、毒薬、手錠、金のパラシュート等々。金融や経済をスターウォーズになぞられているのだ。こうしたドラマは、自動車産業における生産性向上の話や、国際市場での情報工学の変遷等に比べてずっと好んで読まれ、語られた。

経営者たちも、超人的な証券戦争のヒーローとなって、マスコミや大衆にとって、地上のしがらみからは遠いところで、何億もの金を動かし、証券や、人の職業を手玉にとって国境も州法もお構いなし、と言った神様のごとき存在になったのだった。誇大妄想になる者が出てきても仕方がない。そしてマスコミが彼らに与えたイメージに合わせて経営方法を徐々に変えていくような経営者も出てくる。Ｍ＆Ａ、買収や吸収はすべて合理的な動機があると思ったら間違いだ。ときには、社長のエゴを満足させ、新聞や雑誌に虚栄心をそそるような見出しが欲しいからだけの「見事なパフォーマンス」もある。従業員に、重役連は意気地がなく保守的だと思われないためである場合もある。そして、優れたM&Aというのは、社会のマークを再び輝かせるためにあるものなのだ。

この栄光のらせん階段は、はったりではあったが、経済力に物を言わせ、レーガン時代のアメリカを、文字どおりウォールストリートの影へと引きずり込んだ。その結果、金融界は、いままでより以上に、主導権を発揮し始めた。経済政策も、ウォールストリートの動向に左右されることになったのだ。指標が動いて、相場が落着きをなくすとアメリカは熱を出すというわけだ。対外貿易の赤字や失業増加の兆候で、市場は慌て出す。出来事そのものより、その株式に与える衝撃のほうが大きくなってしまったのだ。輸出額減少や生産停滞はそれ自体何でもない。心配なのは、株式市場の反応なのである。

市場の法則

こうした世界では、工業は、どこか貧乏な親戚か、時代遅れの洋服を着て、微笑ましいが魅力に欠ける田舎のいとこといった印象である。MITが一九九〇年に発表したレポートによると、工業と金融はめったに気が合わないらしい。

レイダースと呼ばれる、即時の利益の獲得に取りつかれた狩人たちにいたっては、「産業戦略」などとても望めない。こうした狂乱の金融は「企業の関心を必要以上に即時の利益に集中させた」とMITは報告している。なんと遠回しな表現なことか。

こうして金融市場は、経済一般の、特に企業のいわば後見人としての権力を発揮するようになったのである。

そして企業は、厳密に経済、産業の視点から見れば、とても合理的とは言えない行動や戦術をとるようにけしかけられるのである。

まず、株式取引所は、企業に、自己資本から最大限の収益性を引き出すことを強要する。株主は浮気っぽいということを武器にしてますます要求を多くしているのだが、それを満足させる必要がある。そこで、企業は「競争力のある」配当金を支払うことに必死になる。それに加え、株価が高いということは、買収の危険を少しでも少なくするのである。企業はウォールストリートに、四半期ごとの満足の行く結果を提出するべく、短期の利益を最大にすることに全てを賭ける。実際、三ヶ月に一度企業は市場に決算数字を報告し、市場でそれを分析し、比較し、批評をする。三ヶ月に一度！　これを人は「クォータリーレポート（四半期レポート）の圧政」と呼んでいる。

どんな経営者でも、短期的収益を増やすには、緊急でない費用を削ることであると理解している。広告、研究、養成、長期的な市場開発等の費用だ。しかしこれらは、企業が未来に備えるために、新製品を開発したり、生産方法を向上させたり、従業員の質を高めたり、製品の発売を準備したりするための費用なのだ。これを大幅に削れば、結局、危くなるのは企業そのものである。この点で、金融の論理は明らかに産業の論理と対立する。

Ｍ＆Ａの過熱によってもたらされたものも企業には危険なものだ。Ｍ＆Ａに、買い手としてでも「獲物」としてでも関わったものは、実行に移すために、あるいは抵抗のために、負債を重ねることになり、それは収支決算に重くのしかかってくる。その結果、時として長期にわたって、経営財務のバランスをくずすような相当な出資を余儀なくされる。一例を挙げよう。ＲＪＲナビスコグループはＫＫＲに買収された際二二〇億ドルもの借金を抱えた。結局、この負債を解消するため、ＫＫＲはナビスコの全支社をＢＳＮ（フランス）に売却せねばならなかった。

敗者の栄光

財政面のこうした問題だけが企業にのしかかっているわけではない。M&Aの危機は、常に経営者を脅かし、彼らは時間とエネルギーを大量に防衛戦略を練るために費やすようになるのだ。株式取引のゲリラ攻防という、営業的工業的には完全に非生産的なものに没頭するのである。いったい実業家の第一の仕事というのは、とてつもない報酬を要求する法律家たちの一団を集めて、敵の買収に備えるための作戦を絶えず練るようなことだったろうか。その時間を、生産や、販売することに使いもせずに。ナビスコの社長や重役たちが、乗っ取りに対抗するのにどれだけの時間を費やしただろうか。実はそのために費やされた金額はわかっている。重役のうち二人は、それぞれ、五三〇〇万ドル、四三〇〇万ドルを受け取っているのだ。具体的に言うと、五〇〇〇万ドルというのは、二億五〇〇〇万フラン（七五億円）に当たり、利子だけでも二五〇〇万フラン（七億五千万円）、つまり最も高給のフランス企業の社長の給料の五～六倍なのだ。これこそ「敗者の栄光」と人が呼ぶものであろう。

株主はどうかといえば、最も多く払ってくれる会社、うまく行っている事業、すぐに収益のある株券に走るというのだから、今や不実であることが文字どおり黄金の法則と言える。

アングロサクソンの新たな資本主義の型の論理では、株主の不忠実さは合理性を意味するというだけのことである。

ところが、安定した資産を望めない企業にとって、この合理性は大きなハンディなのだ。「株主は王様」とはアレクサンドル・ド・ジュニアックとステファン・マイヤーの表現（著書は『資本の帰還』）だが、その株主といえば、自分が投資した企業についてはあまり心配をしない。配当金と価格値上りさえあればいいのだ。この傾向は、逆説的だが、機関投資家に多く見られる（退職基金と保険会社が多い）。そして彼らの株式市場での地位は巨大なものだ。実際、ウォールストリートの資本金の四〇～六〇％を所有し、日本やヨーロッパと違って、市場の調節機能、監視官の役目は果たさないのだ。アメリカの機関投資家は、まず第一に自分の財布の中身を増やすことに努める。彼らの考えていることは、期末ごとに、自分が管理している貯蓄金の保有者である顧客に記録的な結果を示すことだけなのだ。最も優れた管財人でありたいというわけだ。

短期の利潤のみが頭にあればこそ、M＆Aの際は、昔ならそれこそ「裏切り」と呼ばれた行為に走ることになる。大企業の退職金を管理している場合、その会社が乗っ取りに遭うと早速攻撃している会社の側に廻って、株価値上りに加担するのである。

このような株主にかかると、企業は、会社愛によって結び付いた、株主、従業員と経営陣の一体となった利益共同体とはほど遠いものになっていく。企業は単なるキャッシュフローマシンで、株式市場の波に揺られ、投機という見えない嵐に脅かされているのである。

所有者のいない資本主義

ヨーロッパ人、特にフランス人は企業をいわば家族のように思い、執着することが多いので、上記のような論理には当惑を覚える。それは確かに一つの論理なのである。アメリカでは、現在市場を支配している新参の合理的な株主たちにとって、企業とは単なる「株券の山」である。もっともこれはケインズの言葉だ。それはアメリカでは何でも売りに出すのだ——日本人にさえ——問題は、価格だけだ。フランスの哲学者のミシェル・セレスは、アメリカで教鞭を取っているが、ずばり、こういう発言をしている。

「アメリカでは、金が目的で品物はその手段なのである。ヨーロッパでは反対だ。金は品物を得るためのものだ」とにかく米国では企業を買うことは、建物や美術作品を買うのと同じくらいあたりまえで容易なことだ。だから王様である株主が、自分が買ったばかりの企業で好き勝手をするのは論理にかなっているのだ。切り刻んで興味がなくなれば売り飛ばす。共同責任者は、資本と、つまり商品と同じ扱いを受けるのである。

良くも悪くも、この資本主義においては、労働者は商品として扱われる。論争の焦点となる点だ。資本主義下の企業が所有者を持たず成り立つだろうか？　これも論点である。矛盾しているように見える二点だが、ユーモアにとりあげられることもある。イギリスのエコノミスト誌は、「アングロサクソンの資本主義は、依然所有者の資本主義だろうか？」と問う。

「企業、所有者を求む」「企業、安定した株主を求む」こうした広告だけで、一つの新聞が埋まるだろう。所有者を消滅させ、安定株主の論理を破壊する、このことが、新型資本主義、新型金融の形の栄光なのである。

現在の利益か、将来の利益か

もう一つ別の矛盾に注目して見よう。それはマルクスに似ている。世界のどこでも、利益の正当性は存在する。それは資本主義の魂である。フランスの社会主義政府でも、共同プログラムという楽園的発想に背を向けて八二〜八三年ころからすでに、それに同調していた。東欧では、共産主義が崩壊し、全面的なリハビリを市場に施すことになった。企業と企業家にとって、利益の追求が最も刺激的な有効要素であることは、だれもが認めている。利益は正当なものだ。そして収益性、利益、利鞘は活力ある経済の真の原動力である。ところが今、資本主義の総本山であるアメリカから、予期しない教訓がもたらされた。利益は、企業を弱体化させ、経済に不利となり、発展を妨げる可能性もある。「大きすぎる税は、税を台無しにする」のと同じに、「今日の利益のために動きすぎると、明日の利益を駄目にする」のである。

流行や運に頼るある種の奇跡を除いて、長持ちする成功は、毎日毎日の努力で作られるのだ。生産方法の開発、流通ネットワークの開発があって初めて成しうる。顧客を説得し、そして何より重要なアフターサービスを確実にすることが要求される。マイクロコンピューターは、発売されて、五〜六年間は大衆に受け入れられなかった。ビデオやビデオカメラは、十年かかった。

こうした忍耐強さには、財政面の犠牲が避けられない。企業は、最初の収益を得るため損失を覚悟せねばならない。発売のための出資のみではない。時として低価格で売り出すことが必要になる。それが収益を食っても、市場を征服するには仕方ないのだ。これは、日本人が最も得意とする初歩的戦術である。まず、最も安いシリーズに集中して努力を重ね市場を量販で攻撃する。価格そしてマージンには大きな犠牲を払う。そうしておいて競争相手を叩き落とし、固定コストを減価償却して、徐々に製品の質を上げていくのだ。十五年前の日本車を思い出してみよう。小さく仕上げも雑で、壊れやすいし魅力もないが、安かった。現在の日本車は、力強いドイツ車や、エレガントなイタリア車と競い合っている。そしてご承知のように、日本は、世界一の自動車製造国となったのだ。この成功は、初期の犠牲を伴った忍耐強い戦略の結果なのである。

発展対利益

この戦略に対抗するように、アメリカは、即時の利益を確保する分野にますます集中するようになった。主導権を失いそうな分野や、長くて費用のかかる努力が必要とされそうなときは、すぐに身を引いていった。市場全体を征服したり、奪回したりするために、長期的な生産、営業政策を開発することは決してしなかったと言える。医療映像技術の分野、例えばスキャナーや、エコグラフィー等では、初期に製品を発売したのはアメリカだった。ところがその後アメリカは、大病院や、研究センターに向けた「先端」機器のセクターに集中し、一般機器は日本人に譲る形になった。そこで日本人は早速飛びつき、中小の病院の市場をまずさらって行き、これをベースにして製品の改良を計り、今や、高技術の機器でも直接アメリカと競うようになってしまった。

こうした戦略の違いは、少し変形であるが、エレクトロニクスの分野にも見られる。アメリカ企業は、一般向け商品をないがしろにして、軍事テクノロジーに集中したり、もっと収益の大きい他の業種に移ったりしたのだ。『NOと言える日本』の中で（この本は一度として完訳されていないが、海賊版が多く出回っている）、ソニーの盛田会長は、アメリカ人の企業主の予測の悪さを批判するのに、持って回った言い方はしていない。「アメリカ人は、企業買収や吸収で金をつくるが、新製品を創ることができない。われわれは十年かけて製品プランを立てるのに、彼らは今から十分の間に得る利益のことしか頭にないのだ。こんなリズムでは、アメリカの経済は幽霊経済になってしまう」。

アメリカの幹部の中にも、この厳しい見方と意見を同じくする人がいる。行政管理予算局のリチャード・ダーマン局長もその一人だ。彼は〝ナウナウイズム〟（すべて今すぐ）主義、つまり製造者でなく消費者の忍耐のなさ、それはエゴイストのもので開拓者のものではない、として批難している。ケインズは、「金融精神」に染まったこうした行動が「企業精神」に取って代わることを恐れていた。少なくとも、今、アメリカの産業が戦っている金融の暴政はこれと通じるものである。最大手の産業も然り。ＩＢＭは収益の五〇％を配当として支払っている。ランク・ゼロックスは六〇％以上だ。逆に、日本の企業に融資している銀行は、これに比べはるかに欲がない。日本企業は、直接にまたは間接に、同じグループに属している。大部分が、互いに会社の資本の相当な割合を所有している。つまり、貸し付けの利率や配当金を高く要求すれば、会社そのものの発展の妨げとなることがよくわかる立場にいるわけだ。言わば、こちらで失ったものをあちらで稼ぐというように埋め合わせをする術を持っているのだ。そしてみな一緒に働く。企業は、資本の高コストに圧し潰されることもなく、長期の計画を生み出し、融資もすることができる。

株主や出資者を満足させねばならないということに絶えず心を奪われ、その結果すぐに収益を得られる計画に縛られているアメリカ企業は全く違う立場にいる。このような状況ではＭＩＴの最近の報告（「メイドインアメリカ」）が指摘しているように、アメリカ企業がますます産業面のリスクに臆病になったのも理解できる。これは驚くべき事実だ。なぜなら、資本主義と企業とは、定義上、リスクと同義語なのだから。アメリカの神話はこのリスクをそそるものであったし、産業上の冒険は、開拓者の冒険の続きとされてきた。過度の慎重さや短期収益の追求、確実な事業しか手を出さない態度は、レーガンが、目指していたイメージの復活とは全く一致しない。一九八四年、訪中の際、レーガンはこう宣言している。

「われわれは楽観的な国民だ。あなた方と同じように広大な国土、空、高い山、豊かな農地、地平線まで続く草原を遺産として受け継いでいる。それらがわれわれの全てを可能にし、希望を与えてくれるのだ」。

「レーガニズム」の悪影響、そして八〇年代の残酷な皮肉。金融という暴君が、企業精神にまでその手を伸ばした。これは、嘆かわしい、しかも危険なことである。この何年かの経験によれば、産業の大成功は、たいていの場合「リスクへの挑戦」から成しえたものだった。日本企業の戦略について著された書物にその例が沢山見られる。それは『会社：日本の企業』というJ・アベグレンとG・スターク共著のものである（ニューヨークベーシックブックス　一九八五年）。著者は、日本の企業がリスクに挑むすばらしい才能を描いている。日本企業が、製品が売れるかどうかわからないのに大量生産に踏み切るのは珍しいことではない。当初のコストはすぐに減価償却され、発売価格を安く押さえることができる。「ウォークマン」の例は有名だ。盛田昭夫が発明し、一台も販売されないうちから大量生産にかかった。

結局、利益は、燃料のようなものである。資本主義というエンジンを動かすのだ。燃料が多かったり、少なすぎたり、質が違っていたりすれば、エンジンは息切れするかもしれない。日本の経営者たちは、盛田と同じように、アメリカの同業者を批判するのにこの点を強調する。アメリカの経営者は、共同経営者を無視し、生産の必要性を認めず、ウォールストリートのことばかり気にしている、と言うのだ。この言葉の裏には、もっと根本的な批判がある。人材養成に関するものだ。これについてはアメリカのアナリストも批判している。ラムゼス報告（フランス国立国際問題研究所編）は一九九〇年度レポートで、アメリカで行われた調査を元に、こう指摘している。

「事実、アメリカ経営陣の報告決定は、高業績企業の実績や、アメリカ各地の大学やコンサルタント会社が行う社会的障害の分析結果に逆うものだ。その結果は全て、まさにずっと昔からＩＢＭやスリーＭやヒューレット・パッカード等の企業が出した結論と同じ方向に向かっているというのに。つまり、安定した労働力の継続的管理が競争力を決定する、という結論である」。

利益への熱狂的な競争は、広く理解されていた経営方法とは反対をいく行動に結びつく。そして結局、利益という名の罠、見境のない金稼ぎは、社会の各層全体を脅かしているのである。

金銭至上主義の新たなる危険

お金と財産はアメリカ社会では常に、物事の基盤であった。逆に出生、教養、名誉のほうがヨーロッパ社会では重視される。このことは、資本主義、共和主義の国アメリカの若さとも言える。この国は、マックス・ウェーバーが資本主義にふさわしいとしたプロテスタントの倫理の上に成り立っている。アメリカが、まずカネの国で、ドルが王者だということくらい当たり前のことはない。ところが人が忘れているのは、アメリカのドルの強さ、個人競争の厳しさ、遠慮のない物質主義が、いくつかの強い価値観あるいは特殊な制度とのバランスを保っていることだ。アメリカは、その起源から、ドルに身を捧げてきた。聖書の上に片方の手を、もう片方を憲法の上に置いての話だが。アメリカ社会は、信仰深いし、公共精神は、憲法および法律にも、ヨーロッパにおけるよりずっとものものしく謳われている。伝統的な道徳は束縛を意味し、必ずしも形式ではない命令につながるのだ。ロックフェラーは言った。「金持ちにとって、あるがままで死ぬことは恥だ」。非常に活発な協会組織作りに関しては、それがどれだけ社会の摩擦を緩和する役割を果たしているかはもう触れた。アメリカ社会は、要するに、基本的矛盾を管理しつつバランスを取っているのである。

そして現在、このバランスが崩れようとしている。カネは最優先のものだったが、どこの国王でもそうであるように王の権利は抑えられ限定されていた。今、その権力が会社のすべての分野を侵し始めている。フランスのアラン・コタ教授は著者『資本主義のあらゆる形』（ファイアール社　一九九一年）の中で、資本主義の新しい三つの特徴の相互関係を指摘している。その三つは、金融、メディア、そして買収である。栄光が財産を腐敗させるいちばん早い道なのだ。そして買収は、ニュー保守派の経済学者の冷めた見方によると、社会を管理する最も合理的方法とされている。だが、それならば、盗人とは何であろう。金が充分になくて買収をしてもらえない人ということではないのか。こうした論理の中には、西欧の道徳の伝統から受け継いだガードが皮肉にも取り除かれてしまっている。そして金銭にからむ新たな不道徳観のために、社会の矛盾や不平等がますます悪化していき、状況はさらに絶えがたくなってきた。

例えば、ディズニーカンパニーのマイケル・エイズナー社長が、彼一人だけで、オルランドのディズニーランド（フロリダ）の維持に必要な四千人の庭師全部あわせたよりもっと多くの収入があることをどうして正当化できよう（それはフランス大企業〔BSNやプジョー〕社長の五十倍から百倍になる）。

あのマイケル・ミルケンは、ドレクセル・バーナム・ランバート社のジャンク債部長だったのだが、八八年の一年に五億五千万ドルの収入があったとしているのをどう考えればいいのだろうか。

アメリカ全体がこの疑問を感じ始めた。ビジネスウィーク誌でさえ最近の号で「社長たちの給料は高過ぎないか?」という記事を載せている。そしてその後、上下両院に企業社長の報酬を抑える方向の法案が提出された。

経済専門家のグループ・クリスタル氏は、議会で、アメリカの社長は、大企業となると従業員の百十倍もの給料を得ていると証言した。これがドイツでは二十三倍、日本は十七倍なのだ。ドイツや日本の社長の五〜六倍も稼いで何の役に立つのだろうか。市場メカニズムが正しく作動しているとすれば、この差は企業の競争力の違いを表しているはずだ。ところが、これは全く反対である。ここにあるのは市場の法則ではなく、カネの独裁制と言ってよいだろう。

　王様であるカネはすべての道徳を一掃する。ウォールストリートでは、八〇年代の狂乱の時代にあらゆる公金横領、汚職がまかり通った。証券取引所の銀行家たちの有名なモットーである「わたし《マイ》の言葉は《ワードイズ》わたし《マイ》のいのち《ボンド》」（bond:きずな・証文・債券）は、新たな金融のヒーローたちには何の意味もない。稼ぎを多くするためには、どんな手段もとるのだ。情報屋も雇う。私立探偵を雇って、買収しようとする会社の経営陣についての情報を集める。こうしてウォールストリートは信用を失っていった。世界中の貯蔵金を集めているのに、そしてアメリカはそれを必要としているのにである。まさにそこに矛盾があるのである。道徳は、少なくとも事業における道徳観は、ただの飾りではなく、倫理上の宝物である。資本主義の機能には、技術的にも必要なのだ。ウォールストリートのビジネス界もそれはよく理解したようだ。ヨーロッパでは考えられない強さと厳しさで、過去の行き過ぎに取り組んでいる。なかでもあの恐ろしいＳＥＣ（証券取引委員会）は、フランスのＣＯＢ（証券取引委）に当たるものだが、金融市場で行われた狂気の犯罪を追及している。判事の口上は鋭い。そして、これは流行なのか、防衛策か、または昔からあったのかどうか確かではないが、ハーバード大学等で「倫理学」の講義が展開されているのである。さらには「道徳的投資資金」という、非の打ちどころのない企業だけに融資をするというやり方も盛んになっている。アメリカの州のうち四十あまりが、企業の乗っ取りの弊害に対処する目的の法律を採用した。ペンシルヴァニア州議会は、一九九〇年四月末、企業買収後の六ケ月の間に自分の投資額を売りに出した株主の利益は問題なく没収と決めるということを決定している。そしてあらゆる場所で、機関投資家の株式投機に対抗する国民の強い動きが広がっている。

総体として現在のアメリカは、道徳観念の波に一掃されたかに見えた。それは、極端に走り過ぎとも思えるような、清教徒的な十字軍という趣きだった。政治家の何人かは、財政的な汚職―単なる小さな過失のこともある―を疑われて政治生命を絶たれた。八四年の大統領選のフェラーロ女史や、ホワイトハウスの元秘書官マイケル・ディヴァー。ブッシュが国防長官に指名したジョン・タワー。上院報道官ジム・ライト等々。アメリカは、金銭の問題に異常に敏感になったのだ。収益をもたらす投資という根本的な問題が、再び道徳心を持って考えられるようになった。アメリカは、それが脅かされればすぐに対応するだろう。ところが道徳の復活は、これから始まろうとしている資本主義の二つの考え方の争いにとっては、本当のところエピソードの一つでしかない。

金融の栄光は、経済を痛めつけ、アメリカ社会もさらに傷つけた。だが、アメリカは抵抗している。だからこの金言を忘れてはならない。「アメリカを安く売ってはならない」。

第4章　アングロサクソン型保険対アルペン型保険

前章でご覧いただいたのが、アメリカ資本主義の全く新しい形であった。そしてそれは最近も大きく変化している。二十五年前まではさかのぼらないが当時、アメリカはまだ、一九四一年にバーナムが描いた（『経営革命』ザジョン・デイ社）「マネージャー時代」にあった。言い換えると、テクノ機構によって株主の支配が行われていたのである。J・K・ガルブレイスも『新産業国家』（ハウトン・ミフィン社　一九六七年）で、現在、目にする動きとは逆の動きについて書いている。それは、資本の再登場ではなく、株主の力の増大でもない。企業内の資本家の権力の弱まりであった。「権力は、新たな生産要因というべきものへと移っていくのだ。その要因とは人間とそのチーム、多彩な技術や才能の組み合わさったもので、技術革新の過程で避けて通れないものである」。

その当時、最もアメリカで新しいものと思えたものは、レーガン型の資本主義とは正反対な位置にあった。レーガン型では、技術屋や労働組合の代わりに、金融マンやメディアが権力を持っていたのだ。

この変わり方は世界に共通なのだろうか。わたしが初めから指摘したように、資本主義の競争相手は、本当に存在するのだろうか。わたしは、自分の職業である保険業で確かにそれを認めたのだ。この職業では、二つの異なった考え方が対立することが暗々裡に了解されて、あらゆる討論、論争、戦術がくり広げられる。つまり、アングロサクソン型対アルペン型である。

二つの起源：海と山

スイスのＡＧＦ（アシュランス・ジェネラル・ド・フランス）支店を訪ねた際、わたしはアルペン型資本主義の独創性を発見した。何年か前のことである。

それ以前、スイスは、わたしにとっては、経済自由主義の象徴であり、〝何でもできる。何でも通る〟の世界であった。しかし、わたしがスイス支店長に自動車保険の料金政策について話してくれと言った時の驚きは、非常に大きなものとなった。彼は、「そんなものはない」と答えたのだ。なぜなら、スイスでは、自動車強制保険の料金は全社同額であり、これに逆らうことはないというのだ。長年、フランス政府の経済顧問であったわたしが、あらゆる価格自由化のために闘ってきた、このわたしが、驚きで声も出なかった。この点では、フランスのほうがずっとリベラルだったのだ！

その後に続いた昼食会で、スイスの銀行家の一人がこう断言した。アメリカの銀行は、決して、スイスの個人市場に大きなシェアを獲得することはできないであろう、と。なぜかというと、アメリカの銀行は、従業員をしょっちゅう変える傾向があるからだ。

「スイス人が、知らない人のところへお金を預けにいくと思いますかね」とのことだった。

わたしはさらに、銀行預金が技術操作のみではなく、人と人との交流でもあるのだということも理解した。そして保険市場の機能も、料金比較ではなくサービスの比較で決まるということも。これが、価格という物の物質的側面が、サービスよりも重要とは考えられていない、もう一つの資本主義なのだ。非物質的で、多少とも主観的、いや感情的でさえあるものに取り囲まれているのだ。不思議なことだ！

この逆説を検討し、分析し、理解せねばならない。これが二つの資本主義の間の闘争を最もはっきり示してくれるからだ。それには歴史を遡り、保険の始まり、というより保険の二つの起源、つまりアルペン型と海型の両方の起源に帰らなければいけない。

保険の最古のものは、アルプスの山々の村人たちが、十六世紀に相互救援の会社を組織した時に始まる。このアルプスの伝統的組織から保険、共済の共同機関が派生した。ギルド、同業組合、職業組合、相互扶助運動等である。このアルプス型のやり方は、危険をみなで分かち合う方法である。各人が、リスクの生じる確率とは関係のない料金を負担する。つまり連帯観念があるのであり、それは、社会の内部へ再分配の形で移転する。このシステムはそれが生まれた土地に残った。スイス、ドイツ等である。それと、同じ感受性を持つ国々。例えば日本にも存在する。

もう一つの保険の起源は海のものである。ベニスの船の船荷に賭けられた、冒険的な貸し付け金である。それがその後ロンドンで発展した。形式としての特徴は、ロンドンの酒場ロイドで形成され、それは、イギリス船の紅茶の積荷に当てられるものだった。この系統はアルプス型とは異なる。安全よりも投機的で、競争力のあるリスク管理に関心を払っていた。再配分や連帯はここでは問題にされない。ただ各人のリスクの確率を正しく見積もることに徹する。

これらの二つの保険形態は、現代の社会の選択そのものに結びつく。アルペンのシステムでは、保険は、連帯組織の形態の一つである。「海運型」では、料金の高い契約によって連帯性は弱められる。その料金が非常に細分化されているからでもある。一方では社会の結びつきは否定され、他方では肯定されるのである。

今日、資本主義の二つの形に、新たな光明を伴ってこれらの二つの保険の起源が写し出される理由は、以上のようなことである。一方は、短期収益、株主、個人の成功が優先されるアングロサクソン型キャピタリズムであり、他方は、ライン型キャピタリズムで、そこでの目標は長期的な配慮と、資本と労働を結びつける社会共同体としての企業の優先である。

それぞれの起源にふさわしく、この二つの論理は根本的に違っており、現在の対比を生み出した。この対立はEECの設立時から、しかし特に一九八五年の欧州統合を一九九三年に定めた統一法令以降は、さまざまな保険の将来に関する論議の原因となっている。この論議は二つの型が存在することを暗に考えさせる。

アルペン型保険の特徴は、民間強制自動車保険において料金の均一制が課せられていることだ。この強制均一料金は、スイス、ドイツ、オーストリア、イタリアで実施されている。これらの国々では、保険は、主として責任分担や連帯の領域に入る。

反対に、アングロサクソン型保険は海が起源なので、金融や株式市場の領域に属するのである。自動車強制保険でさえも、料金が完全に自由で、市場が細分化されているためにリスクの共同責任はない。

アルペン型と海運型の間の対比を象徴する二つの大きな会社がある。

再保険つまり、最大の安全と継続性が要求される事業の総本山として、アルプス山中の二つの都会が選ばれているのは偶然ではない。ミュンヘンとチューリッヒである。そこには「ミュンヘナー・リュック」社と「スイス再保険会社」とがある。ミュンヘンには欧州最大の「アリアンツ」の本社もある。チューリッヒには、「ヴィンタトゥア社」があり、アルプスの麓、イタリア、トリエステ市に「ジェネラリ」社と「ＲＡＳ」（リユニオネ・アドリアティカ・シキュリタ）がある。これらはみな、ヨーロッパの保険会社の花形だ。ミュンヘン、チューリッヒ、トリエステの三都市は、文字どおり、歴史的にも地理的にも、アルペン型保険の本拠地とされる所だ。強力な基盤を持ちながら、最近は、ネオアメリカの波に援護を受けて海運型に好意的な意見に圧倒される議論も多くなっている。

海運型保険の象徴とも言えるのが、ロンドンの「ロイド」社である。その海運と冒険という成立にふさわしく、その規則では、メンバー二万五千名（ネームズ）の各人が、あるリスクに対する担保として全財産を賭けるのである。ロイド社は、世界的名声が今も高いが、危機も体験している。それは、アングロサクソンの世界の新しい問題として象徴的なものだ。その危機とは、出資者の「信頼」の問題であった。ネームズ（出資者）は、雇い主である被保険人が、とんでもない危険を冒す誘惑に抵抗できない場合、信頼をすることは難しい。被保険者は「金融と保険」のテクニックを、短期的にだが、使っているのである。彼らは、株式市場を軽々と征服し、手数料で報酬を得て、通りがかりに巨大な収益を得ていく。ロイドも、アメリカと同じ出費をする羽目になる。

強いが異議も多いアルペン型

資本主義のアルペン・ライン型の基本は、保険の分野においては、利益共同体で成り立っているという事実である。一方は、企業のさまざまな構成員による共同体で、もう一方には企業と顧客とのものがある。

最近の調査では、「ドイツの企業の能率の高さは、会社全体のコンセンサスよりも、経営陣の連帯感とビジネスを守ろうという共通の意志によるところが大きい」という。

企業に良いものはクライアントにも良いものだというのがＢＡＶ（ドイツ保険管理局）の基本概念だ。そのためにまず、保険は競争の法則とカルテル局の権限を免れている。ドイツ連邦カルテル局の局長は、一九八八年、これに懸念を示した発言をした。「ＢＡＶは、保険会社に支払い能力があるという保証があればこそ顧客の利益が守られていると判断している。ＢＡＶの主な仕事は、ドイツの保険会社が金を失わないようにすることで、つまり強制的に利益を出させることにある。したがって、ＢＡＶは、顧客の利益を擁護することはしない。ほかのだれもする人がいないのであればカルテル局でそれを行う」。

この宣伝によって起こった騒ぎも、本質を変えることはなかった。欧州市場統合を控えた今も、ドイツでもスイスでも、強制民間自動車責任保険料は、規定で決められている。スイスではこの掛金は、被保険者の代表が参加する調停委員会で定められる。ドイツでは、各社が計算を行いＢＡＶの承諾を得る。

最高三％の利率は保険会社の判断にまかせられる。この収益の任意的性質に注目してみよう。任意であるということは、利益は企業の最終目的ではなく、業務の二次的な付属品であることを意味する。

その意味をよく理解して欲しい。あなたが運転者とし上手でも下手でも、男でも女でも若くても年寄りでも、すべての保険会社に同じ掛金を支払うのだ。

したがって、競争はサービスの質のみに左右されることになる（対応の早さと補償の多さ）。責任分担による連帯感はほとんど完璧なものであるから、上手なドライバーは下手な者のために支払うということになる。一九八五年、ドイツの大手保険会社が行動を起こした。死亡率が、ドイツ人に比べて、移民にずっと多いことがわかったのである。そこで料金を、ドイツ人を一〇〇％とすれば、ギリシャ人に一二五％、トルコ人に一五〇％、イタリア人に二〇〇％にすることを提案した。この差別基準はＥＥＣ加盟国の非差別化の原則に明らかに反していたので実現することはなかった。そしてアルペンの国々は今も均一料金を維持している。日本にいたっては、保険会社の数でさえ、法律で定められている、損保が二十四、生保が三十一である。「系列」の法則とは、大家族の中のすべてのメンバーが連帯しているということだが、社長も労働者も取引先も納入業者もみなその一員だ。その法則が、日本の保険会社の繁栄を保証している。

アルペンの国々における、保険会社の利点の重要な要素の一つは、顧客が安定していることだ。住宅災害保険はドイツの法律では一九八八年まで十年契約であった。ＥＥＣ委員会では、これを五年まで減らすことに成功したが、他の大部分の国では何と一年契約なのである。同様に、生命保険契約はドイツでは三十年、イギリスでは六年である。

こうした厳格な体制は、当然、動脈硬化を起こす危険を伴う。それは消費者の利益には反するものだ。しかしだからといって、辛辣に批判してはならない。アルペン型保険は社会価値観全体の中に存在し、そこでは、信用や厳密な契約とは異なる人間関係の確かさと言ったものが、安定した顧客層を生み出す基礎となっているのだ。アルペン型では、企業が客より優位にあるために、株主に比べて経営陣が優位にあることになる。これは保険会社に限ったことではない。マネージメントは集団形態であり、取締役会が活発なため、一層強力である。監査役会は取締役員の指名と召喚についてのみ権限を持ち、株主と従業員の利益に注意を払っている。従業員の代表は、企業と直接関係のない労働組合の職員がその役目を果たすこともある。

Ｍ＆Ａのような乗っ取りが日本には存在しないことは知られている。スイス、ドイツも同様だ。ドイツでは、企業の株式の三分の一は有記名であり、定款の規定は次のようになっている。「株式の譲渡は、会社の承認なしでは許可されない」。取締役会が会社の正式な代理人として、譲渡を拒んだ場合、この拒否の理由は明らかにしなくてよいという権利を今もなお固持していることは驚くべきことだ。

したがって、貴方は、証券を立派に取引所で買うことはできるが、その取り引きが登録されないかぎり、貴方には株主総会での議決権も資本増強へ参加する権利もない。スイスでもこれは同じで、ジュネーブ保険会社の株の十四％をアリアンツ社が買ったが、経営陣がその登録を拒否したため、アリアンツ社には、いっさい議決権がない。それ以降、チューリッヒ保険会社がジュネーブ社の株の大半を買い占めた。これは象徴的なことだ。

保険に関するいくつかの点に異議を申し立てる声がブリュッセルのＥＣ本部から段々と高くなってきたのも理解できよう。保険会社と加入者との間の利益共同体は、少なくとも前提としては、人が想うほど確かなのであろうか。均一の掛金は、競争をいっさい消滅させてしまわないだろうか。ドイツの保険業者が経営面の生産性を増す刺激を受けず、営業費を減らす必要もなくなったら、アルペン型は、加入者の利益とは相反するものになっていくのではないか。

この点に拠り所を得て、ＥＥＣ委員会では「第三レベル」と呼ばれる行動指針の準備にあたって、いま過保護の状態のアルペン型市場に真の競争を持ち込もうとしている。それが暗黙のうちに意味することは、ヨーロッパ全体に保険会社の二つ目の型であるアングロサクソンの国々の「海運型」を広めることだ。

アルペン型では、保険はまず一つの制度であり、正しく機能すれば、市場の法則は厳しく規制される。アングロサクソン型では、保険はまず一つのマーケットであり、普通の競争の法則に従う。特殊な点は、会社がとるべき慎重な行動に関する規則を適用することだけである。

アルペン型の特徴は会社の財政的強力さで、世界でここだけは自己資本で外的発展のための野心的な政策に挑むことができる。逆に、海運型は観念的な支配権は強めながらも、財政的には、最大手企業でも弱体化している。このことは、自動車強制保険の例で明らかだ。この保険は、ほぼだれでも車を運転する先進国なら必ず強制的で、最も多くの人に係わる問題だからである。そしてさらに、この問題は、保険の状況のとてつもない多様性、そして政治・社会との結びつきを見せてくれるからである。先進民主主義国のあらゆる政治、社会的大論争は、将来、保険抜きでは、ありえないであろう。これは、カリフォルニアの「第一〇三提案」に関する討議が示していることでもある。

アングロサクソンの場合——見えざる手のためのコスト——

アングロサクソンの諸国では、自動車保険掛金は完全に自由である。イギリスの例から始めよう。料金の合理化である。

顧客（株主も！）は王様であるため、客の利益を代理する仲介業者が、この上なく合理的な方法で表示される料金表から最も有利なものを選んでくれる。客のあらゆる条件、運転技能職種、車種等で「スコア」表の中から彼に合った位置を決定するのだ。二十社もの保険会社の料金が瞬時に順序よく仲介業者の店のスクリーンに写し出される。この料金は、手数料を含む総額であるが、手数料のことは、堂々の事実であり、これも自由に定められている。

アルペン型保険の安定の要因が、会社の利益のために活動する、流通の独占ネットワークであるとすれば、海型保険では当然その役目は仲介業者たちの活動が果たしている。仲介者はシェアに貢献する上に、コンサルタントとして、事故管理やさらには新商品開発にも重要な役割を演じている。アルペン型においては、「摂政」である保険会社は、ここでは言わば子宮を貸すだけの代理母にすぎない。その任務は似たような商品を少しでも他より安く売ることでしかない。その方法は市場を断片ごとに切り売りしながらも慎重の法則には沿っている。仲介による流通は料金制である。だが現在、アングロサクソンの個人災害保険市場関係者は、消費者の長期的利益を考慮すると、フランスのように、各種流通機構どうしのバランスをとりつつ運営していくのが好ましいのかという疑問を持ち始めている。

実際、情報交換がリアルタイムで行われるようになってからは、商品も基本的には似てきている。仲介業者のスクリーンに高い順に掲示されるようになった今、技術革新以外に利益となることはほとんどない。だがシステムがその論理を完成させるには、商品はすべて完璧に相互比較ができて、代替可能でなければならない。つまり商品を勝手に革新してはいけないのだ。情報が、習慣としてリアルタイムで流れるネットワークにおいては、新型商品を出すことは、比較可能という利点を失わせるということになってしまう。

純粋で完全な競争のある市場形態においては、経済は一つの市場システムであり、それぞれの市場で均質な品物を交換し合う。さらに、各市場では、品物の買い手と売り手は多数なので、だれも価格に影響を与えることができない。そして、この価格や価格のメカニズムは、一つの信号のようなもので、製品の分配や、最適の状況を生み出す生産要因の分配のために、必要なあらゆる情報を提供してくれる。

（経済大百科辞典：マグロウ・ヒル社版「資本主義」項　一九八四年）

アルペンの国々の個人保険の原則は全く異なる。つまり、すでに述べたが「企業に良いものは客にも良いもの」である。アングロサクソンの国々では反対だ。「客は大人なのだから自分に何がいいかよくわかるはずだし、多くの会社から一つを選ぶことができる」。すなわち、一方は、公共サービスに近いものと考えられている純粋な保険の論理で、そのサービスは厳しく規制され競争は少ない業者の仲介で行われる。そして、その一方、他の市場と全く同じ単なる市場があり、慎重さに関する規制が違うだけだ。このような市場においては、保険会社は二つしか仕事がない。商品を安く提供することと、最小限の安全を確保することだ。

まさにこの最小限が問題になったのが、一九七〇年、イギリスの大手車両保険の「イクォリティアンドセキュリティーズ」社が破産し、百万人以上の加入者への借金を返済することが出来なくなったが、イギリスの保険管理局には五人しか職員がいなかった時である。この事件以降イギリスでは、管理体制強化のための共同方針を、一九七四年採択した。

自動車保険を売るためには、イギリスの業者は二つの情報を満たさねばならない。ライバルより安く、商品は同類のもので、つまり標準になるべく近いものであることである。安くするためには、生産と経営費を決めた後、市場を最大限分割しなければならない。そこで、会社の頭脳を結集させて、よい優れた料金表を開発し、さらに絶えず完成させる努力を続けるのである。一つの会社で五万条件もの料金を提案するのも珍しくはない。マルチ基準台帳といったようなもので、この上もなく細かく特徴を区分けし、無限に料金が変化していくのである。保険業者が成功するのに必要なのは、付加価値の大きい料金を見つけるための超細分化の才能だけである。過去にだれも考え出していない変数をオリジナルな方法で交差させるというような具合だ。

このシステムの論理は、細かく、各リスクに最も正確な料金を見つけるということにある。その結果、保険共同体や連帯といった概念は細かく砕かれるのである。保険の行為は、際限ない細分割化の論理に従うのであるから、アングロサクソンの世界では、彼らの保険というものの本来の性質を取り戻しているわけだ。つまり、保険屋にとっては賭けであり、その代償が、被保険者のための貯金となる。被保険者は、可能性のあるリスクに正確に見合った分だけの掛金を払うのである。連帯責任の恩恵を受けないのだからその責任も負わないわけである。

具体例を挙げよう。フランスでは、事故を起こすと二人の当事者が証明書を交換する。各人がそれを自分の代理店か仲介業者に送ると、保険各社間協定のおかげですぐに賠償金を受けることができる。これがＩＤＭと呼ばれるシステムだ（損害賠償保険）。

イギリスとアメリカでは全く違う。被保険人は仲介業者に連絡をとり、事故状況について話し合って承諾を得るようにしてもらう。結果は少なくとも安定したものではない。

だが、これは、被保険人と会社との合理的な関係の一つであると言える。サービスがたいしたことのないものだと客は離れていく。保険加入者間の相互関係が、市場の細分化によって失われてしまって以来、被保険人は自分の直面するリスクと、自分の掛金を定める基準とにしか関係がないのだから、特定の会社と特別の関係を結ぶ理由は何もない。論理から言えば、「チャンネル選び」の趣きで、料金の差異に応じるのである。フランスの大部分の保険会社では客の転向は一〇％台だが、イギリスでは三〇％を越える。ここでもまた、ロイドの伝統が見られる。危険区域の船舶の契約の交渉は時として時間ごとに行われることもあるのだ。

被保険人の「チャンネル選び」は、料金改訂の速度を速める。会社は、その週の宣伝価格を提供し、客の移動はまた増えるのである。その結果は保険業者ならよく知っているものだ。すなわち客の移動を管理するのは費用がかかるということである。こうした客を獲得するための経費はますます高く、また掛金は周期的変動がますます大きくなるために平均値が高くなるというわけだ。そうした変動は、衝撃に耐えることのできない会社がいなくなったことで、みとめられたことになる。

言い換えれば、客の浮気性による経費が存在するのである。この経費は、保険市場の見えざる手のためといえるが、それはますますはっきり目につくようになっている。

カリフォルニアの例——両極が一つに交わる——

カリフォルニアはレーガン大統領のお膝元である。彼は、カリフォルニアでの圧倒的な勝利のおかげで、つまり、規制緩和と民営化との超自由主義政策が勝因となって、大統領に選出されたのだ。この国は、基本的に保守的で、電話、電力、交通業はみな民営であるが、保険は、非常に統制的な規制を課せられているので、近年、経済市場でも、最も驚くべき後退を記録した。何が起こったのか?

わたしは自分自身の経験でそれを理解した。ＡＧＦは、何年か前、プログレッシブ・コープというアメリカの保険会社に出資した。同社は、重大自動車事故損害が専門で、他の会社が拒否するような運転者のためにある。アルペンの国々では、重大な事故であろうと同じ基本料金で取り扱われることは既に触れた。アングロサクソンの国々では、逆に、料金設定が自由である。そのために、プログレッシブ・コープ社でのこの種の事故に対する掛金の年額は、保険を掛けた車の価格と同じぐらいになるのだ。この数字を判りやすくいってみると、フランスでは、平均掛金は二千フラン（五万円）台で、車は五万フラン（一二五万円）前後なのであるが、もしプログレッシブ社がフランスで営業したら、掛金が五万フランにもなるということだ。これは、法定の最低賃金の一年分にあたる！　この会社は、それでは消費者が納得しないという見本にしかならない。カリフォルニアでは、他の州と同じように、消費者運動が、保険の掛金の過度に高いものに闘いを挑んだ。

最低賃金を稼ぐ若い黒人が過去二回事故を起こしていたら、そこでどうやって自動車保険に彼のサラリー全額をつぎ込めるのだろう。だれもが、これは許せないことだと知っており、怒りの動きが、国民の中で広がった。なにしろ、マルチ基準表の分析で客観的に決められた料金を支払うことが不可能なために、無保険で運転する人がふえているのだ（アメリカでは地域によって一五％にもなる）。そして、犠牲となった者に救済の道はない。この運動は「一〇三提案」として知られる国民投票へと進んだ。この法律の適用によって、カリフォルニアは、保険に関しては時代の先端を行くことになったのだ。すべての保険業者は料金を二〇％引き下げることを強制された。経済的にそれができない会社は、例外として認められたが…。

これで、保険人側の最高収益率が定められたわけだ。弁護士の攻撃の的になった裁判所からは、「正しき者が不正な者を罰す」という古い諺がモットーに持ち出されてきた。公正が権利に勝るという結論を出したのだ。そして貧乏な犠牲者と裕福な保険会社の間では、判事は、保険業者の温かい懐から、責任がどこにあろうとも、徴収することを選んだのである。消費者運動は、アルペン型の保険のことは知らないで、まさにそれを自分の目標として戦ったのだ。だが、その活動は、最悪の結果になった。料金統制が普及してしまった。ニューヨーク州の保険主計局は、一五％以上の料金改訂をするのに許可を得ることを強制した。そして過度に引き下げを行った会社には罰金を課したのだ。こうした統制による不都合があまり広まったので、監督官を求めているフランスの高校生のように、アメリカの保険会社は、連邦規制を要求している。

このことでおもしろいのは、ブリュッセルやパリでは、一九九一年のいま流行している考え方は、一九八〇年当時のサッチャー型規制排除であることだ。ここで認められるのは、全体的な傾向を見て推し測ると、二つの資本主義の間では、事実上効率の悪いほうが、精神面では勝利していることだ。

この傾向がみられるもう一つの例は、アングロサクソン、特にアメリカの幾つかの保険会社での資産管理における新しいやり方である。「資産リスク」は、イギリスの生保業者が平均して資産の半分までも株式取引に当てているのだから、当然起こるべきものだ。さらには、アメリカの保険会社は、ジャンク債をためらわずに買い、怪しげな担保付き融資を何十億ドルの単位で行っているのだ。

アルペン型では、金融市場は狭く、債券が主体である。保険会社の財政戦略は、安全性と継続性に重きが置かれる。そのため、クォータリーレポート（四半期報告）の横暴にさらされることもありえない。アメリカではこのレポートが毎回短期的業績を発表する。リスクが大きいだけに、数字も華々しいものである。

フランスの合成型

フランスの保険業者が、長い間、劣等感にさいなまれた末、経験に基づく合成型を生み出すにいたったというのに、その価値に気づいていないのを疑問に思う人もいるだろう。広い意味でフランス型は、アルペンの伝統とアングロサクソンの柔軟さの両方の利点を兼ね備えている。

五〜六年前、ヨーロッパ統合条例の投票の直後、フランスの保険業者は、その当時、国際的な、特にアングロサクソンの競争によるショックに耐えることはできないと確信していた。先進国の中でフランスは税がいちばん重いにもかかわらず、いま保険は後退するどころか、生命保険を除いて、全面的に発展しているのはだれもが認めるだろう。

国内では、フランス市場は、金融面でも営業面でも完全に門戸を開いたというのに、フランス国内で業績を上げようとした外国の会社はすべて失敗した。産業災害等の大手保険会社でさえ、十年後の今、市場シェアは小さくなっている。

損害保険においても、外資系の会社ではなくフランスの相互保険が中心で、シェアを伸ばし続けている。生命保険では国内に新たな競争が生まれた。その相手は銀行で、フランスの生命保険会社を圧倒している。だが国内でのこうした後退は、国外での投資で補われた。このことは、最近の意外な状況とも言える。アングロサクソンの会社が、株主の圧力に抑えられて国内の市場に留まりがちなのに対して、保険で国外発展を遂げた二つの主な国はスイスとフランスなのである。

自動車保険では、いちばん安いと思われがちなイギリスの料金は、実際はフランスと同じである。フランスの税の高さとサービスの質の大幅な優位性とを考えると、イギリスの掛金負担は、フランスよりかなり高いということになる。こうして実現された高い業績は、生産と流通のシステムのバランスが良く、改革をしやすい状況になっていることが要因だと思われる。料金については、フランスは、アルペン型と海運型とをプラスになるように組み合わせた。自動車保険は料金設定が自由だが、初心者の最高額は一四〇％に、事故割増料金も二五％に抑えた。

販売機構については、AGFが模範的である。代理店、従業員組織、仲介業者の三者がフランス国内の売上げ高にそれぞれ三分の一ずつ貢献している。

実のところ、フランス保険会社の大きな弱味は、フランス国民が、やっと今、自分で自分のお金の計算をするようになったばかりだということである。彼らは近いうちに悟るはずだ。フランスが同レベルの国々の中で源泉徴収がいちばん大きい国であるのは、企業が社会費として払う額が異常に高いからだ、ということを。ここで強調したいのは、国内経済の競争力や失業対策や国民の連帯感の発達のために、欠かせないものは、何よりも貯蓄を増やして補充年金を増やすことだということである。しかし条件として、年金の資金管理を、アルペン型の慎重なものにすることがある。それは、機関投資家として安定した株主であるという状態であって、機関投資家が短期的投機をするアングロサクソン型の状態ではない。

アルペン型保険が、その強さと慎重さのために柔軟性を失う危険があるとしても、アングロサクソン型が、悪循環に陥り、人民の反感を買うばかりで、ついには、純粋な市場経済が目指すものと相反するようになる（不安定な状況による効率の低下、数字は明確だが、サービスの質は凡庸である）とすれば、フランス人が、保険でも最近アングロサクソンを真似る傾向にあることは、驚くべきことだ。

なによりも、総合的に見て、ライン型経済が、より有能で、公正だということが、わかってきているのだから。それについては、これから触れていきたい。

第5章　もう一つの資本主義

他の分野でもそうだが、経済でも、漫画のほうが肖像画より長く記憶される。極端な表現のほうが陰影の微妙さより強いわけだ。同じ理由で、カジノ経済の株の取り引きにまつわる派手な騒ぎや殺し合いのほうが、ドイツの社会市場経済（ゾツィアルマルクトヴィルトシャフト）の微妙なバランスよりも世界中の人々には知られているのである。例えば、アルバニアやモンゴル、スロヴァキアの住人が、その神話的資本主義がすぐにも繁栄への扉を開いてくれるものだと夢見るとき、彼らが考えているのは、当然アメリカのドラマの世界だ。共産党政権の偽りのプロパガンダには、五十年間さんざん騙されてきた。その共産党政府があんなに悪く言っていたということは……。そして彼らはアメリカ、「ダラス」のアメリカへ向かう。スターリンの要塞を逃れたアルバニアの数十人の脱獄者たちもそのアメリカへ駆け込もうとした。どんな犠牲を払ってでも。一九九〇年にブダペストの中央証券取引所がオープンしたが、それは、ハンガリー人にとって、まさに資本主義の楽園へとうとう近づくことができた、という確証なのだった。

だから資本主義が「唯一不可分」のものではなく、共存するいくつかの経済の形態のなかでアメリカのもの

（BUNDESBANK：ドイツ連邦銀行）

Source : *Courrier international*, **n° 9, 3-9 janvier 1991, p. 29.**

が最高ではないかもしれないというようなことを言ったら、彼らの大半は驚くであろう。また、ポーランドの新大統領のレフ・ワレサは、自分の考えが間違っていないことが証明され幸福に酔いしれるだろう。彼は、理想高く、アメリカの富をもたらす有能な資本主義と元共産党の社会保障とをうまく両立させた理想的形態を作り上げようと夢見ているのだ（ギー・ホソルマン著『社会主義からの脱皮』一九九一年　参照）。その理想的状態とはこんな風になるらしい、と冗談で言われているのが、これだ。「ポーランド人以上に働かないで、日本人のような暮らしができる」。

実はドイツ人がそれと遠くない状況にあるのをご存知だろうか。少なくとも労働時間にかぎっては。製造業では、年間一六六三時間の実質労働時間で、ドイツは「フランス人より働かずに日本人と同じ業績をあげる」という逆説的なパターンを実現しているのだ。鉄鋼業でも、週三十六時間は既に実施されており、一九九五年の予想は多分無理だろうが、そのうちきっと三十五時間が実現するだろう（まだ論議の最中だ）。すべての先進国で、旧西ドイツでは、労働時間が最短で、サラリーが最高であることは間違いない。それでいて、対外貿易で巨大な黒字を出す妨げになることもない。

しかしドイツは一つの例でしかなく、もう一つの資本主義、つまりライン型を具現するモデルでしかないのだ。ライン型は知られていないないし誤解されているが、北欧からスイス、そして日本も類似点を持つ型の資本主義である。この型は、論議の余地なく資本主義的である。つまり市場経済、私有財産、自由企業が基本なのだ。だが、十年前から、ネオアメリカ型がいくつかの点でどんどん特異なものになっていき、その著しい例は、社会学者のジャン・パディオローが指摘しているように、「産業界の実業家より、投機屋のほうが権力を持ち、容易に短期利益が得られるために、長期的な社会の富を食い荒らしている」のだ。

ライン型は、全く別の経済組織の姿であり、全く別の金融体系、社会規約なのである。もちろん欠点もある。だがその特性が生む、安定、強さ、活力は、ますます目立ってきている。政治において民主主義というものにあたると言える。欠点は多いが他よりはましだ、というわけだ。不思議にも、ライン型は国際的にアメリカ型のように有名ではないが、経済界の幹部たちにとっては、衆知の事実である。一九八八年八月、ＳＯＦＲＥＳ（フランス調査会社）がヨーロッパの企業社長対象のアンケートを行った。すると、ドイツでは、給与コストが他よりずっと大きいにもかかわらず、多数が、自発的に外国で下請けや買い付けをする場合はドイツを選ぶと答えた（二位はフランス、次がベネルクス諸国）。

基本的ないくつかの点で、ライン型は、ネオアメリカ型とは全く異なるのである。

二つの型における市場の位置

全ての品物が無償である社会主義国家が存在しないように、いかなる資本主義社会も、すべての品物を（またはサービスを）商品にしようとは考えていない。事実、買ったり売ったりできないものがあるのだ。ひとつには個人的なもの、例えば友情、愛情、温情、名誉などだ。そしてもうひとつは、集団的性質のもの、民主主義、公共の自由、人権、正義などがある。

これらの非商品財産は、基本的には、両方の資本主義に存在する。重要な例外は宗教である。しかし、商品とそうでない品物に与える位置に関しては、非常な違いがある。大雑把だが、次の図に表わしてみた。

この表が示すのは、まず、アメリカ型では商品の占める場所がライン型よりかなり大きいことだ。一部は市場に一部は公共活動に属する混合品は、逆にライン型のほうがずっと大きい。

さらに、この二つの表は、二つの型の経済において、市場との関係が違う方法で扱われている八つの品物を取り上げた。

［1］ 宗教：ライン型では、宗教は、基本的には、非商品の制度として機能している（ドイツでは、司祭と牧師は、公共予算から、役人と同じように給与を受けている）。アメリカでは、宗教は、数も増えているが、混合した意味合いの制度として考えられることが多くなっている。宣伝のメディアや、マーケティングの方法もますま

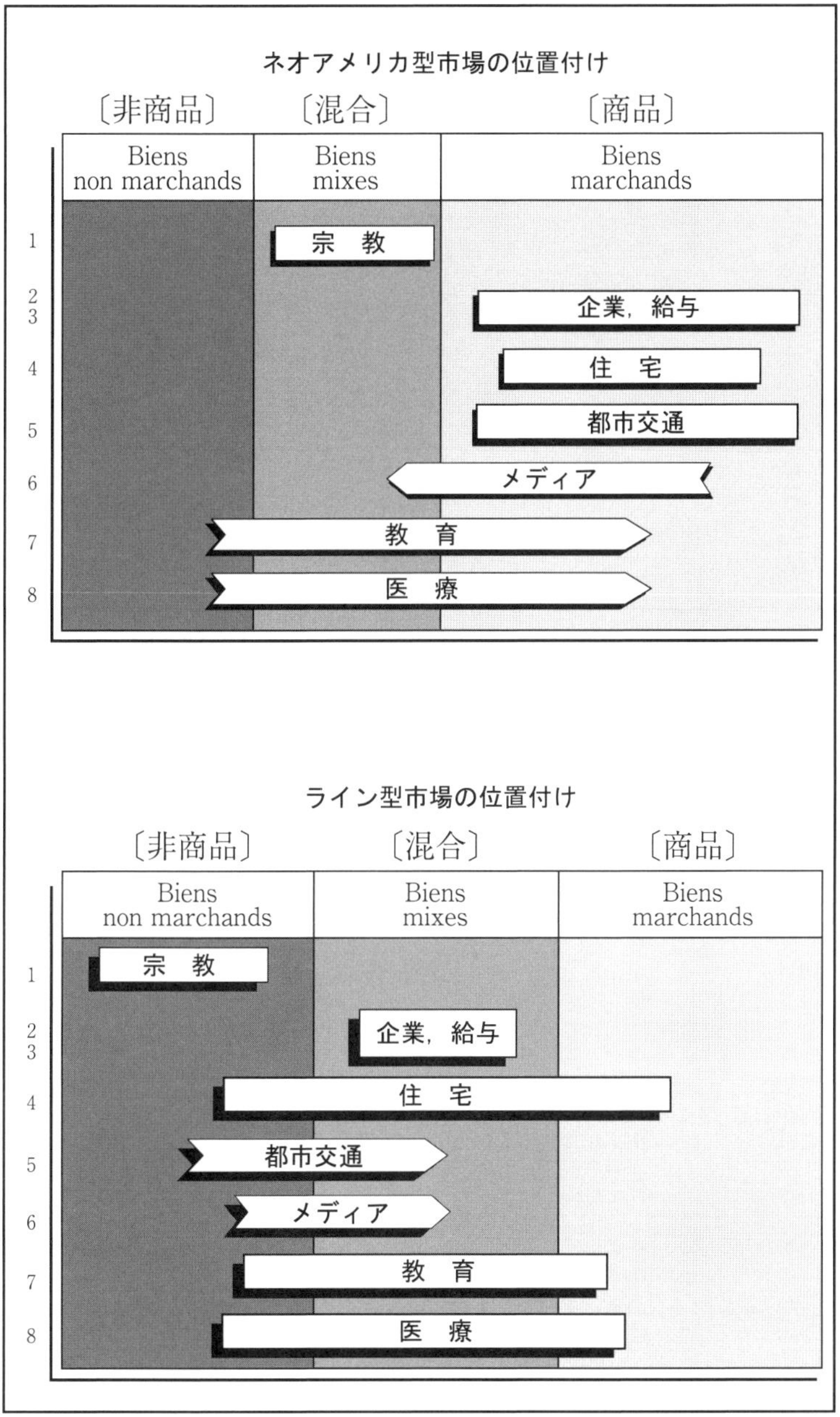
ネオアメリカ型市場の位置付け
〔非商品〕
〔混合〕
〔商品〕
Biens non marchands
Biens mixes
Biens marchands
1
2
3
4
5
6
7
8
宗　教
企業，給与
住　宅
都市交通
メディア
教　育
医　療
ライン型市場の位置付け
〔非商品〕
〔混合〕
〔商品〕
Biens non marchands
Biens mixes
Biens marchands
1
2
3
4
5
6
7
8
宗　教
企業，給与
住　宅
都市交通
メディア
教　育
医　療

す発展しているのだ。

[2] 企業：ネオアメリカ型では、企業は他の品物と同じ商品であるのに対し、ライン型では、混合した性質で、商品であると共に共同体、コミュニティーでもある。

[3] 給与：これもまた、ネオアメリカ型においては市場の状況に依存する度合がますます大きくなっているがライン型では従業員の生産性とは無関係の要素によって決められる（例えば学歴、序列、国が定めた水準等）。つまり、アメリカでは商品、ラインでは混合のものである。

[4] 住宅：これも、アメリカでは、ほとんど完全に商品扱いをしている。ライン型諸国では、公共住宅が官主導で運営され、その家賃は補助を受けていることが多い。

[5] 都市交通については、状況は似ていて、アメリカでも、規制が加えられている。都市交通が完全に自由競争になっている珍しい例の一つは、チリのサンチアゴだ。ピノチェト将軍政権下の「シカゴボーイズ」は、だれでも、バス路線を設置し、勝手な料金を決めてよいことにしてしまった。その結果、バスの密度は世界一高く、公害も最悪だ。

ライン型諸国では、都市交通の赤字が増加するので、政府は民営化に移行させる傾向にある。そのため、表に示したような矢印になったのである。

［6］ メディア：これも同様で、もともとライン型では公共のものだったテレビも、民営化される所が多くなっている。反対にアメリカでは、すべての局が、伝統的に商業ベースだったが、自由契約という共同形態の出資によるテレビ局が発展の時代を迎えている。この二つの逆の変化は、前表の矢印でもわかる。

［7］ 教育：これは、両方の型において、三つのカテゴリーにまたがっている。しかしながら、ネオアメリカ型では、市場の法則が支配する教育機関が優勢であり、矢印が示しているように、増える傾向にある。

［8］ 医療：これは住宅と同様、三つのカテゴリーに分かれる。だがここでも、ライン型に独特な性格が二点ある。一つは、公立病院と国家医療予算で、これは社会保障と関係しているが、その役割が非常に大きい。もう一つは、アングロサクソンおよびラテン諸国とは逆に、公的機関の権限が弱まる傾向はないことである。教育と同じように医療の分野も、商品としての収益性に傾くことはない。この点は、大変重要だ。なぜなら、資本主義というものは、短期的富を生み出すべきものであったとしても、それだけでは長期的に社会価値観を破壊してしまう危険があるからである。そうならないためには、公的権力のしっかりした枠組みと、金銭以外の社会的価値観の競争がないといけない。そのことを、フランスの学者ペルーがすばらしい表現で説明している。

「あらゆる資本主義は、公共セクターのおかげで平常に機能している。そのセクターを、利潤の精神やさらに利潤を追求する精神が浸透したり、駆り立てたりしてはならない。高級官僚、兵士、司法官、司祭、芸術家、学者等がこうした精神に支配されれば、社会は崩れ、経済のどんな形態も危険にさらされる。最も貴重で、高貴な人間の財産は、名誉、喜び、愛情、他人に対する敬意で、それらは、市場で取り扱われてはならないのだ。そうでないと社会はどんなものであれ根底から揺らいでくる。資本主義以前から存在し、これと無関係の一つの精神が、資本主義経済が機能できる枠組みを、期間は一定しないが、支えるのである。だが資本主義経済は、その発展と成功それ自体によって、大衆の評価と感謝を受け、快適な暮らしと物質的豊かさへの趣向を発展させるかぎり、伝統的制度と精神構造を傷つけるのであって、それなしでは、社会秩序はありえない。資本主義は、消耗し腐敗する。資本主義は活力をもたらすのではなく、膨大に消費するのである」

（『資本主義』クセジュ文庫　一九六二年）

この考察はまさに予言といえる。その具体例で、直接間接にわれわれ全員に関係しているものを挙げよう。それは、アメリカにおける、弁護士の、資本主義の商品のサイドへの移行である。

日本では、裁判をするのは、恥ずべき事であり、あらゆる和解策が、最悪の事態を避けるべく探られる。ヨーロッパにおいては、法に関わる職業、そしてもっと広い意味では、リベラルな職業の伝統はすべて、それに携わる人々が自由に、利益と関係なく（つまり利得の精神に蝕まれずに）社会全体の利益のために身を捧げることができるようにすべきものとされている。全員にとっての利益とは、法的職業で言えば正義であり、医療にとっては健康である。それが彼らの職業意識であり、名誉であるのだ。この「名誉」の観点があるからこそ、弁護士や医者には、その奉仕に対して、報酬ではなく謝礼金を支払うわけだ。

この千年もの歴史を持つ伝統——ヒポクラテスまで遡ることができる——基本的な職業意識の原則が、自由業を市場からは離れた所に位置付けてきたのだが、この伝統が、アメリカでは、過激な変化に晒されている。今や弁護士という職業は、一つの産業、「裁判産業」となったのだ。

この新たなる一つの資本主義の勝利については、ウォルター・コンソルの『訴訟の爆発』（『リティゲーションエクスプロージョン』トルーマン・タレイ・ブックス、ニューヨーク　一九九一年）に細かく著されている。この著書を評して、一九九一年五月十二日ニューヨークタイムズに、元最高裁長官のウォレン・E・バーガーはこう語っている。「この前例のない変化の起源は一九七七年に遡る。このとき最高裁は、弁護士が、テレビにコマーシャルを流すことを許可したのだ。その影響はすぐに出てきた。「コンティンジェンシー・フィー」つまり不慮の事故に備えての弁護士との契約料をめぐるテクニックが一気に発達した。それは、弁護士が、潜在的被害者である市民を説得して、彼に何かがあったら、その訴訟は任せてくれるようにすることだ。その理屈はこうである。「わたしが、全力を尽くして、あなたのために賠償金を勝ち取ります。もしわたしが負けてもあなたの損害にはならず、勝った際は、あなたが受ける賠償の二〇％（場合によっては五〇％）を払って下さればよいのです」。これは、自動車事故が起きた際の習慣となった。事故の後、救急車の中の運転手の横に弁護士が座り、契約にサインさせようと怪我人に迫るのである。

こうして、病院と医者を相手どった訴訟の数は、一九七〇年に比べて三百倍に増え、訴えられた時のために備えて、医者によっては、三〇万フラン（七五〇万円）もの保険料を支払っているのである！

非常に合理的であるともいえるが、なかには資本主義の取引きの習慣に染まってしまった医者もいる。例えば閉経期を迎えたアメリカ女性はもう女性としての数には入らないということで、こう提案する。「あなたの子宮は、もう何の役にも立っていないのです。取ってしまったほうがよいと思いますよ！」。

こうした資本主義の氾濫の結果、八〇年代、連邦判事で買収や脱税で罰せられた数も、それまでの合衆国の歴史一九〇年間を通じてよりも多いものとなった。司法官の倫理も「利得の精神」に抵抗できなくなってきている。だが弁護士が合理的に仕事をし始め、「経済人間」として売り上げ高を最大にしようとし、客や訴訟を、開拓すべき宝の山とでもいうような見方をするようになり、さらに資本主義論理にしたがって、医者が患者を利益の固まりとして見ているようなことになったら、だれを信頼したらよいのだろう。信頼を失った社会に何の価値があるのだろうか。

銀行型資本主義

ライン型には、気狂いじみた「ゴールデンボーイズ」や息詰まるような投機はない。ライン型の資本主義では、基本的に、銀行が権力を握り、運命を株式取引所で賭けるということはない。ここで銀行は、アングロサクソン型では金融市場や証券取引所に属しているほとんどの役割を担当している。フランクフルトやチューリッヒの証券取引所は、イギリスはおろか、フランスに比較してもかなり質素なものだ。フランクフルトの貯蓄は、ロンドンの三分の一で、ニューヨークや東京の九分の一の規模である。さらに、つい最近まで、ドイツの取引所には、先物も、オプションも存在しなかった。概して、ドイツの金融市場は狭く、活力もない。旧西ドイツでは、証券取引所ではなくて公的機関に、銀行が必要な資金を求めていくのだ。大手の企業の中にも、例えば、欧州一の出版報道グループのベルテルスマンのような会社でも上場していないものがある。

この点における状況は、イギリスやアメリカで見られるものとは正反対である。その対照は、ドイツの財政的強さと経済の活力の現状に考え及ぶと、動顚してしまうほど激しいものだ。だれでも、ドイツ経済の大部分を支配しているドイチェ・バンクや、ドレスナー銀行、コメルツバンクの名は知っている。だが、その影響力の大きさについては、詳しく知る者はあまりいない。アメリカと異なり、その活動を規制するものが何もないからだ。ドイツの銀行は、「万能」といわれる職権を持つ。つまり何でもするのだ。普通の貸し付けもするし、貯金も預かる。証券や債券市場にも介入する。企業の資金管理も行う。そして、同時にビジネス・コンサルタント、合併・吸収操作もする銀行なのだ。経済情報ネットワークを管理し、金融、産業、商業に関する情報を全て企業に提供することができる。その結果、顧客との、長続きする特権的な関係を結ぶことができるのだ。相互協力の精神が強く表れた関係なのである。

市場の代理として、ドイツの銀行は、なによりも企業への融資を行う。企業の大部分は、「ホームバンク」を持ち、財政問題を担当してもらう。銀行は企業主にこういう言い方をする。「生産をもっと増やして、どんどん売って下さい。金融の問題はわれわれに任せればよいのです」。日本では、もうすでに触れたが、こういった総合システムがさらに進み、どのグループにも必ず銀行があって、銀行がグループを持っているとさえ言えそうだ。

交差する利益網

ドイツでは、銀行と企業との産業共同体は、単に金融的という関係以上のものである。事実、銀行が、企業の株主として、自ら評価基準となっている場合が多い。その形式は二種類ある。資本の一部を直接所有するか、または、自分の銀行に口座を持つ株主の議決権を利用するのである。この方法で、投票権を集めることで、銀行は、重役会議に非常に大きな力を行使するのだ。いくつかの例を挙げよう。ドイツ銀行は、自動車だけでなく飛行機やエンジンも製造する最大手ダイムラーベンツ社や、建築や公共土木事業のフィリップス・ホルツマンさらに、大手流通のトップであるカルシュタット等の会社の株の四分の一（つまり、選挙結果に圧力を加えることのできる少数株主権）を保有している。ドレスナー銀行やコメルツバンクは、最大手十社あまりの全資本の四分の一を管理している。

だが、反対に、ドイツ大手実業グループは、銀行の監査役会に役職を占めることが多い。自社の大口の株主であるその銀行が、たとえ一行では五％以上の株を所有していない場合であっても。ダイムラーベンツとドイツ銀行がその例だ。この交差関係は、真の組織を生み出し、堅固で比較的閉鎖性の強い産業金融共同体を築いていく。この状況のもたらす結果は三つあるが、すべて経済的には有利なものだ。それは日本にも存在しており、世界最大の産業金融グループ、三菱グループは注目すべきものである。

第一に、銀行というものは、長期にわたって、そして将来も関係を続けていく企業については、当然のことながら、その長期的発展に配慮をする。株式投機家のように各期末ごとの良い結果を強制的に要求せず、長い時間をかけて見守る。非常に難しい産業プロジェクトを援助するために大きなリスクを冒すこともあるが、それは長期的なものである。これに関しては「メタルゲッセルシャフト社の例」が挙げられる。原料危機が、炭鉱業界を襲ったまさにその時期に、そのセクターへの出資を倍増しているのだ。そしてスイスでも、銀行は、時計業界が、もう見込みなしと思われた時期に相当な額を投資している。

第二の効果は、大口株主の安定性である。これは、経営者にとって、安全と安心をもたらす要素となる。したがって、企業全体に好都合な役割を演ずるのだ。会社の経営陣が、乗っ取りの脅迫にさらされながら仕事をするということがまるでない。彼らは、思い切り経営そのものに打ち込むことができる。非友好的な乗っ取りから会社を守るために、果てしない法律上の画策にエネルギーや時間を費すことはないのだ。これは、議論の余地なく、ドイツ経済の競争力の要因の一つだと言える。ドイツだけではない。日本では、資本主義は独特な封建主義的特徴を持っている。だが、ここでも、経営者は、外部からの再構築（リストラクチャリング）の絶えざる脅迫を受けてはいない。そしてスイスの大手銀行は三行あるが、ドイツの銀行とは、かなり異なる役割を持つ。だが、企業の資本は、秘密にされている。なぜなら、スイスの商業法では、議決権は制限付きでしか得ることができないからだ。オランダは、株の買占め対策が取り揃っていて、企業経営者は比較的安全な地位を保っている。

こうした比較的安稳として見えるライン型諸国の経営者たちも、経営のミスを犯したり、ぼんやりと居眠りをしていていいわけではない。銀行に代表されていても、いなくても、株主たちの「強力な集団」は、監督官や対抗勢力の役目を果たす。無能なマネジャーは罰することができ、そうすることで個人株主は守られている。

第三番目の効果といえば、何といっても、銀行の優位である。ドイツには、外部から侵入することが困難な、目の細かい利益交差網が存在する。「統制制度」という言葉は、ドイツ人が忌み嫌うものなので、経営は「統制」されず、お互いの納得の上で、お互いに面識があり、頻繁に会合を持っている少数の人々が動かしている。人間関係の重さが、多くの場合決定的要素になるのだ。ドイツでも、他のライン諸国でも、経済がいかに国際的に開かれていても、外国からの直接投資に対しては守りが固い。人間関係はここで非常な意味を持っている。ある企業が困難に陥ったとしよう。銀行はすぐにも、ドイツ流の解決法でこれを助けるのだ。クルックナーヴェルケグループが危機に遭遇したときもそうだった。ドイツ銀行が救済に走った。ニックスドルフは、コンピューター会社だが、会社が崩壊寸前だったとき、エレクトロニクスの大手ジーメンスに買収された。これも銀行の肝煎りであった。M&Aのときにも状況は同じようなものになる。外国人が、株買占めを行おうとしても、この銀行がらみの状態で、どんな抵抗に遭うかは想像にかたくない。

確かに、どんな規則にも例外があり、ドイツ企業の守りの固さも、国外の買い手にかかって、いつも揺るぎないわけではない。一九八九年、旧西ドイツの三千企業が経営者を替えたが、そのうち四五九社は外国企業が獲得し、その額は二百億フラン（五千億円）とされ、八八年の二倍だった。この数字のうち、六十三社のものが、フランスの買い手のためのものだ。八六年の三倍であった。だが数字に惑わされてはいけない。ほとんどの買収は、中小企業なのだ。八九年、ヴィクトワール保険会社がコロニア社を買収したが、これが、旧西独におけるフランスの投資額の半分を占めている。また、ドイツにおけるフランスの企業は、ドイツがフランスに出しているものの半分以下にすぎない。このアンバランスはますますドイツのほうへ傾きそうなのだ。

ライン型は、根本的には、金融面において閉鎖的だが、堅調を保っている。ドイツの経済は、長期的発展と競争力維持に必要な安定を見出している。だが、それがどんなに重要なものであろうと、彼らの切り札はそれだけではないのである。

行き届いたコンセンサス管理

ＥＥＣ議長に提出された、一九八六年の「西独：その理想、利益、そして抑制」という報告書（Ｗ・ハーガー、Ｍ・ノエルケ共著　ユーロピアンリサーチアソシェイツ）の中では、ドイツ社会に見られるある傾向が、明らかになっている。それは、「国民コンセンサスを二分させたり、疑問を生じさせたりするような問題は避ける」ことである。それと似てそして同じくらいその傾向が強いのが、日本社会である。この二つの経済大国は、双方とも敗戦国であり、自分たちの「傷つきやすさ」を痛いほど意識しているのが共通点である。両国にとって、民主政

（新聞：東京株式市場）

SOURCE : Plantu, *Un vague souvenir*, Le Monde Éditions, 1990, p. 40.

治と経済的豊かさは新しいもので、壊れやすいとされる。そのため、ライン型の特徴の一つでもある特殊な会社規則を植え付けることが容易なのである。

　権力の構造や経営の組織も、資本の構造や組織と同じように独特なものだ。責任の分担が他の国々より進んでいる。これは、クロード・ベベアールが説いたところの「デモクラチュア」ではないが、本物の「共同管理」と言えるもので、名目はさまざまだが、株主、社長、重役、そして労組等全ての関係者が、決定を下すときには結集される。ドイツの共同管理は、一九七六年、法律が設定されて、二千人以上の全企業に課せられることになった。それは、ある語で定義されている。「ミットシュテムング」がそれだが、厳密に言えば、共同管理というより、「共同責任」と訳すべきものであろう。この共同責任が、企業のあらゆるレベルにも存在しているのである。

企業の頂上に、中核を成す二つの機関がある。取締役会。本来の意味での経営責任者である。そして監査役会。これは株主総会で選ばれ、取締役会の活動を監督する。この二つの組織が、常時協力し、企業の調和のとれた運営を保障する役割を果たすのである。つまり、株主と経営側の間には、チェックアンドバランスのシステムがあって、お互いの意見を聞いてもらい、一方が支配的になることはないのだ。

こうした権力の分割に加えて、あの名高い従業員の共同管理、あるいは共同責任がある。ドイツでのこのシステムには長い伝統があり、一八四八年に遡る。共同責任という考え方が活用されるのは、企業委員会を通じてだが、その権限はフランスより大きい。委員会は、あらゆる社会問題を扱う（養成、解雇、労働時間、給料支払方法、仕事の組織化など）。すべて、社長と企業委員会の間で合意が得られなければならない。しかしドイツのサラリーマンは他の方法でも自分の考えを示したり、行動を起こすことができる。監査役会でも、彼らの代表が、席を確保しているのだ。一九七六年の法律で二千人以上の従業員がいる会社については、同数の株主を持つことが定められた。監査役の長は、もちろん株主のほうから選出され、票が割れたときは、彼の意見が裁決権を持つ。だからといって、従業員の代表が、そうした企業の運営を決定する組織に占める重みが小さくなることはない。こうした状況では、会社内の対話が必要不可欠なもので、それがなければ企業は機能しないのだ。

フランス人が見ると、この組織は、負担が大きく、物事を麻痺させそうに見える。また決定にいたる手順が果てしなく長く思えるだろう。だが、それがドイツ企業の活力を少しでも損なっていないことは認めざるをえない。それどころか、企業が本物の利益共同体である上に欠かすことのできない「帰属の感覚」が強められるのだ。この共同体あるいは集合体のことについて、アメリカの社会学者の呼び方では「ストックホルダー（株主）モデル」

をもじって「ステークホルダー」といわれている。ステークホルダーは、株主とは異なり、利害関係を分かち合う、責任のあるパートナーとして扱われる（注）ステーク：会社との利害関係、元々は賭金の意）。

日本では、もっと特殊で漠然とした（ようにわれわれには見える）形態が存在し、同じような結果を生み出している。それは、ほとんど家庭的といえる、封建的な、社会への帰属感覚である。日本語独特の表現である「甘え」、これはフランス語には非常に訳しにくいが、連帯感と保護への期待、ほとんど情緒的な模索で、企業はそれを満たしてやらねばならない。同様に、企業主のリーダーシップは「家元」という語で表される。その意味するものも家族的な色が濃い。フランスの社会学者のマルセル・ボルドゥバルは「甘えと家元」はお互いを補い合いバランスをとっている、と言っている。「つまり人間どうしの、愛、感情、情感、グループ等という女性的なつながりと、男性的な、権威、階級、生産、個人というものとが、日常的で長続きする組織作りの過程でしっかりと、絡み合っているのだ」（「ルヴューフランセーズドゥジェスチオン」一九八八年二月号　仏経営マガジン）。よく引き合いに出されるが、日本の企業を支配している基本原則は、文化的特異性を持つ日本国内でしかありえないものだ。例えば終身雇用、サラリーの年功序列、企業内労組、労働意欲への共同体システム等がその土壌にあるのである。

だが、結果は同じである。企業に所属しているという共同心理、自社愛等は、ライン型や日本で非常に強いが、アングロサクソンの国々ではそれに逆行するかのような勢いで弱まってきている。

企業内の人間関係に不安定感が芽生えてくると信頼や帰属の感情が出番を増す。企業にとって、全員が同じゲームの規則を守り、共通の判断をしたり、自然に行動を起こしたりするための考え方や自意識を持っていることは、欠かせない条件だ。外部の不安定が内部の安定の価値を高め、行動や変化の障害になるどころか、競争力を生み出す要因となるのだ。この問題については、アメリカが、必ずしもニューヨークやウォールストリートに凝縮されないこと、そして、アメリカにも多国籍企業という、会社経営でも、財政運営においても、ネオアメリカ的変化の原点である短期利益の束縛から免がれている業態も存在しているのは知っていただきたい。

ＩＢＭ、ＡＴＴ、ジェネラルエレクトリック、マクドナルド等々は、ルーレットゲームに興じるカジノのような経済の範疇に陥るのを上手に避けた。多国籍の司令部を形成し、それに奉仕してもらうには、安定、利益分配、さらに「共同責任」という要素に頼らなければならなかったのである。

忠誠と社員教育

「共同責任」とは、ドイツ語のミットベシュティムングの訳だが、これはドイツ企業にとって、大きな強味であるがそれだけではない。従業員にも、有利なのである。厳密に数字だけを見ても、彼らの給与は世界で最も高いランクにある。アメリカや日本は、時給二五マルク、フランスは二二マルク、それに対してドイツは三三マルクである（八八年為替レートによる）。そして報酬に格差が少ない。他の国々よりずっと差が小さいのだ（Ｂ・ソウセイ著『ドイツのめまい』オルバン社版　一九八五年）。つまりドイツ企業は米や仏の企業と比べてずっと平等なのである。

知られざる事実でさらに驚くのは、ドイツ国内総生産（ＧＤＰ）の中の賃金が占める割合は、他のＥＣ諸国より低く抑えられているのだ（八八年に仏七一％、独六七％、伊七二％、英七三％）。ドイツの貿易黒字が理由になるとしても、これは、最も高い給料を支払いながらも、外国より大きい自己資本マージンを生み出すことに成功しているということなのだ。そして、労働紛争も避けることができる。

給料が高いのに、ドイツのサラリーマンは労働時間がフランス人やアメリカ人より短い。職歴構造や昇進システムについては、ライン型では、能力と年功を重要視している。階級を昇進していくには、忠実な社員として行動し、自分の能力レベルを高めることだ。これが全員にとって利益あるものとなる。企業のトップ機関に、最初から同じ会社でずっと序列を登ってきた人がいるのは、ドイツや日本では珍しいことではない。この考え方は、アメリカの「移動することに価値がある」形式とは根本的に異なる。会社を変えたり職を変えることが個人のダイナミズムや優秀さとされはしない（個人が職を変えることが優越性のしるしとされたり、放浪をすることが自分の価値を高めるという考えは、近年フランスでも大変流行した。今は少しおさまってしまったようだ。今もこれを教えているグランゼコール〔高等教育機関〕もあるが、遅ればせながらと言える）。

マクロエコノミーの視点から言えば、共同管理（責任）は経済発展に有利とされている。ドイツでは八一年の危機の際、労働側と雇用側が、企業の業績を悪化させないために、給与増額を制限することで一致をした。サラリーマンたちは購買力の低下すらも受け入れたのだ。結果は目覚ましかった。八四年にはドイツ経済は再び成長を始め、雇用も増え、市場シェアもかなり取り戻したのだ。同様に、八四年の大型ストライキの後も全労働者の調和のとれた決起のかいあって、遅れはとりもどすことができた。だが、七五年の第一次石油ショック後の日本人が捧げた犠牲はそれよりさらに大きいものだったのだ。

うまく利用すれば、共同管理は、経済上、恐るべき武器となる。もう一つ例を挙げよう。これは、必要とあれば、国際競争でどれほど決定的になりうるかを示してくれる。「人の養成」である。その重要さは知られている。企業にとって本当の財産とは、資本でも建物でもなく、従業員の教育と能力である。この点でライン型は相当進んでいる。人の養成システムも企業と従業員の間の緻密な協力関係の上に成り立っている。数年前から、国にとって最優先のものとされている教育には、三つの原則がある。

［1］　できるだけ多数の国民が教育を受けること。ドイツでは、資格をいっさい持たない者は、労働人口の二〇％だが、フランスでは四一・七％にもなる。そして、見習制度もフランスよりドイツでのほうが奨励されている。ドイツでは、十六歳で、義務教育を終えた若者の五〇％が見習い制度を活用する。フランスやイギリスでは一四％である。その結果、十六歳の若者が失業したり、養成を受けられない職についたりする率は七％以下なのに対し、フランスでは、一九％、イギリスでは四四％にも達する。フランスの「専門教育修了証書BEP」や「職業適性証書CAP」に当たる職業養成も活発である。労働人口の五三％がこれを受けることができるのだ。これに対しフランスでは二五％である。

［2］　全体的に見て、アメリカよりドイツのほうが、養成システムは公平である（第二章参照）。またフランスよりも平等だ。アメリカやフランスのエリートが、ドイツのエリートより良い教育を受けている場合もあるが、中間のレベルでは全く逆である。ドイツの労組が自らこれを認めているのだ。最大労組であるDGBによると、百人のうち上位十五人に関しては、フランスのほうが高い教育を受けているが、それ以下の人々についてはドイツのほうがかなり上である。したがって、当然のことだが、ドイツの産業の活力と競争力の土台は、中間層に対する教育の上にあるのだ（仏工業省の一九九〇年の報告〔アラン・ジュカイユ、ベロルド・コスタドゥボールギャール編〕参照）。アングロサクソンの国々では、職業教育はエリートのスポーツとしてしか機能していないが、ラインの国々では大衆のスポーツなのだ。

［3］　こうした職業教育は、企業や政府補助金による大幅な出資で行われる。内容はというと、行動パターンの

習得に重きが置かれる。例えば、正確さ、規則正しさ、信頼性である。ドイツでは、見習いがそのまま昇進に結びつく。職業で成功するための最も正当な道筋なのだ。十人のうち九人が見習修了証書を受け、その一五％がさらに上級の養成を受ける。その上、職業意識はフランスより高いと言える。最近の西ドイツに関する研究にこうある。「一般的に、幹部になるのは、四十歳を過ぎて能力が認められてはじめて可能で、卒業証書は効を奏しない。また、企業と大学との間にも緊密な関係がある。大企業の経営者たちは、全員、教壇に立つのである」（ミッシェル・ゴデ著『フュチューリブル』一九八九年四月）。

このような、企業への忠誠と関係のある職業教育は、すでに二つの資本主義の論争の、大きな戦場といえるかもしれない。この戦いには、すべての企業、労働者が関わっているのである。問題をまとめてみよう。

アングロサクソン型によれば、企業の競争力を最大にするには、従業員各人の競争力を最大にすべきである。したがって、絶えず、どこにおいても最高級の人材を雇い、それを失わないためには、常に彼らの市場価値に見合った報酬を払うべきなのだ。ゆえに、給料は基本的に個人的で変動的なものであり、雇用も同様だ。

反対に、ライン・日本型の考え方は、基盤が別のところにある。企業は、従業員を、単なる生産のための要因として扱ってはならない。原料のように、市場で売り買いするものではないのだ。それどころか、企業には、ある意味での、安全、忠誠、教育を確保する義務があり、それは高くつく。その結果、企業は、従業員各人に、その時の価値に見合う報酬を支払うのでなく、職歴を準備し、浮き沈みを少なくし、破壊的な競争を避けねばならない。

秩序自由主義*

*この項については、大部分、ジェローム・ヴィニョン氏の研究を引用した。感謝に絶えない。

ドイツでは、自由主義の確信と国家に対する不信が、アメリカと同じように、あるいはそれ以上に強く根づいている。経済統制は、公式に、歴史上の専制体制、特にナチズムの特権であったと理解されている。そのため、一九四八年のルドウィヒ・エアハルトの通貨改革以来、西ドイツは、はっきりと統制経済システムを否定し、自由資本主義経済の独特な形態を採用している。それが、ゾツィアルマルクトヴィルトシャフト（市場社会経済）である。そしてこれは、フライブルグの学派が主張するヴェルトアンシャウウング（世界観）という信条の基礎となっているのである。この流派によれば、市場社会経済は、二つの基本原則によって特徴づけることができる。

一つは、経済の活気は、市場において最大限、機能の自由が保障された上に生み出される。その自由は何よりも価格と給与の機能に関わっている。

もう一つは市場の機能はそれだけで社会生活全体を動かすものではない。市場の動きはバランスが大事だ。他の社会的な優先事項との釣合いがとれていなければいけないし、それは国家が保障すべきである。ドイツ国家は、したがって社会国家であると定義される。

ゾツィアルマルクトヴィルトシャフトは複合体である。

○『ウェルフェアステイト（福祉国家）』（ビヴァリッジの言葉）の流れによってゾツィアルシュタート（社会国家）は、社会保護とパートナーとの自由交渉を守る役目を持つ。

○社会民主主義（ワイマール帝国から出た）の流れは、企業の運営への従業員の参加を生み出した。これを基礎として、共同管理（ミットベシュテムング）法案はドイツ再興の初期十年間、継続して発展し、今でも西ドイツでは活発な論議が行われている。

○一九四九年の基本法、これはおそらく最も独創的な要素だが、安定のための自治の核を、通貨管理とするというものだ（言い換えれば、危機管理策である）。ブンデスバンクの地位は、直接憲法に関わるわけではないが、その最良の例といえる。

○中央銀行の自治権は、全商業銀行の構造全体と関係がある。そして企業への出資に大きな役割を果たすように導いていく。ドイツの通貨安定政策は、産業に対する長期融資に商業銀行が介入していなければ、今のように効果的にはなっていないだろう。

○国家の介入や統制政策は、競争のゆがみをもたらすという意味で非難される。中心となる考えはそれだ。競争の条件の平等にあるのである。

わたしは三十年もドイツ経済を勉強してきたし、ドイツ人とともに仕事をしてきたが、彼らが、自分たちの経済が、正真正銘自由なものであると外国人に理解させるのに苦労をしているのを見てびっくりすることが今もある。確かに、五十年前からのドイツ経済全体が自由貿易を基本として行われていることに反論する人はいないが、一つだけ疑問視される点が、規格化の問題である。ドイツの産業は、一世紀以上にわたって、工業規格の研究をしてきた。これには彼らは大変固執している。なぜなら、規格は一般的に製品の質に関して多くの要求を満たさねばならず、また、ドイツ製品の輸入先、つまり世界中の客によって認められているものだからである。

この点を除くと、ゾツィアルマルクトヴィルトシャフトは、国家には社会経済生活に介入する権利はないという考えである。その理由は二つしかないが、それがまさに逆に介入を義務とさせている理由にもなっている。

まず第一の理由は、競争条件を平等にすることである。それゆえ、ブンデスカルテルアムト（連邦カルテル委員会）が重要になってくる。一方が優位となる状況やそれによる弊害を避けるために細心の注意を払っている。そして、競争の公平が確保されるには、中小企業を、大企業の権力過重から守るため援助しなければならない。つまり貸し付けや税制の優遇である（アメリカにも小企業行政という同じシステムがある）。さらに、競争の条件が公平に全国に行き渡るには、国土整備政策が必要である。この政策は、恵まれない地方のインフラストラクチャーを特に発展させるためのもので、この点でドイツは模範的である。他の国々が軍事予算の名のもとに公債を研究費に当てているのだから、ドイツが国土整備のために財政支援をするのも当たり前といえる。

国家介入に関する二つ目の理由は、社会的性質のものである。景気回復という名目で、造船や炭鉱が新しい環境に順応するリズムを取り戻させるための補助金が出された。この哲学は、ＣＥＣＡ（石炭鉄鋼欧州共同体）という、炭鉱産業と鉄鋼業の大部分を再転換させる任務を持った組織では支配的な考え方で、結果も成功を呼んでいる。また、一方では、構造的に言って、ドイツの主張は、労働者の代表が積極的役割を演じることにあり、まずは企業の管理において、さらには、金融、財政、経済面の管理にも参加している。

ドイツが、ＥＥＣの共同農業政策（ＰＡＣ）に全幅の賛同を示していることは、ある意味で、以上のようにいくつかの介入理由の総合だと言えるかもしれない。競争の公正化、社会発展と国土整備への努力といった目的での介入だ。さらに最近のことだが、ドイツ農業はますます有益な役割を持ち始めた。それは、ブリュッセルのＥＣ本部から環境改善と田園風景保護を促進するためという名目で補助金を受けるようになったからである。

最後に、株主に関して言えば、ドイツは、今も非常な保護主義的傾向を持ち続けているようだ。

以上が「秩序自由主義」（オルド・リベラリズム）とも呼ばれるものの要約である。このリベラリズムにおいては、国家が自らの役割を果たすことを少しも妨げないことはおわかりいただけたであろう。ドイツの公共支出が、国内総生産に占める割合（四七～四八％）で不思議にもフランス（五一％）とほとんど同じぐらい高く、日本（三三％）に比べるとずっと大きいのは、そのためである。フランスと同様、ドイツでも企業に対する公費の補助は国内総生産の二％ぐらいになる。西ドイツは、連邦国家のため、権力分散が大変進んでいることも事実で、そのため対話や合意が必要となる。また、「連邦リベラリズムが州政府の介入の隠れ蓑となっている」とも言われていたが、それは本当ではない。

逆に、事実なのは、スイスの州と同様に、ドイツの中央権力が州政府権力から生まれてくるということで、各都市はそれぞれの特異な伝統とそれにつながる権力を持っているのだ。こうして、各州の競争力は確立され、予算の分配にもそれが示される。国家予算は二八〇〇億マルクで、州政府は二七〇〇億、市町村は一八〇〇億である。国家は一般行政と公共予算への補助と防衛を担当する。州政府は、教育と公共保安に責任がある。各市町村は、社会扶助とスポーツ文化等のインフラストラクチャーに出資する。

こうした分担は、財政源を、絶えず調和させておき再分配することを余儀なくさせる。州の収入は、公平でなくてはならない。どの州の住民も全州平均収入より、たった五％低くても、それは許されない。五％である！フランスの各地方の間では、差は三〇％から四〇％にもなるのだ！　これも、わたしがドイツで経験し学んだことのうち、フランス人に理解させるのに苦労する点である。フランス人の大半は、フランスはドゥフェールの脱中央集権法ができたにもかかわらず、地方共同体の役割は、中央政権のものに比べて小さい中央集権の国なので、地理的にも社会的にも、富の分配が世界でも最も公平な国なのだと信じている。ところが実際は、全く逆なのである。奇妙な事だが、社会連帯と国土整備への積極政策のすばらしいモデルはドイツなのである。協議の上での計画化で、さまざまな公共団体の活動が調和をとって実行に移される。それは共通プロジェクトを予想しての契約の範囲内で行われる。これらは、ドイツの政府や政治家が、コンセンサスのメカニズムのためにどれだけ心を砕くかを示している。

この方法はほとんどすべての分野で適用される。サラリーの点では政府は直接介入はしないが、経済と通貨の均衡を崩さないために一定の規範を尊重するように奨励する。医療に関しては、ヘルムート・シュミット首相が、経営者、労組、医療保険組合の三者に、医療費の削減について協同歩調をとるよう促したことがある。状況は公共の分野が長いこと報酬の変化を左右してきたフランスの形態とは、まったくかけ離れていると言えよう。

強力で責任の重い労組

だがそうした絶え間ない協調や模範的なコンセンサスは、強力な、各陣営代表で構成され、責任も大きい労働組合の活発な存在なしでは考えられない。ドイツの労組は、議論の余地なくそうなのである。ヨーロッパの大部分の国で、組合組織に対する愛想つかしが見られるのに対し、ドイツの組合は、八〇年代初頭少し後退したとは言え、再び組合員の数が増えている。労働人口のうちの組合参加率は、世界で最も高く、四二%という六〇年代と同じ数字になっている。フランスでは、一〇%である。ドイツの労組は九〇〇万人以上のサラリーマンを集めているわけで、その内、ＤＧＢ（ドイツ労働組合総同盟）だけで七七〇万人になる。組合の財力はメンバーの数に左右される。なぜなら、会費が比較的高額なのである（月給から二%直接徴収）。その財力によって、世界の組合員たちがうらやむ行動力を持つことができるのである。連邦機関においては、三千人以上の専従職員がいる。これは一種の国家財産ともいえる。とはいえ保険会社のフォルクフルゾルゲ社やＢＦＧ（連邦銀行）や不動産会社等のように困難に遭うこともある。だがなにより、組合にはスト貯金があって、必要とあれば、ストライキや、工場閉鎖でたてこもる者に対してもサラリーの六〇％までを支払うことができる。これは、経営者に対して非常に有効な手段となるのだ。

ドイツの組合は、企業内の組織において、組合代表の選抜や教育の手順をとることができる。社会経済研究所を所有し、現状を常に把握することもできる。組合の専従職員の養成のレベルは、したがってとても高い。交渉の時に中期的な首尾一貫した、研究されたシナリオを提出することができるのである。もちろんそれ以外にも介入や圧力の手段はある。連邦議会における関係議員を通しての影響力である。

重要な代議士のうち組合出身者が何人かいる。ＣＤＵ・ＣＳＵ（キリスト教民主同盟）の議員のうちの四〇％は少なくとも一つの労組に属しているとされている。こうした政界と組合との結びつきは、間違いなく、さまざまな案件の解決をスムーズにさせる。

だが、この相当な影響力は、地方社会のために使われることが多い。言い換えれば、ドイツ労組は、諸外国と比べると、経済的責任が大きいのである。経営陣とともに、職員養成システムの大部分の管理をする。継続した教育やその内容のために議論をしていく。また、失業者の資格判断センターも運営しており、毎年、十五万人の社会復帰を実現させているのだ。

そしてさらに、彼らの立場は、節度のある良識的なものだ。経済に何が必要なのかを理解している。コンセンサスに好意的な姿勢とは、「代償を伴う」姿勢なのだ。ドイツの給料は高いのだから。全体の均衡を崩さないと同時にインフレ（これは非常に恐れられている）を起こさないための絶えざる気遣いがよくわかるのが、以下の二つの点においてである。

［1］　交渉の手順は規則正しいものである。三年か四年に一度行われる。前回の大きな波は八六年〜八七年のことだった（一九九一年当時）。

［2］　協定の期間中は、組合は、闘争的なやり方で条項に反対しない。このために、ストで失われた労働時間は、西側諸国で最も少ないのである（一九八八年、独二万八〇〇〇、仏五六万八〇〇〇、英一九二万、伊五六六万四〇〇〇、米一二二一万五〇〇〇　単位：時間）。

強い力を持ち、コンセンサスと共同管理のゲームを行っている組合の脇にあって、ものすごい活力を持っているドイツの協会システムにも注目しなければならない。例えば、研究者協会は全ドイツの八万人の科学者を集めている。協会は専門情報を発表し、メンバーの待遇や労働条件について取り計らい、つまり、まさに、非公式とはいえ、科学研究の事務局となっていて、その対応は軽く、柔軟である。環境保護協会をもう一つの例として挙げよう。彼らの力量と真剣さは、書類作成の際、何度となく示されている。

結果として、協会の行動は、民間会社の強い力を結集し動員するので、ドイツ、そしてライン型資本主義の機能において、要ともなる役割を担っているといえよう。それは、各組織間のつながりと、市民の意見表明の場の提供といった役割なのである。

これらの組織は、その活動がある独特な共同論理を基礎としているのでなければ、何の意味もないのである。

共有される財産

本著で、ライン型国家とする国々には、何といってもいくつかの財産がある。その主要なものを挙げよう。

［１］まず、今までも見てきたように、社会が比較的平等であることである。収入の序列と給与の開きは、アングロサクソンの国々よりずっと小さい。さらに、税制が再配分率の高いものである。直接税が間接税より強いだけでなく、所得税の最高額上層はアメリカ（三三％）やイギリス（四〇％）より高い。それに加えて、資本税を国民が受け入れているのである。

［２］共同体の利益が、狭い意味での個人の利益より価値があるとされるのが普通だ。ライン型では、共同体のなかにある個人というものが特別に重要である。つまり企業、自治体、協会、そして組合等が、保護し安定をもたらす機構なのである。そして全員の利益に与えられる優先的地位については、多くの例を挙げることができるが、びっくりさせられるものもある。例えば、「ＩＧメタル」という鉄鋼労組が、ドイツ統合の際、自ら三十五時間就労の要求を取り下げた。これは、すでに三年にわたって、経営側との交渉への合意を待っていた件なのだ。ＩＧメタルの議長は、組合の意見が「まず、東西ドイツ統合という挑戦に集中するべきだ」ということであると声明を出した。

このような「集合体」優先は、決して、ライン型が、共同経済や、集権経済の信奉者であることを意味してはいない。全く反対である。リベラリズムと市場経済の原則が、旧西ドイツの基本憲章のなかに盛り込まれている。自由競争は、カルテル局によって厳しく守られている。もしドイツの企業が、自由競争を危うくするような動機をもって外国企業を買収しようとすれば、同局が介入してくるのである。フランスでは、そのような禁止は想像しがたい。外国企業買収は、熱狂的に歓迎されるからだ。さらに、フランスのような計画経済は、ドイツ、スイス、日本、オランダには存在しない。国家は、市場の代わりにはなれないのだ。よくて方向を変換させたり、決定させたりするだけである。

だが、その名のとおりドイツの経済は、市場経済であるとともに「社会」経済なのである。これの意味は何であろうか。社会組織が伝統的に強い。それも長い間、ということである、社会保障は、一八八一年にビスマルクが作り出した。医療保険は、ドイツでは、加入率が極めて低い。フランスの二〇%、アメリカの三五%に対して一〇%程度である。退職金も多い。その理由は、企業が管理する個人の積立金に、大部分を頼っているからである。

社会での均衡が保たれていることは、政治の面にも表れてくる。アメリカと反対に、多数の市民が活動的に、公共活動を行っているのである。棄権率も比較的低い。政党は、力を持ち、構造も整っている。したがって、党員や議員に、質の高い教育を施すことができるのだ。例えば社会民主党には「エベール財団」、キリスト教民主連盟には「アデナウアー財団」といった優れた組織があってここで教育が行われている。法律でも、政治家が、そうした機関に積極的に関わることを強制している。例えば、議会を欠席すると罰金をとられる。議会での投票は、個人的なものである。また、議員の任期は、連続二期と制限されている。

ライン型は独創的である。資本主義と社会民主主義の組み合わせの成功例ということもできる。そのバランスのよさは、一応、魅力的ではある。だが、効率も魅力かというと、そうでもない。

しかしそれらの事実は驚くほど知られていない。幸せな民族に歴史は残らない。幸せは、「サクセスストーリー」にはなりえないのだ。

第6章　ライン型の経済的優位

全く信じられないような状況を、正しく評価するには、記憶を呼び戻す努力が必要である。第二次大戦後の世界のバランスを思い出してみよう。米国が圧倒的な勝利を得、原爆によって彼らの地球征服が、ドラマチックに証明された。軍事大国として、本土決戦をせずに済み、さらに恐るべき経済大国でもあったアメリカは、当時、税金を削減する代わりに自らの黒字予算をもって、マーシャルプランの枠組みの中で、荒れ果てたヨーロッパの救援にやってきたのだ。ソ連はまだ、ベルリン危機の時に見られたように、アメリカに挑戦していく力はなかった。勝利者の文化、つまりオマハビーチに上陸したGIたちが運んで来たと思われる〈アメリカンウェイオブライフ〉は、世界中を魅了した。元の敵国さえもである。そしてそれは長い間続いた。

第二次大戦の二大枢軸国日本とドイツについて言えば、敗戦によって測り知れない痛手を受けていた。血の気を失い、廃墟と化した街々、破壊された産業、そして国全体が、指導者が引きずり込んだ悲劇的冒険のゆえに、骨の髄まで傷ついていたのである。ドレスデンや長崎は、もはや焼け石の積み重なる巨大で忌わしい荒野となり、広島もベルリンも、惨憺たる敗北の計り知れない重さを感じさせていた。

ところが、五十年もしないうちに……一九八七年十月十九日、株大暴落が突然市場を襲った。ニューヨークのウォールストリートは昏倒しかかったのだ。緊急事態と見て最悪を避けるために、アメリカ政府は金融機構に現金を流し込むことに決断した。言い換えれば、連邦準備金を通じて、ドルの蛇口を全開にしたとも言える。ところが、それをする前に、アメリカが、日本銀行とドイツ連銀の了承を求めねばならなかった事実をご存知だろうか。

とてつもない権力の逆転である。過去の勝者は礼儀正しく、自分たちの法律を押しつけた。そしてその少し後、同じやり方で、ドイツ連邦は、戦わずして破産状態の東ドイツを「買収」し、世界に統合の事実をつきつけた。ここで旧西ドイツが証明しようとしたことは、自分だけでこの経済的重荷を背負っていくことができるということである。八九年末、ボンは、援助も補助も求めてはこなかった。逆に、ドイツはその同じ時、モスクワの政府とソ連邦への融資をするための経済支援協定に署名しているのである。特に、旧東独における駐留ソ連軍の撤退を段階的に行うためにである（だがその予算には、ソ連本土での兵舎建設の費用も含まれていた）。今や金持ちドイツは、自らの独立を買うことができるというわけだ。それも現金で。

こうして、二大敗戦国は、新たなライン型キャピタリズムの国となり、二世代にもならないうちに、アメリカの主権を直接揺るがす二大経済大国となったのである。確かに、両国ともそれぞれに成功した理由がある。日本の経済の特異性、ドイツの特異性が存在する。それは全く別々のもので、同じような図式にあてはめることはできない。だが…この勝ち誇った資本主義に見ることのできる共通点は数多くあり、一つの経済として相対的優位性の仮説を打ちたてることができそうである。その優れている点は一つではないのだ。

厳密な意味での経済から始めよう。今日の世界では経済は、真の強さの源であり、しるしである。資本主義が勝利をおさめた世界では、その勝利が相手のイデオロギーに関する疑いによるものでしかなかったとしても、権力を持つのは、この状況から最も多くの利益を引き出すことのできる人々であろう。そしてこの分野では、ライン型の優位が圧倒的なのだ。

一九七一年、ドルの変動相場制移行以来、ドルは、四四年のブレトンウッズ以降の基軸通貨としての地位を保てなくなった。しかしアメリカはまだ昔の権力から受け継いだ通貨面での特権を享受し続けていた。これは今もまだ現実のものである。だが今や、ドイツと日本が通貨大国の域に近づいており、アメリカの地位は脅かされ始めている。マルクと円が少しずつドルをかじり始めているのだ。

世界の準備金金額のうち、マルクと円が、各国中央銀行の貨幣資産の二〇％を占めている。そしてこの数字は二〇年で倍増している。しかもドイツ連銀と日銀とは常に用心深く自国の通貨の国際的拡張を制御してきた。もしドイツと日本がもっとフレキシブルな政策をとったらどういうことになるのか、彼らの力はどれほどのものになるか想像できるだろう。

実際の重さに加えて、「心理的」な重さがある。それは、二つの通貨が、今や、強い通貨としての非公式なステータスを持つようになったという事実である。一般に、マルク、それより規模は小さくなるが円で、振り出された資産は、経済的に確かな価値を持っているとされる。だんだんとこの二国が、通貨地図の中心を占めるようになり、その周りを諸外国の通貨が回転するという状態になってきている。

王者マルク

ヨーロッパの、ＥＭＳ（ヨーロッパ通貨制度）は事実上マルクゾーンの一種と言えるが、一つの模範例を示している。ＥＭＳは一九七九年に成立された。シュミット首相とジスカールデスタン仏大統領が音頭をとり、ＥＥＣの国々（イギリスのような例外もあるが）という狭い範囲の中で、通貨がお互いに変動して影響を及ぼし会うことのないようにと作られた交換レート制度である。さらに、共通の通貨であるエキュが、ヨーロッパの通貨の受け皿として作られた。具体的に言うと、ＥＭＳの目標は二つある。

［１］欧州共同体の領内での貿易の安定を計るために、通貨交換レートの変動が不安定にならないようにする。

［２］メンバー各国に、共通の規制を課し、交換レートに関する取り決めと両立する経済政策をとることを強制する。

この二つの目標は達せられた。そしてこの点から見れば、ＥＭＳは完全な成功といえる。確かに、為替平価（パリティ）の調整は必要だったが、各通貨は比較的安定を保つようになった。そして、経済的な規律はどうかと言うと、その例として、八三年にフランスの社会党政権がとった、「厳格な転換」政策を思い出してみよう。これは、主に、ＥＭＳの範囲内に留まり、ＥＭＳの制限を受け入れながら、フランを救うというものであった。

しかし、いちばん大きな利益をＥＭＳから得たのはドイツであった。どのようにしてかというと、ドイツに有利な点が二つあったことを述べておきたい。

［１］ＥＭＳ以降の何年もの間、マルクは、ヨーロッパの基準通貨としての立場を強めていった。ＥＭＳの他の

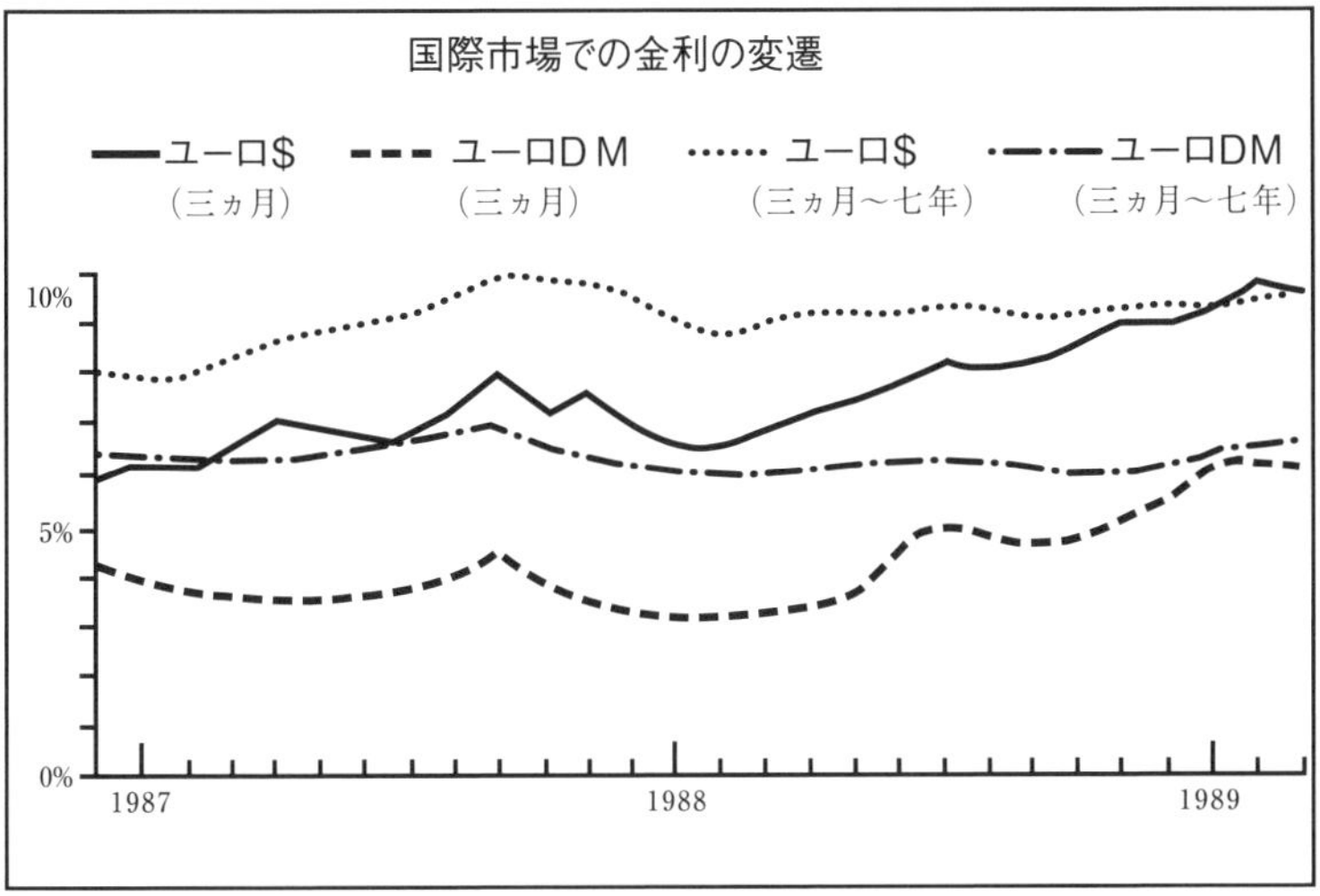

SOURCE : OCDE.

諸国の通貨はマルクとの関連で調整されるようになった。各国の政策は、したがって、良くも悪くも、ドイツの政策に左右されることが多くなったのである。フランスでも、フランス銀行が、毎日、いや毎時間、マルクとフランの為替レートを監視していた。幅が開きすぎると、すぐに行動に出るのである。他国の中央銀行も同様である。ドイツが、金利を上げるたびに、ヨーロッパの隣国は、その例にならうことを余儀なくされた。経済通貨連合にも、ドイツの意志は大きく働いた。ユーロフェッドと呼ばれる将来の欧州中央銀行が、その機構と管理規定の大部分をドイツにならったとしても偶然ではあるまい。

［２］　第二の利点は、ドイツは通貨の強さのおかげで、金利を比較的低くしておくことが容易であるということである。マルクはその名声のゆえに世界中から求められているので、ボンでは、外国の資本を魅きつけるために貨幣の価値を上げる必要はないのだ。これが、マルクが、安定した購買力を保証される原因である低いインフレ率を伴って、金利が外国より低いことの理由になっているのである。例として、一九九〇

年の数字を挙げてみよう。フランスとの差は一・五、イギリスとは七～八ポイントもあるのだ。借り入れをしようとするドイツの企業や家庭は、どれだけこの恩恵に預かっているか想像にかたくない。

通貨の〝後方部隊〟

似たような現象は日本にも見られる。規模は小さいが、これは日本がどの固定為替制度にも属していないためである。東京でも円の価値は過小評価され、金利は低く、経済的な日本の影響力は大きくなってきている。そして小国スイスは、と言えば、他国からうらやまれるほどの通貨を持っている。スイスフランは、世界中の準備金の中で第四位を占める。この通貨はフランス革命後のフランと同時に作られたが、フランスのフランのように価値を三〇〇以上も割ったりしなかったのだ。スイスの金利も、世界で最も低いものの一つであることも注目すべきであろう。

ドイツ、日本、そしてスイス、これらの国々では、通貨の力はまさに抑止力となっている。産業にとって一種の難攻不落の後援基地となり、そこからくり出される攻撃は抑えることが難しい。

通貨が強いと、外国で安く買うことができる。日本人は遠慮せず、アメリカとヨーロッパの産業や不動産の貴重な財産を買っていく。ドイツ人も同じ購買力を持つ。チェコで、自動車製造企業のスコダ社を買収する際、フランスのルノー社よりずっと高い値をフォルクスワーゲンが申し出た事実に、だれも驚きはしなかった。スイス企業も同じように活力があり強力である。ネッスルやチバガイギーのように、米国にも何十億ドルも出資するのも多い。

そうした外国への出資には、ある目的があり、そして（あるいは）、一つの結果を導き出す。ライン型の諸国は、輸出市場をより緻密にコントロールすることができるのだ。自動車産業における日本の戦術はその良い例である。アメリカ議会の保護主義傾向に脅かされ、日本の自動車製造業者は「現地生産」方法を採用し、アメリカ国内に自分の工場を設立することにした。イギリスでもそれを行った。アメリカだけでも、一九九二年に二百万台の自動車を日本が製造していると見積られている。それは、アメリカの自動車産業の生産量の一六％にあたる。「アメリカの挑戦」の逆である。

ライン型の企業は一般的に、海外での投資政策として乱暴で投機的な乗っ取りをするのは避けたがる。段階を追って、順序正しく進出の道を歩むのだ。現地のやり方、文化、そして現地の人の運営のもとで、自社の支店をつくるのである。そして時に、美しくもあり象徴的な光景が生み出されることがある。例えば、フランスのノルマンディ地方では、フランス人従業員と工員たちが、毎朝、就労前の時間に、日本的な体操を熱心に行っているのを見ることができる。これは、アカイの工場の職員たちで、ここでは、日本の経営方式が自然な形でとり入れられているのだ。そしてその業績は議論の余地がなく、時には劇的でさえある。アメリカでも、同じ現象が見られるが、彼らに言わせると、日本人は、アメリカの支社に「気象変化」を巻き起こして、他の同種のアメリカ工場と比較すると五〇％近い生産性の差をつけることに成功したという。よく考えてみると、この話はもう一つ別の理由で説得力がある。つまり、投資が実施された目的は、企業の規模を堅実に拡げていくためであって、資産を獲得し早速売り飛ばして利益を手にしようというためではないのである。このやり方は大変効果が大きい。ライン型企業の段階を追った進出方法には、しっかりした金融的ベースが必要になる。それが、企業に二つの大きな利点をもたらす。

〔1〕 市場は長期的に征服されることになる。企業進出から数年もすると、現地でマーク、製品、そしてその企業が知られるようになる。その上、会社の使っている従業員、流通機構、工場用地等は勝手のよくわかったものなのだ。

〔2〕 保護政策は、そうした国内工場に対してはあてはめにくい。可能であるかも疑問だ。この点で、ECに進出しようとして、共同市場の制約を避けるために「ネジ回し工場」を作ろうという日本人と、EC諸国との対立が進んでいる。

ライン諸国が、その通貨の安定と財政力とを利用して手に入れようとしている配当金は、国際進出、そして政治、経済的な影響力である。それは最も重要なものといえるが、それだけではない。

強い通貨の善循環

この表現は経済人にはよく知られている。その意味はというと、国家が強い通貨を持ったときに得る、さまざまなプラスの効果のことである。それらの効果は時として矛盾して見えるかもしれない。ちょっと考えると、通貨が強いということは、外国における自国製品の価格が高くなり輸出がしにくくなるという意味で、ハンディキャップとなりそうに思える。輸出を活発にするために平価切下げをせざるをえなかった国々は、それをよく知っている。それなら、「弱い通貨の善循環」と言ったほうが論理的ではないだろうか？ この違いは大して重要なことではないように思える。ところが違うのだ。実際は、この問題こそ、九〇年代の国際的駆け引きを決定するものなのだ。したがって、ここで簡単に説明しておくほうがよいだろう。

経済理論では、通貨の切り下げについて、どう教えるだろうか。すぐに貿易収支に二つのよく知られた影響を与えると教えている。つまり、国の通貨で取り引きされる輸入品は高くなり、代わりに、外貨で支払いがされる輸出製品は価格が下がるのだ。したがって二つの段階でのある図式がそこから引き出される。

［ⅰ］　短期：貿易収支は、マイナスの方向へ影響を受ける。外国の業者が、自分への輸出品がもっと安くなっているのに気がつく前にすでに高い輸出品の支払いをしなければならない。反応が出るまでの時間のズレは、片方にしか利益をもたらさない。そのため貿易収支は被害を受けるのだ。

［ⅱ］　中期：ところが貿易収支は立ち直りを見せる。高すぎる外国製品の輸入は少なくなり、輸出は好転する。この立ち直りはかなりすぐに実現するので初期の落ち込みは埋め合わされる。結果としては、国際経済でこの国の立場は、事実、強化するということになる。

以上のような二つの効果が自動的にひき起こされるのを経済用語で「Ｊカーブ」と呼ぶ、時間との関係で貿易収支の変化をグラフに表すと、大文字のＪになる。五〇年代から、八〇年代まで多くの経済政策は、この曲線を元にして決められた。フランスで言うと、五八～五九年のリュエフ・プランや八一～八三年のモロワ内閣の切り下げ政策がそうであった。このＪ曲線は、八五年以降のアメリカの政策に影響を与えている。目もくらむような貿易赤字を、何が何でも立ち直らせるためにドルを切り下げたのだ。魔法の毒薬か、奇跡療法とでも言おうか、通貨切り下げは、あらゆる利点を持っているように感じられる。

だがそれは大きな間違いである。このすばらしいＪの字は、昔はまだ、その脚の部分が貿易黒字の明るい未来へと羽ばたいていたのだがもう確実なものではない。Ｊの字の形は、実際の結果にも、理論としての批判にも抵抗することができないのだ。どんな結果が出たかというと、それが統合以前のドイツと日本なのである。強い通貨の国であるその両国が、貿易黒字を重ねていった。フランスとイタリアは、切り下げへと走ったが、逆に貿易収支を長期にわたって持ち直すことができないのである。米国では八五年から下がり続けているドルも対外貿易を上向きに変えることができないでいる。どうしたらいいのだろうか。なぜ、事実が、理論上はこんなにも強力とされているメカニズムを、こんなに劇的に否定するのだろうか。

そこで、理論的にも、このJ曲線に関してのいくつかの訂正が問題になってくる。三つの意見を取り上げてみよう。まず、

《第一の意見》通貨の切り下げをした場合、輸入の価格が上がったり、輸出品の価格が下がったりするのが、通貨の切り下げ額と同じ割合で行われるという証明はどこにもない。輸出入業者は、期待される結果に逆らった「マージン追求」の行動をとるようになる可能性がある。例えば、輸出業者は、価格を上げるために彼らの手に転がり込んできたボーナス、つまりマージンの恩恵に浴すことになる。

輸入業者のほうは、ある商品の市場シェアを守るため、価格に関して、犠牲を払うことを受け入れるようなことがないわけではない。それは、フランスで八一～八三年に実際起こったことだ。フランスの輸出業者は、価格をつり上げるために切り下げを利用し、社会党政府が押しつけてきていた超過経費の埋め合わせをしようとした。輸入業者は、取引先を失わないために自らの経費を削減したのである。

《第二の意見》通貨の引き下げは、学者が呼ぶところの「輸入インフレ」を起こすことが多い。輸入が高くつき、その分が製品の価格に反映するのだ。これが、石油等の原料や、機械類の場合である。よくて振り出しに戻るだけだし、悪くすればインフレ加速は免がれない。政府は窮地を脱するために、再び、通貨をばらまくのである。そうなったら赤字はどんどん貯まる。

《第三の意見》切り下げが本当に輸出に再び活気を与えるのは、企業が、新たな市場を征服しようという能力と、なにより意志を持たなくてはならない。それなしでは企業は、与えられたチャンスを活用することができず、待ち望まれる貿易収支の改善は起こりえないのだ。これは、教室で示す仮定とは違う。一つだけ例を挙げてみても、八五年以来、アメリカの産業の無力さがドル引き下げの恩恵を得ることをも妨げ、日本やヨーロッパが奪っている市場を取り戻すこともできないでいるのだ。

以上のことから出る結論は簡単である。通貨の落ち込み、つまり切り下げ療法は、麻薬のようなもので、習慣性がある。危険なのは、それに目がくらむと、本当の弱さを直視することができなくなることである。この療法は、真実の効果とは離れた、奇跡の妙薬にも似て、安易に「好転した」ような幻覚を与えるだけなのである。フランス人はこの悪循環のワナがもたらす運命をよく知っている。七〇年から八三年までの間、そこから逃れられずにあがいたのだから。

これとは反対に、強い通貨での戦略は、一見厳しく困難に思える。国内企業は損失を余儀なくされ、安い外国製品が市場に侵入してくる。いわば恐しい挑戦なのだ。また国自体にとっても、通貨状況の厳しさによって貿易収支に被害が出るのだから挑戦だと言える。しかし、経済においてもやはり、挑戦することは良いことだ。エネルギーを沸き立たせ、容易な道に走ることを禁じ、そして将来の成功を約束してくれる。なによりこの「強い通貨の戦略」が、成功した国々の戦略であることは、証明されている。日本、ドイツ、スイス、オランダ。これは偶然ではないのである。

今まで挙げたように、通貨切り下げによる弊害を受けずに済むだけでなく、通貨が強いということは、結果的に貴重な利益を伴う。まず、企業は、生産性を高める努力を課せられる。それが、自社製品の高い価格を埋め合

「おや、おや、また酔っぱらってるよ！」

SOURCE : *Wirtschaftswoche*, n° 31, 27 juillet 1990, p. 90 (« Mon Dieu, il a encore plongé ! »).

わせるただ一つの方法なのだ。これは、長い目で見れば、経営陣にとって、会社乗っ取りの脅しと、意味は違うが、同じくらい効果的な刺激である。日本でそれが証明されている。八六年と八七年「エンダカ」（円高）に対処するため、日産自動車は、生産を一年一〇％伸ばすことを実現した。そしてそれによって車の価格は固じだけ下げることができたのである。同時期、アメリカの生産性はどんどん弱体化していった。そのひどさはＭＩＴのポール・グレイ学長が、一九九〇年の仏誌エクスパンション十月号の誌上でこう宣言したほどである。「アメリカは生産性を立ち直らせるという段階ではない。むしろこれより落とさないようにすることが先決だ」。

強い通貨は、さらに企業が、高級製品を専門に開発することを奨励する。高級というのは、価格ではなく、品質、技術革新、アフターサービス等で差をつけようとする製品である。企業にとっては、忍耐強い研究のための努力が求められるが、これがもたらす利益は並大抵ではない。ドイツの工作機械業が良い例を示した。彼らの機械は高いが、このカテゴリーでは最高の品質を誇る。また、自動車業界もダイムラーベンツやＢＭＷ等、高級車を専門にして、大変うまく行っている（八九年以降、ドイツの日本向け自動車輸出の価格総額は、ドイツ向け日本車の総額より大きい。この業績は、無視できない）。

すばらしいのは、この両国が一九四〇年以前は、粗悪な安物を売っていたのに、現在は、品質を誇る二大チャンピオンだという事実だ。新しい独日型の誕生とは言えないだろうか。彼らが戦争に向けていた精力は、今や、通貨による締めつけに対する産業による征服という壮挙に向けられているのだ。

強い通貨とは、努力、忍耐、そして想像力を必要とする険しい道のりなのだが、結果的には、経済が軟弱になることなく他に抜きんでる最良の方法と言える。したがって強い通貨の善循環は、引き合うのである。

今聞けば、この結論は当たり前に思えるかもしれない。それに越したことはない。だが忘れてならないのは、一世代の間、フランスに数多い、新理論を唱える識者たちが、経済発展のためには、フランスフランを二年に一度切り下げるような、弱い通貨にすることが効果的だと説明していたことだ。自称ケインズ論者は、七五年までは、野暮なドイツ人の、経済成長を加速するためにインフレの統制をして快適な暮らしをお預けにするような馬鹿げた厳格さを、笑い者にしていたのだ。

レイモン・バール首相の内閣の一員として、わたしは、強い通貨の、知られざる、あるいは不当な中傷を受けている存在理由の証明のために、五年間闘ってきた。そしてそれは、八三年以降勝利を得た。歴代の大蔵大臣、ドロール、バラデュール、そしてベレゴボワによって支持されたのだ。これは間違いなく、ライン型経済がフランスにしてくれた最大の贈り物である。

強さの本当の武器

ライン型経済の業績が、フランスの新聞、TVでも一面を飾るようになって数年たっている。そしてとどまる所を知らないこの成功に対する称賛と、それとは対照的に厳しいのが、アングロサクソンの赤字とインフレに捕われた経済が直面する困難の増大である。マスコミでは、完全に論理的な一つの疑問が絶えずくり返される。成功するためにはどうすればよいのか？　この強さの本当の武器は何なのか。本著全編を通じてわたしはこの疑問に答えようとしている。一つ注目して欲しいことがある。ライン型経済の強さは、なによりも、比類のない産業の能力と執拗な営業攻勢である。

ライン諸国の製造業は世界で最も優れている。これは事実なのだ。その重みはすごい。ドイツ、スイス、日本、スウェーデンにおいては、ＯＥＣＤの他の国々より、経済の中の製造業の占める位置が大きい。国内総生産と有給労働力の約三〇％の国もあるし、二五％以下のものもある。が、アメリカでは、二〇％にも満たないのだ。数に加えて質の高さがある。製造業の大部分の分野において、ライン型が支配的だ。伝統的分野にしっかりと腰を落ち着け、未来産業の分野には、並外れた努力を傾ける。鉄鋼、自動車、化学、繊維、造船、電気、食品の世界十大企業には、ライン型企業が大半を占める。日本もドイツもオランダもスイスもである（トヨタ、日産、ダイムラーベンツ、三菱、ヘキスト、ＢＡＳＦ、ネッスル、ホフマンラロッシュ、ジーメンス、松下など）。

確かに未来の産業ではまだ、アメリカが強い。だがどれだけそれが続くだろうか。すでに、航空産業、コンピューター、エレクトロニクス、光学機械の分野で、日本とドイツの進歩は目ざましい。コンピューター分野は三〇年の間まさにアメリカの禁猟区と言えたが（十企業のうち七社が米国）、今や日本の侵略が彼らを脅かしている。日本人は事実、周辺機器（スクリーン、ディスク、プリンター）にかけては、ほとんど完全な技術をマスターしている。メモリーとコンポーネントもほぼ独占状態にある。強いて言えば、コンピューターの形はまだアメリカ製だが、中身は全部日本製というところだ。

ライン型産業の並外れた活力の土台に三つの主な要因がある。

［1］生産に対する特別な配慮。ドイツ、日本、スイス、スウェーデン人は常に製品の品質の改良と、生産性を向上させつつ経費を削減することに心を配っている。この仕事には、機械と設備に向けてのかなりの投資が必要となる。この四ケ国は、ＯＥＣＤ諸国で、最も高い投資率を記録している（日本の経済規模はアメリカの二分の一だが、八九年の日本の投資額はアメリカを越えている）。このような、生産と経営の政策は、非常に近代的な管理方法を基礎としている。日本の「クオリティ・コントロール・サークル（ＱＣ）」や「ゼロストック（かんばん方式）」は今やフランスのシトロエンやルノー社が、ＸＭやＲ19を生産する際に採り入れている方式だ。この方式には、すべての従業員の参加と知性が不可欠なのである。最低限のコンセンサスが存在せねばならず、生産監督者の意見を聞かねばならない。そして理解せねばならないのだ。

［2］その方式は、チャップリンの「モダンタイムズ」の滑稽なテイラーシステムとは全く相容れないもので、各人がくり返しの作業を機械的に行うのと異なり、職業教育にも、並々ならぬ努力がされるものなのである。この養成システムは、見習い制度と職員の教育とを結び、その費用は、ライン諸国では、他の国々の二倍にもなる。だが効果は絶大である。ドイツも日本も、技師不足はない。職業教育はライン型諸国の産業の活力の要因の一つなのである。

米国の軍事研究開発費と日・独の全研究開発費の比較
1962—1988

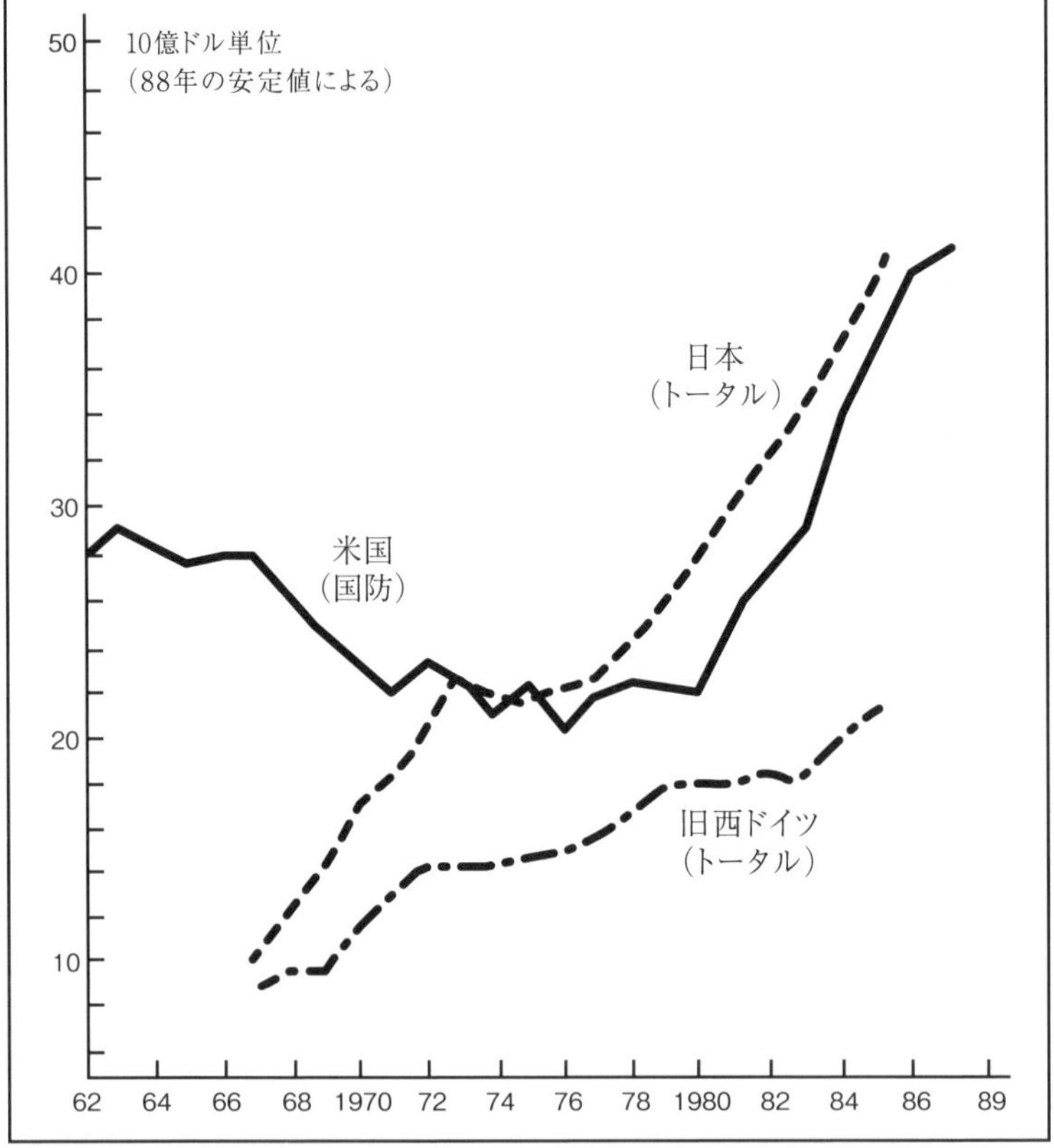

SOURCE : National Science Foundation et OCDE.

［3］「研究開発」（R＆D）の活動のレベルは、企業の協力を得ているものだ。この点が、ライン型と大西洋型を区別する最大の差の一つと言える。ライン型では、R＆Dへの投資は比較にならないほど大きい。ドイツ、日本、スウェーデンでは大まかに言って国内総生産の三％になる。それはまず民間が対象となり、どの分野でも利用できる、ベーシックな技術開発のために使われるのだ。ところがアメリカのR＆Dは、国内総生産の二・七％になるが、その三分の一は兵器開発のためなのである。

ライン型諸国では、この分野での官の力が強い。研究補助、技術プログラムにかかる費用は相当なものだ。日本のMITI（通産省）は、優先すべきプログラムを十件ほどリストにし、これに応じて企業は研究にとりかからねばならない。最も有名なのは、二十年ほど前に実施されたロボット開発プログラムで、これによって日本は、この分野の世界一となり、OECDの諸国を合わせたよりもっと多量のロボットを生産するようになった。

さまざまな要素がからみ合って、ライン型諸国は強い産業を持つことができる。そしてその生産力の強さに加えて商業という大変有効な戦力に助けられる。この状況で、ライン型諸国が、対外貿易のチャンピオンとなるのは、なにも不思議ではない。ドイツは長い間、第一位だった。そして日本も追いついてきた。さらに注意深く観察してみると、例えばドイツでは、主要産業（自動車、化学、機械、エレクトロニクス）の輸出を通じた売り上げが全体の四五％にもなるのだ。アメリカでは、国内総生産のうち、輸出に割りふられる部分が一三％を越すことはない。そしてアメリカ産業は、MITが言うところの「盲目的愛国心」に苦しめられているのだ。

かくしてほとんどすべての世界の市場においてアメリカ人、そしてしばしばフランス人、イギリス人、そのすぐ後にたいてい幾人かのドイツ人、日本人、スイス人がぴったりと肉薄するということになる。

経済的文化あるいは経済の文化

表現するのは容易である。あるいは時期尚早なのかもしれない。「経済の文化」などと言う表現は、モリエールの劇中の医者の診断のごとく、類語反復がしつこいだけではないか。いやそれだけとはいえない。ある一つの語が、多くの人間に共通する行動、制度と、万人に認められた規則に則った行動、そして共通の財産をも意味しているとしたら、それは立派な「文化」と言える。ライン型経済文化がそれであり、その性質については特筆に値する。

家庭の貯蓄性向がその内の一つである。日本、ドイツ、スイスは、[*1] 他のOECD諸国に比べて、高い貯蓄率を誇っている。この貯蓄が、経済を支える大きな力であり、これが不充分だと、多くの国で見られるように、貿易赤字を引き起こすのである。国内で充分資金がないのなら、国外にそれを求めなければならない。アメリカがその良い例である。アメリカのキリギリスたちと言えば、すべてをローンで買い、その利子を払うのに収入の二五％も費やすこともあると言う状態だ。貯蓄不足がアメリカの貿易赤字の理由の一つである。反対に、ドイツや日本は、あり余る貯蓄を有し、自ら投資をしたり、同時に高い利子で外国に貸したりすることもできる。そこから、収支は相当な黒字という結果が出るのだ。

自由思想の大家たちは、昔から、発展の速度は貯蓄力と関係があると著してきた。貯蓄力に、金利の変遷が関わってくるのだが、このことは文化的要素、国民の感受性とも結びついており、これが状況を変えることもある。一九三〇年、エール大学で、経済学者のアーヴィン・フィッシャーが、それら要素の一つを持ち出した。

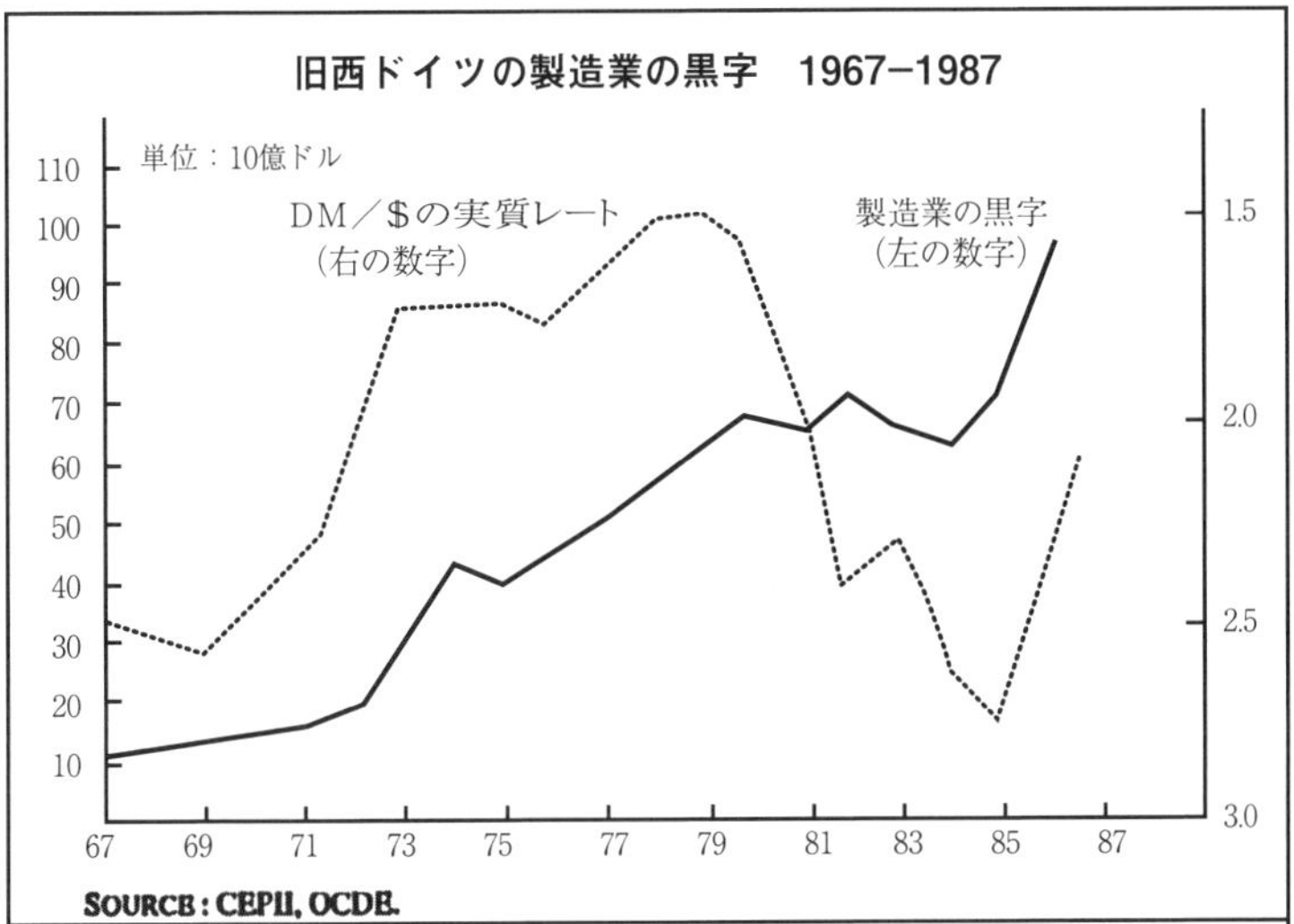
旧西ドイツの製造業の黒字　1967−1987
単位：10億ドル
DM／$の実質レート
（右の数字）
製造業の黒字
（左の数字）
110
100
90
80
70
60
50
40
30
20
10
1.5
2.0
2.5
3.0
67
69
71
73
75
77
79
81
83
85
87
SOURCE : CEPII, OCDE.

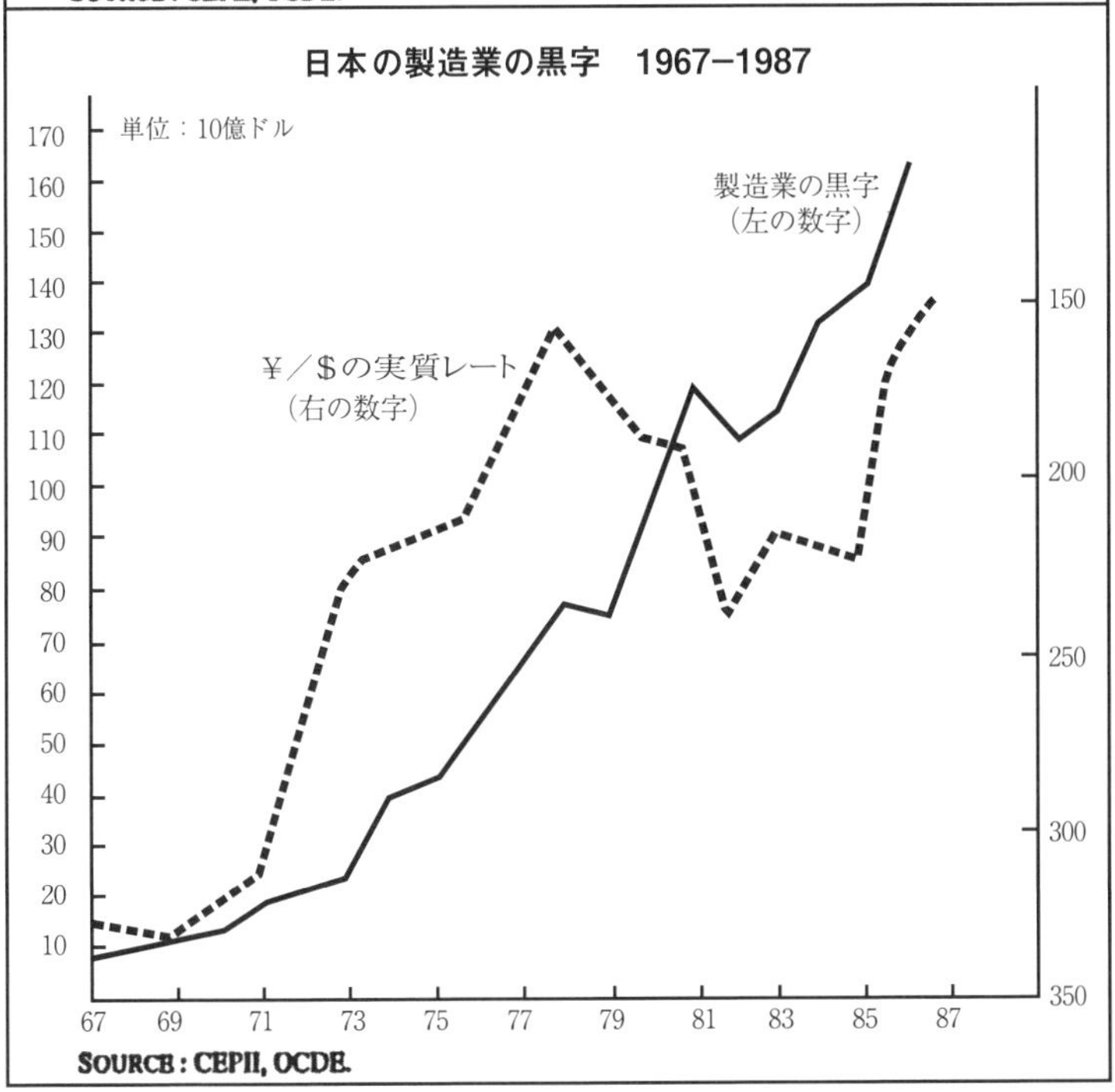
日本の製造業の黒字　1967−1987
単位：10億ドル
製造業の黒字
（左の数字）
¥／$の実質レート
（右の数字）
170
160
150
140
130
120
110
100
90
80
70
60
50
40
30
20
10
150
200
250
300
350
67
69
71
73
75
77
79
81
83
85
87
SOURCE : CEPII, OCDE.

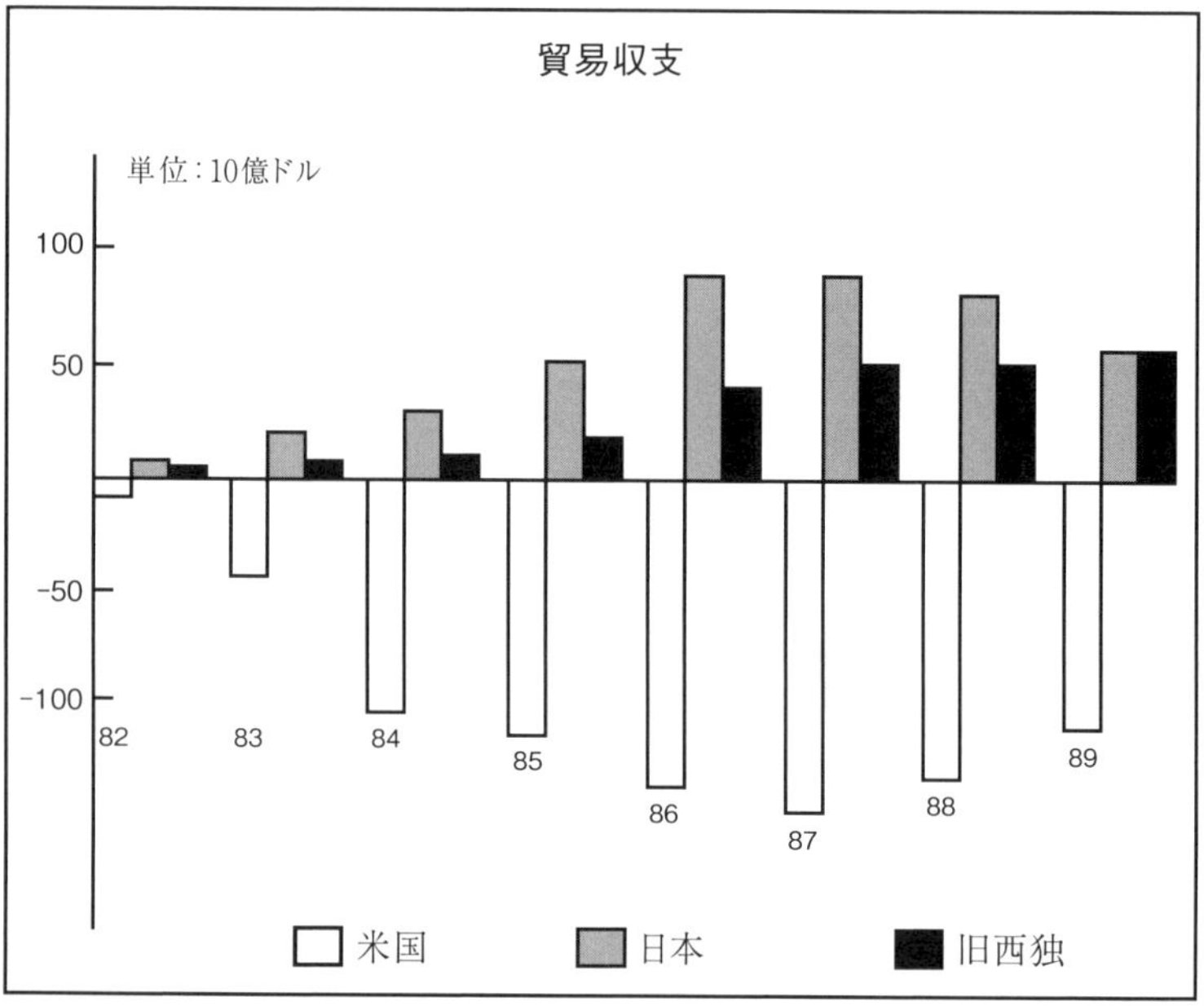

SOURCE : *Comptes de la nation*, 1989, p. 41

「金利引き下げの主な原因、〈つまり、貯蓄増加の原因〉は、子供への愛と彼らの幸福を可能にする意志である。この感情が弱くなった時には必ず、ローマ帝国の末期にそうだったように、金利が上昇する傾向にある。そうなれば、モットーは、〈我亡き後は野となれ山となれ〉であり、人々は、熱に浮かれたように浪費を始める」。

「子供たちへの愛」については、急いで結論を出そうとするのはやめるが、一九八〇年から九〇年の間に、貯蓄高は、ライン型諸国とアメリカでは逆の方向へ変化をしている。ライン型では、日本では国内総生産の三一％から三五％へ、ドイツでは二二％から二六％へと増えている。そしてアメリカでは同時期一九％から一三％へと減少しているのだ（ＯＥＣＤ資料による）。

話を進めるために、しっかりとこのアリとキリギリスの対照を見ておこう。その日の糧だけに生きるキリギリスの資本主義と、将来に備えるアリの資本主義とを。この違いは、この世紀末の最大のジレンマや、われわれの文明の倫理とに関わってくるのでである。

ライン諸国では、経済の重要性を全国民が意識している。このことは、国全体に民間主導の空気を生み出し、これが、無視できない力を発揮するのである。フランス人は、出張中の日本人が、絶えず自分の会社に有利な情報を得ようと必死になっているのを馬鹿にしたりすることがある。そこに、産業スパイの《柔かな形》を見出してもいる。だが、実際、そこに存在するのはある特殊な心理状態、企業愛の精神なのだ。ドイツ人もこの精神を持っている。こうした一般国民の経済への関心は、各種機関によって、植え付けられ、引き継がれ、調整が行われる。例えばドイツでは、銀行が顧客に、さまざまなそして完璧な経済分析を提供する。日本では、通産省と商社が、世界各国での情報で企業に有利なものを集める。一般的に言って、企業内では、他社で行われていることを分析するために、相当なそして組織的な努力がなされているといっていい。他社、なかでも特に、ライバルの研究所がしていることが重要である。常に活発な好奇心、絶えず外へ向けられている精神を何と表現したらよいのだろうか。「経済の文化」こそそれにふさわしいのではないか。

この「文化」を国民が共有していることで、これらの国々は、経済を、選挙と政治家の宿命的圧力から、解放したと言えるのではないだろうか。選挙の前に予算を増やし、選挙が終わるやいなやまた厳しい態度に戻るというような、不安定な政治的周期は、ほとんど存在しない。ドイツやスイスの中央銀行は、政治権力から、ほとんど完全に自立している。そのおかげで、通貨の良好な状態を、万難を排して守ることができるのである。これは、連邦銀行が、幹部に義務として課す基本憲章である。フランスのように、大蔵省がフランス銀行に対して監督権限を持つことが伝統として容認されている、というのと全く異なる状況である。

Source : Desclozeaux, *130 Dessins d'observation faits au «Nouvel Observateur»*, Éd. Glénat, Grenoble, 1974, p. 123.

ドイツの五大経済予測機関も同じように独立した立場を守っており、彼らの出す数字は、政府にも、企業にとっても同様に、信頼性の高い目安となっている。

また、政府も、この共有の「文化」を拠り所として、経済の国際社会での地位を高めるための絶えざる配慮と政策とを結びつけているのである。かの「日本株式会社」とは、日本という国が、世界市場征服を目指す一つの企業であるという意味である。

ライン型諸国の企業が享受しているところの、独特で特権的なステータスは、この「文化」によって正当化される。それは、単なる一時的な利益のめぐり合わせでもなく、「現金マシン」であるわけでもない。それどころか、この文化は一つの制度であり、永続きする共同体でもある。守っていくべきものであり、必然的に、そのメンバーも守られるのである。

＊1　イタリアも同様だが、同国では貯蓄は第一に巨額の赤字予算を埋め合わせるのに使われる。

第7章　ライン型の社会的優位

この章のタイトルの表現が、あいまいであることをまず認めよう。「社会的優位」については「経済的優位」と同じ方法で語ることはできないのだ。その理由は簡単である。ほとんどの基準は、この場合、数字にならないからだ。一つの経済の型の社会面の業績は、グラフや統計や、指標やパーセンテージでは、あるいは、それだけでは評価することができないからだ。一つの国の社会的利点は、客観性という係数が強く働く。社会の種類や国民の持つ価値観、そして社会組織（または家庭）そのものがゆがみを生み出すことを、エコノミストならよく知っている。したがって、この領域は注意深く進んで行かねばならない。

とはいえ、何か比較の規準を決めることができるのではないだろうか。明瞭で単純な三つの点を挙げてみたい。

［1］　各社会が市民に与える安定性。主な災害からどのような方法で守られているか。例えば病気、失業、家庭崩壊等。

［2］　社会内不平等の是正。最も許しがたい差別がどのように改められているか。最下層への援助の形態と規模。

［3］　社会の解放。つまり、各市民が、社会経済の階級を昇って行くための可能性を多少とも持ちうること。

明白になったことが一つある。三つのうち最初の二つについては、ライン型が、歴然とネオアメリカ型に勝っているのだ。ネオアメリカであってアングロサクソンではないことははっきりさせておきたい。社会に関しては、イギリスはアメリカと大きく違う、というより正反対なのだ。イギリスは長い間、社会保障のシステムを持っており、それが全く存在しないアメリカとは、完全に対立するのである。

この点を除けば、二つの型の比較は図式どおりである。ライン型の社会的優位は、よくそう言われているように経済面の競争力を損なうことはないのである。確かに社会が公正を保つには金がかかり、公共費でそれをまかなわねばならない。ところがそれが経済を犠牲にしていると思うのは間違いなのだ。逆に競争力と連帯感は両立して進んでいけるのである。

高価すぎる医療

これを理解するに余りあるような、二つの話がある。最初のは、仏「ヌーベルオプセルヴァトゥール」誌のジャン・ポール・デュボワ記者が取材したもので、フロリダ州、マイアミのデイド・メディカルセンターでの日曜日の出来事だった。三日前から具合の悪い男が医者を探している。苦しそうで熱もある。日曜日なので、個人診療所はすべて閉まっており、ルジュン通りにあるデイド・メディカルセンターにやって来た。そこで、彼は救急受付に回され、係の女性に名前を聞かれるやいなや、なんと前払金二千ドルを要求されたのである。「これは保証金なんです。もし医師が入院しなくてよいと言ったら、あなたは診察料だけを払って差額はお返ししますよ」と受付係は言うのだ。彼はそんなお金は今持っていないと答えた。するとその女性は、「残念ですが、ほかをあたって下さい」と言ったという。

第二の話は、東海岸の小さな町のでき事だ。地元の会社員が急な歯痛に襲われ、歯科医に診てもらおうかと迷う。だがもし行けば彼は歯を抜かれてしまうだろう。なぜ？　理由は、アメリカの歯医者がもっと手の込んだ治療をする能力がないからなのか？　いやそうではなく、この男は自分で保険を掛けていないので、義歯治療は費用がかかりすぎるのだ。したがって歯を失うか、あるいは苦しみ続けるか、どちらかしかない。

以上の二つの例は、アメリカでは当たり前のことである。これはアメリカ社会の「二元性」（第2章参照）と呼べるものに結びついてくる。しかし同時に、アメリカに社会保障という全体システムが欠如していることをよく表しているのだ。医療にあてられる公共費は、他の先進国の半分でしかない。また、強制医療保険は存在しないのである。アメリカ人はみな、自分の収入に見合う額で個人保険を掛けねばならないが、それもしていない住民は三五〇〇万人にのぼるとされている。

失業手当という言葉さえ知る人はなく、少なくとも国は何もしない。そして中小企業の解雇予告期間は平均二日である。扶養家族手当もいっさい存在しない。ただ一つ、大規模な社会福祉計画は、六〇年代に、ケネディとジョンソンが制定したものだけである。それは、主に老人に対するもの（ＭＥＤＩＣＡＲＥ）あるいは、最貧の階層の人々のものである（ＭＥＤＩＣＡＩＤ）。だが、国民の大部分は、こうした保護とは縁がない。

ネオアメリカ型社会保障システムは、はっきり言って不充分で欠落部分が多い。そのうえ二つの不都合な点があることはよく知られている。

［1］　アメリカ人の裁判狂いは、医療をも直撃した（第2章）。毎日、新聞紙上で、医者、麻酔医、歯科医に対する巨額の罰金が報じられ、患者は、弁護士に駆り立てられて必死で訴えを出すのだ。今アメリカでは、医院

や病院に行く前に弁護士に相談するのが普通なことになっている。そして、また、医療機関で出会うまず最初の人物は、病院所属の弁護士なのである。これではちょっとした医療も、法律上の戦いのために利用されることになり、その結果は好ましいものではない。医師と病院は実際、患者の起こしうる訴訟に備えて保険を掛けざるをえない（もしそれをしてくれる保険会社があればだが）。そして弁護士には多額の報酬を払うのだ。その経費は当然のこと診療代にはねかえり、目の玉が飛び出るような額になってしまう。

［2］　一般に信じられているのとは逆に、社会保障のないこのシステムは、他の先進国の国家や自治体が管理するシステムと比べて経済的ではない。実に、アメリカの医療費は、世界一高いのである（国内総生産の一一%）。

そして、反対に、世界一、社会保障の発達したイギリスがこの出費が最も低い（七%以下）。

ライン型諸国の保護

ドイツの社会保障は、ビスマルクが設定した。イギリスに、かの高名な国民保健サービス（NHS）を導入したのは、その弟子のビヴァリッジ卿である。この制度は、フランスで一九四六年、始められた国民社会保護と主義を同じくするもので、現在フランスでは、国民の九九・九%が医療保険制度の恩恵を受けている。同様に、スウェーデン、ドイツ、スイス、日本でも、保険制度に加入できない者はほんの少数である。

ドイツ人は、主な災厄に対して大変保護されている（疾病、労災、失業）。そして定年退職手当は非常に有利な率をベースにしている。スウェーデンは、社会民主主義国だが同じである。市民の保護はドイツと同様で、失業者は、養成と再就職プログラムを含む有能な制度によって援助を受けることができる。また日本の健康保険は世界でも最も寛容な保障である。診療費はほとんど無料で、それが全国で通用する。

一九八五年まで、ドイツの医療費は増加を続け、その速度は、国内総生産と医療保険のバランスを脅かすほどになった。この暴走の原因は他の国と同じものだ。人口の老化、科学の進歩による新しい高価な機器の導入（スキャナー、エコグラフィー、膀胱結石粉砕機等々）、医療費の全体的増加、薬の使用量増加、最後の二つは無料のため当然増加してくるのである。だがそれでもライン諸国で、医療費が国内総生産の九％を越えた所はなかったのだ。そして八五年以降ドイツは、すばらしい模範を示してその数字を抑えることに成功した。

診療の質や医療費の監視といった、非常に基本的な問題について、前も触れたが、三つの数字をもう一度よく覚えていただきたい。〈イギリス〉国内総生産の七％、〈ドイツ〉九％、〈アメリカ〉一一％である。この数字の示す大いなる矛盾をよく意識して欲しい。実際、この三ケ国のうち、医療状況の最も良くない国で、最も医療費が多いのである。そのアメリカは、医療制度が民間のもので、効率が重視され、ＨＭＯ型の監視体制はこの上もなく洗練されたものであるのだから、最も出費が少なくていいはずなのだ。確かに、イギリスでは、病院に入るとき、しばしば列をつくって並ばなければならないし、ドイツでは、医療基金システムが、患者の好きなように選択させないということはある。とは言っても、事実は事実だ。医療に関しては、医者個人の金銭的利益の上に成り立った市場システムは、効率を上げはしない。それどころか全然能率が悪いのだ。わたし自身の結論から言うと、医療は、市場の法則に見境なくしたがってはいけない領域なのである。

何はともあれ、ライン諸国では、結果的に、その他の国々より上手に社会的公正と経費の共同体での分担、そして管理の効率を結び合わせることに成功しているのが明らかだ。この特別な能力の土台になっているのは、アメリカと異なる価値観と優先順位の集大成である。共同責任という考え方が、国民のメンタリティーの中にしっかり根づいており、政治組織や労働組合の組織もそれを考慮に入れている。そしてそこから派生するものは、人が考える以上にすばらしい自己抑制なのである。もちろん、あちこちに不正行為、濫用、偽の失業者や、医療の過剰利用等が、見られる。しかし結局のところは、社会保護を求めすぎれば起こりうる危険というものは意識している。例えば日本では、人口の老化が問題になっているが、定年の期日を繰り延べる計画が発表された。スイスでは、同じ理由で、国民投票によって定年の年齢を下げる（六十五歳から六十二歳へ）ことを断念した（六四％の過半数で否決）。

この共同責任に加えて、公共権力がある。これには国民の敬意が無理なく払われている。ドイツでは、政府が、労組、経営者、被保険者と保険金公庫の各者に、医療費の拡大を制限することを合意するように求めている。スウェーデンでは、失業保険を受けている失業者が、申し出のあった雇用口を断わることは考えられない。もう一つ例を挙げよう。スイスでは必要な人に与えられる援助は、権利ではなく借金なのである。だから状況が良くなったらすぐに返済せねばならない。

色々な点を考えて、フランスがライン諸国に入れるかどうか問うてみよう。残念ながら、答えは大幅に否定的だ。不思議なことだが、医療保険について言うと、フランスの制度は最も脆弱なものの一つである。それは、国民のだれもが自由に小切手を切って保険料を払っているのに、だれも本当に払っているような気がしていないことだ。だれでも医者に診療や治療を何回も求めることができる。医者は自由に処方箋を切る。すべてタダなのだ。時間が経てば経つほど明らかになってくるのは、その制度が短期的には魅力的な、資本主義と社会主義の混合体であり、長期的には弊害が大きく出てくるであろうということだ。

アメリカの暴走

アメリカでも、政府は医療費を制限するためにあらゆる努力をしているが、たいていは徒労に終わっている。失敗の良い例は、病院管理を改善し連邦の負担を軽減しようとする改革である。一九八四年、議会は、ＭＥＤＩＣＡＲＥが出費する経費増大を食い止めようとした。そして、今まで患者に施された治療をもとにして計算されていた病院への支払いシステムを変えようと思い立ったのだ。フランスと同様、手術はいくつかの行為に分類され（外科手術、麻酔、手術室使用、検査等）、料金を保険からのものとＭＥＤＩＣＡＲＥからのものとに分けて計算する。とても正確だが複雑な方法なので不正が起こりやすい。一人の患者にいくつかの行為を（例えばＸ線撮影）したことにして請求額を増やすこともできる。数多い医療行為を前にすれば、支払い側には、どれが有効でどれがそうでないかを区別するのは不可能である。その上、料金表が最新技術に則していないので、医者が必要以上に請求しても認められることが多い。例えば、関節の半月板手術は、二時間手術として計算されているが、実際は、内視鏡の導入で十分間で終わるのだ。

こうした不正を正すために、議会は、治療ではなく病名によって支払うシステムの設定を決めた。各患者への支払いは、標準料金をベースに行われる。盲腸炎は千ドル、血友病治療は一万ドルという具合である。この料金でうまくやりくりするのは病院の役目である。もし管理の仕方が悪かったりして経費が高くなりすぎたら、あきらめるしかない。だが、費用が少なくてすめば、利益は病院のものになる。この制度の土台となるのは、もちろん統計上で確認済みのことだが、患者の九五％までが特定された四六五種の病名に分類されることができ、標準平均経費に順じて料金を設定することができるという事実である。すべて明瞭で単純、そして統制しやすいことのように思われる。治療費全体を規準に支払い額を計算するという方法は、論理的で、健全な運営を促進するにちがいない。

しかし、共同責任の感覚が皆無であることが原因で、この新しい制度の効果は発揮されていない。管理の下手な病院のなかには、すぐに財政難に陥ってしまったものもある。多くの病院は、いちばん支払率の良い病気を専門にしたり、自分たちが最も優れた治療ができる病気を専門にしようとしたりした。さらに、なかには、これは幸い稀な例だが、患者を「重症」とする診断をでっち上げることさえ試みるものもあった。実際、短期利益が最優先の国だから、医療保険から金が出ることがわかって、なぜそこから利益を得ないでいられるだろう。金銭がすべてのこの国では、それは、論理的な話だ。こうして、正しいと思われた改革は、悪い方向へ走ってしまった。当初の結果は、少しは良いともいえたが、結局、アメリカの入院費の増加は速度をゆるめていない。

改革は優れたものだった。だがその結果は悲惨である。一体なぜ？　フランス人も、もし事前に外国の事情を調べてから社会保障制度を成立させていれば、今のような状態には決してならなかったであろうが、それと同じで、アメリカのこの改革の発案者も、ライン諸国のやり方を研究するのを怠っていたのであろう。アメリカは、一種の自閉症を患っている。アメリカのある種の人々には、市場経済より効果の高いものが、それもアメリカ以外の所に存在するなどということは想像もできないのだ。

平等の論理

ラインの国々は、おわかりのように、比較的平等である。収入の格差はアングロサクソン諸国よりずっと小さい。全体的に見て、中流階級が統計的にアメリカよりずっと大きいのが確認できる。そのアメリカは、過去には、すばらしいミドルクラスを誇っていたのに。中流ということを、収入が国の平均収入に近い人々の集まりと考えると、アメリカの中流は五〇％にすぎないが、ドイツでは七五％、スウェーデンとスイスでは八〇％である。八九％の日本人が自分は中流だと思うと答えている。主観的とはいえ、意味深い。

不平等が比較的限定されているライン諸国では、社会からの疎外や貧困に苦しむ人々のための対策が、大西洋型の国々よりうまく行われているのだ。スウェーデンでは、今世紀初頭の貧困の思い出があまりに鮮烈であるために、スウェーデン語で「安全」を意味する「トリゲット」という語が、今もずっと変わらない国家的至上命令なのである。社会福祉や失業対策が特に進んでいるのはこのためである。全国民雇用が政府の目指す、国を挙げての目標なのだ。国立雇用局（アルベツマルクナッズスティレルセン）がこの任務を負い、多額の予算をもらっている。

アメリカでは、「貧困対策」のために設置された国家機関は存在しない。地方自治体か、各州がそれを行うのだ。だが予算が少ないために、そうした活動は制限を受けてしまう。私立の強力な慈善団体が、どんなに活発で、寛容で、献身的であっても、それを補うには足りないのだ。個人の私的な慈善の観念に頼って、国家が社会権利を確保してくれることをあてにしないという考え方は、まさにレーガンが制定しようとした純粋で厳格な資本主義の論理に合っているものなのである。その論理によれば、不平等は、合法的なだけでなく、熱心な競争への刺激となって、それが共同社会に恩恵をもたらすというのである。八〇年代初頭、レーガン政府がホワイトハウスにやって来ると、この問題をめぐって、数多くの議論が展開されたものだった。レーガンの演説の要旨は、簡単に言うと、次のようなものである。「貧困は政治問題ではなく、国家は関知しない。それは道徳と慈善の問題である」。

同じ考え、同じ言葉はサッチャーも使った。そこでこの考えを「レーガン＝サッチャー流」と呼ぶが、それは、単なる経済政策の変化の一面ではない。一つの新しい道徳の出現だと見るべきだろう。その道徳は、「勝者・金持ち・慈善家」による、彼らのためのものなのだ。それが引き起こした変化の大きさを測るには、あることを思い起こせば充分だ。それは、一九七五年までのアメリカで最も討議された社会進歩関係の法案が「所得マイナス税」つまり最低所得保障だったことである。現在、フランスはその制度（最低所得保障）を採用したばかりなのだが、アメリカでは、今やこの考えは無縁のものとなっており、社会進歩という表現そのものと矛盾しているように思われている。

不平等を合法化する哲学は「サプライサイド」のジョージ・ギルダーのような人が主張しているものだが、これは実際はとても古い自由主義の考え方と結びついている。すでに十九世紀中頃、「貧困地獄」は全体の調和に必要なものとされていた。なぜなら、人間はそれによって、「品行をよく」し一生懸命働くからだ。ギルダーの書いていることもまさにそれで、彼は「金持ちの税を増やすことは投資力を弱める。それと同時に、貧乏人に与えるものを増やすことは労働意欲を失わせる。こうした措置は生産性を損なう」としている（『豊かさと貧しさ』一九八一年）。

こうした意見は、社会福祉計画における切り詰めを正当なものとする理由となっている。この切り詰めが現実に、多量の貧困階層の出現となって表れてきた。また、あらゆる規制排除が、企業の再活性化のために従業員保護を縮小するべく行われるが、これも正当化される。それが雇用を促進することになるというのだ。ＥＣのリカルド・ペトレラ局長は、こうした意見を批判してこうまとめている。「労働者の社会的特典の向上を検討することは合理的である。なぜならそれが、その国の企業の競争力を伸ばし全体的な雇用促進となるからだ」（ルモンドディプロマティク紙　一九九一年一月）。

旧西ドイツでは、貧困に対する社会の考え方は、まったく反対である。冗談めくが、貧困はドイツの社会福祉法によって「禁止」されていると言ってよいくらいだ。この法律では、実際に社会が、住居、食料、治療そして基本的必要消費物を得る財力のない者を援助せねばならないとしている。このための公共福祉費は、二八〇億マルクにもなる。さらに、最低所得は月一二〇〇マルク（九万六〇〇〇円）と決められている。ルモンド紙のボン駐在記者のリュック・ローゼンツヴァイグは、ドイツにおける貧困についてこう語る。「現在、国民の五％にあたる三三〇万人が社会福祉局からの補助金を受けている。だがこの数字上の貧困階級は、ほとんど目にすることはなく、この国で驚くことは、国民の大部分が裕福に暮らしていることである。ドイツ大都市では、乞食は皆無に近いと言え、例外は、ベルリンやハンブルグのパンクたちで、彼らは物乞いを生活の手段というより一種のスポーツと考えているようだ」（ル・モンド紙　一九九〇年八月七日）。

注目したいのは、同紙が警告している、意外な事実である。それは、離婚や婚外出産等によって、現代の貧困は、ドイツにあっては主に「女性」のものとなっていることだ。一人で子供を育てている母親の六五％（その数は常に増加している）が、貧困と隣合わせ程度の収入しか得ていない。

スウェーデンでは、給与政策は「連帯」的と言われている。その目的は二つで、社会平等を保つことと、業種による収入の差を抑えることである。ライン諸国の中でも最も平等なこの社会は、税金がよりよく再分配されていることによってますますその傾向を強めている。指標となる数字を一つだけ挙げよう。課税の最高額を支払う層の割合は、フランス（五七％）、スウェーデン（七二％）、ドイツ、日本（五五％）のほうがイギリス（四〇％）やアメリカ（三三％）よりずっと高いのである。これには、スイスを含むライン諸国に存在する資本税は入らない。

ここでわたしは、とんでもないことに気づいて愕然とした。最高額の税を払う層が五五％である国のほうが、三三％の国より優れていると言ってしまったのだ。なんたる古くさい、ラインびいきの妄想ではないか！

ライン諸国は不平等感が少ないだけではない。不平等であることも受け入れられやすいのだ。その理由は、労働者によく理解された、ある目安の存在だ。それが、年功と資格である。日本の銀行では、有名大学を出た若い行員は、たとえ英語ができるのが彼一人だとしても、課長になるには十五年かかり、重役になるにはさらに十五年かかる。ドイツやスイスの企業では、資格付けの序列が、ポストや報酬の序列を厳格に決定する。収入が比較的不公平であることも正当化され、それもまた全員のコンセンサスによってなされるのだ。

夢の魅力と歴史の重さ

ライン型資本主義はある意味でネオアメリカ型より厳格である。社会の内部の移動は遅いし、個人個人の成功もあまりもてはやされない。それはいったい不利なことなのか、それとも有利な点なのだろうか。

アメリカは今も変わらぬ、夢のある社会である。世界中からの移民も、二百年前初めてアメリカという黄金郷の控え室といった趣きのエリスアイランドに上陸した移民たちも、抱いていたのはその夢（そして苦しみ）であった。新たな人生の夢、自由と財産の夢、そして成功しようとする熱のこもった意志こそが、アメリカンドリームなのだ。アメリカ人はだれにも先祖に、アイルランドやポーランド、イタリーからの移民が一人はいる。その人々は困難、貧困、労働を体験してきた。そして、「うまくやり遂げた」人々なのである。

アメリカは夢の社会であるだけでなく、「セルフメイドマン」の社会であり、どんな成功も不可能ではない。ナポレオンの兵隊がみな、カバンの中に元帥杖を持っていたように、すべてのアメリカ人が「ミリオンダラー」を初めて手にする日を夢見ている。いやホワイトハウスだって夢ではない——言い換えれば、アメリカでは、社会内移動が他より早いというだけでなく、国を創設した神話そのものの一部を成しているのである。

移民によって形成されたアメリカ社会は、基盤からして民主的である。ヨーロッパや日本の貴族的価値観は、ほとんど存在しない。それに数世紀、数世代の間に出来上がった階層も本当には存在していない。おそらくWASPと呼ばれる、白人でアングロサクロンのプロテスタントの人々が、一種の人種的貴族であり、いくばくかの特権を得ているかもしれない。しかし彼らもだんだんと侵蝕を受けて、他人種の移民（アイルランド、ユダヤ、イタリア、ポーランド、ハンガリー、スペイン系）に追いつかれてきている。

このメルティングポットの原則がアメリカの基盤だったが、限界が見え過去のようにはうまく機能していない（第2章参照）。しかしライン諸国（日本を含む）に比べると社会の吸収力、包容力は依然としてずっと大きい。

社会内移動は、アメリカに独特の、短期間での富の形成という条件によって加速する。この点から見れば、金がすべてという考えはプラスに働く。金銭が最大の価値規準であり、社会において、乱暴だが単純、効果的な目安ともなっているのだ。ハンバーガー売りが、第二のロックフェラーになれるかもしれない……。そして八〇年代の投機ブームが作り上げた財産は、さらにこの移動を記録的に高める原因となったのである。

ドイツでも日本でも、人口成長が衰えているのだが、移民政策はどちらかと言うと失敗に終わっている。旧西ドイツでは、外国人は全人口の七・六％（四六〇万人）だったが、同化はしていない。移民労働者を表す単語そのものがそれを示している。移民労働者はゲストアルバイター（招待労働者）と呼ばれているのだ。そしてトルコ人社会（一五〇万人）が引き起こす深刻な問題にしても、解決されたことがない。さらに異人種間結婚は、同化への一歩となるのだが、これはドイツでは稀である。歴史学者であり人口統計学者でもあるエマニュエル・トッドは、ドイツ社会が、移民族と同化することに特別に抵抗する事実を強調している。「法律と社会の機構全体が、ドイツ国土における〈外国人階級〉の形成に貢献している。それは、旧王制下のフランスの階級に似たようなものだ。……国籍法と人々の考え、習慣が変わらなければ、ドイツはそのうち、大昔の階級を再び作り上げることになるだろう。第二次大戦の間、現実のものとなっていた、ドイツ社会の均質化や階級の消滅は痛みを伴うものであったが、それも数十年しか続かなかったのだ」（『ヨーロッパの発明』Ｓｅｕｉｌ社　一九九〇年）。

付け加えておくが、ドイツでは、極右翼の排他的行動が目立ってきており、東欧（特にポーランド）からの難民の増加がこの緊張をさらに悪化させている。

日本では、アジアの隣国（韓国、フィリピン、中国）からの移民の労働条件は低い。スイスでは移民は常に統制されてきたが、その数は人口六五〇万のうちの一五〇万人にもなる。スイス政府は移民の定住を厳しく制限し、本国送還も辞さないし、国境警備も多数雇っている。スウェーデンでも、移民はとても少ないのに、その問題を解決できずにいる。

イギリスの状況はその中間になる。国籍に関しては大変開放的で、個人主義が発達しているので、多くの国際結婚が見られる。これによってイギリス国内での多くのアフリカ、西インド諸島、パキスタン、インド系のイギリス人が定住している。ドイツと違って、国籍取得は容易である。しかしながら、以下の指摘がある。「フランスよりさらに、イギリスにおいて、民族別ゲットー（居留地）が多いように思われる。彼らは自分たちだけの社会に引きこもっている。西インド諸島、イスラム、インド人種の社会を形成して。イギリスの実状は、ドイツの分離型に近いものだ」。

結局、ライン諸国ではアングロサクソン諸国ほど、個人の投機的な金稼ぎはやさしくない。日本は例外だが、なにしろ、株式取引所でのチャンスは少ないし、不動産投機は限定されているのだ。ライン諸国の社会は流動性が少ない。一度手にした地位は長い間変わらず、変化は遅々としている。過激な変化や外部からの影響は受けにくい。これは、強味なのだろうか、弱味だろうか。半分閉鎖された社会の安定と解放された社会の不安定、どちらが好ましいだろうか。これに対する答えの如何によって、二つの資本主義の争いの両陣に分かれるのである。

強制税徴収の闘い

すでに述べたように、医療費の国民総生産に対する割合は、アメリカでは一一%、イギリスでは七%である。実際、医療費の負担はアメリカでは基本的に民間のもので、イギリスでは公共のものであり、サッチャー首相もこれを民間化することができなかった。

経済全体から見れば、アメリカの場合、制度にかかる経費は重要ではない。消費者が支払うのであるから、彼らが健康を、旅行や洋服や家具より余計に買ったとしても何も不都合はないのだ。イギリスのシステムは、逆に

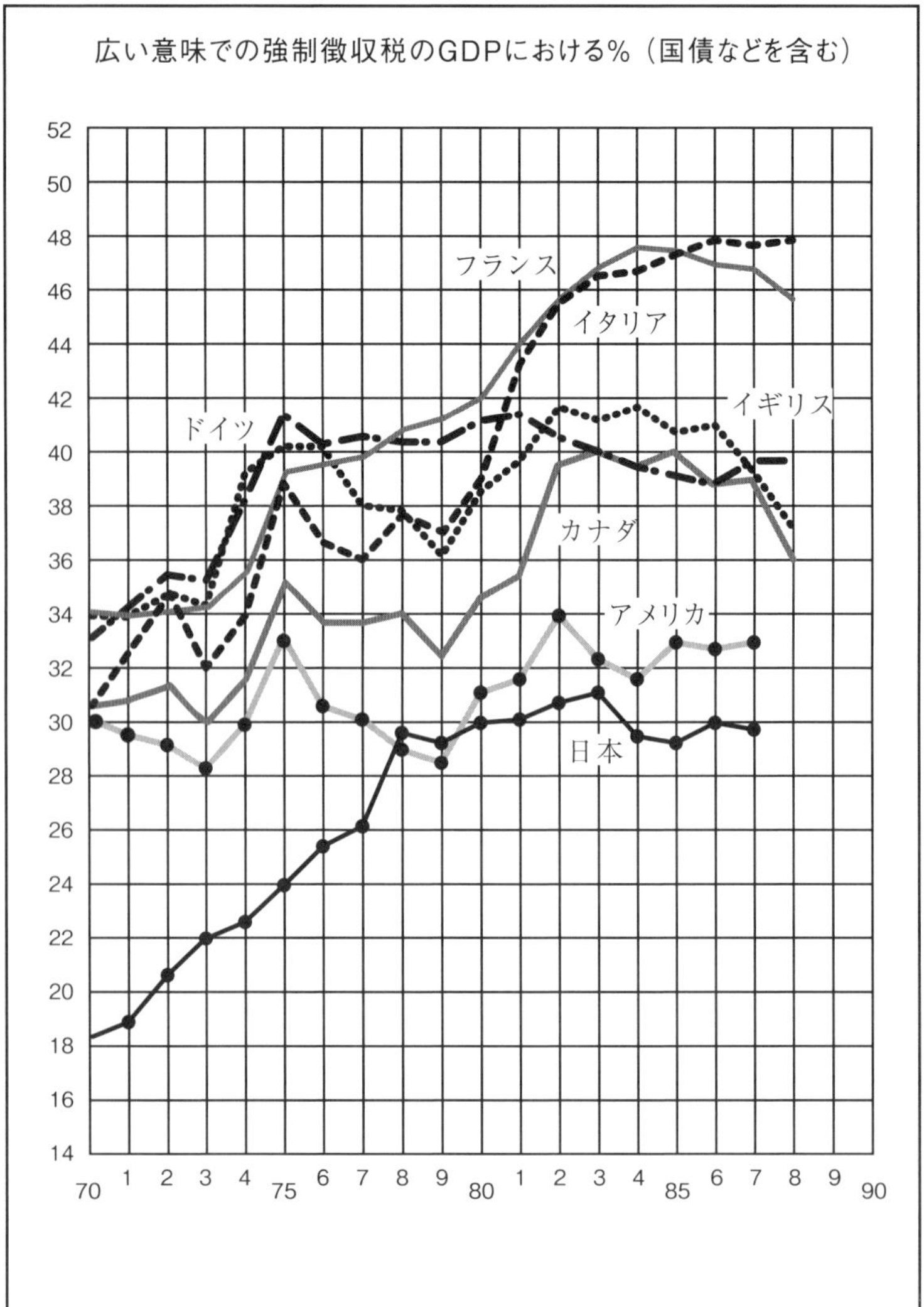

SOURCE: *Chroniques de la SEDEIS*, n° 6, 15 juin 1990.

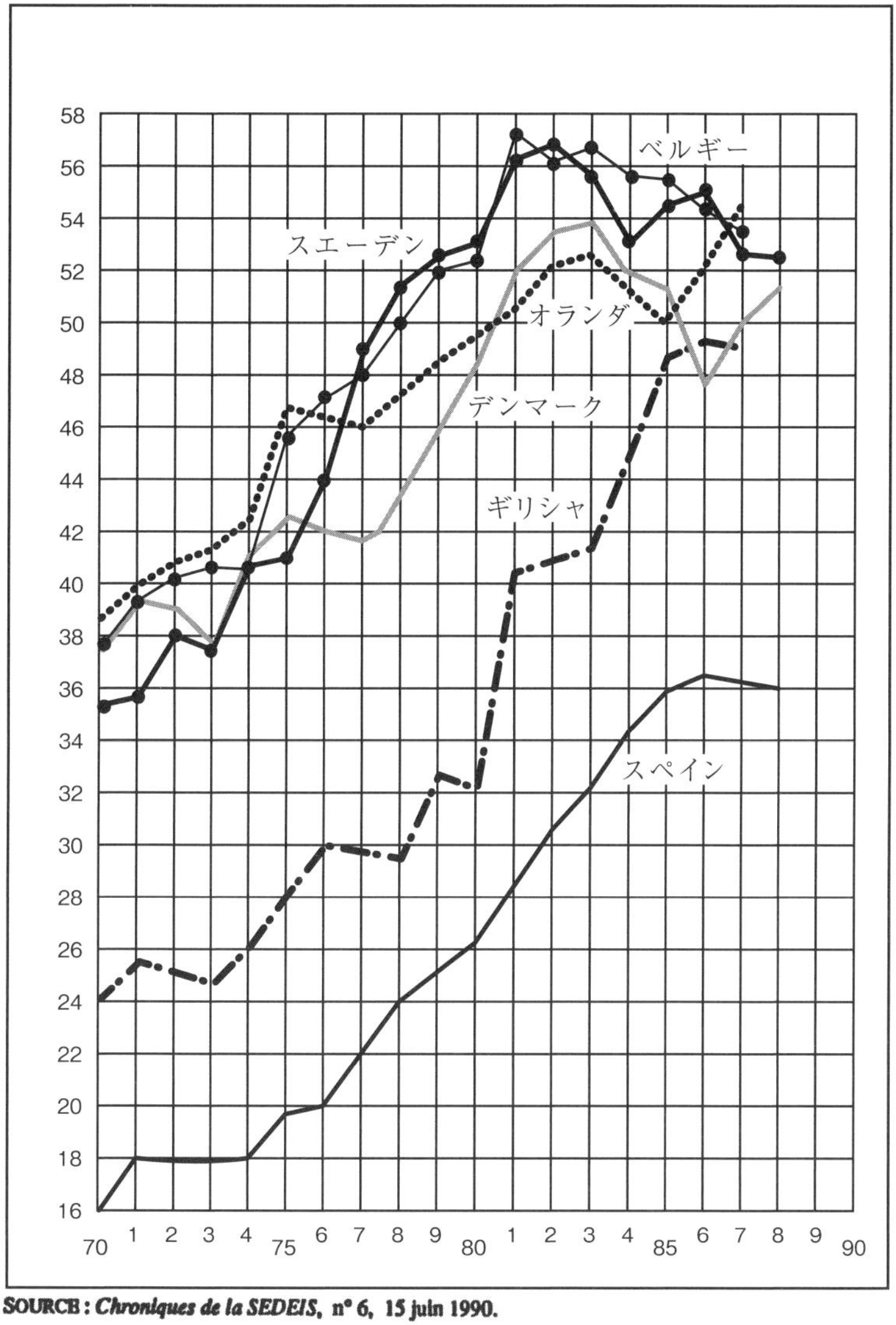

SOURCE : *Chroniques de la SEDEIS*, n° 6, 15 juin 1990.

基本的に公的なので（フランスも広い意味では同様）強制課税金によって賄われねばならず、それは国の一般経費の一部となり国の競争力に重くのしかかってくることになる。

この分析から始まったのが、八〇年代初頭以来の強制課税の闘いなのである。そして結論にはまだ遠い。攻撃はレーガン、サッチャー軍から始まった。強制課税はすべての悪の根源として告発された。企業に負担を与え、個人の努力への意志をくじき、社会と経済の戦意を失わせるというのだ。ユーロペシミズムと言われた時代、アメリカよりずっと天引税額が高いEC諸国ではこれを、ヨーロッパを押しつぶす耐えがたい重荷だとした。そしてそのためにヨーロッパは、国際貿易の容赦のないリングの上で、他国と対等に戦うことを妨げられているというのである。しかし現在、この税額が減少したわけではないが、全体の傾向は楽観主義へと変わってきた。

強制課税に対する裁きは正しかったのだろうか？　ライン諸国の、社会的効率と組み合わさった経済的効率が示すことは、問題が単純なものでないこと、そして税金が少ないから経済が繁栄するのだとばかりは言えないということではないだろうか。課税の額とは別に特にその構造を考えてみることが大事だ。

この問題に関するデータを見直してみよう。強制税とは、ご存知のように、社会の公共経費にあてられる税金や分担金である。第二次大戦終了後から、「福祉国家」ができ上がるとともに、ヨーロッパでは、この税金は規模が大きくなってきた。それは、ますます増大する国家の介入や、社会的業務範囲の拡大によって負担額が増えたからである。その増加はあまりに速く、ワグナーのような経済学者はこう予言した。この速度で増加が続けば、公共費と公共収入の伸びがそのうち、国富の伸びを越すであろうと。その意味するところは、経済にのしかかってくる行政の重さは、常に増え続け、一〇〇％に達することが必ずあるだろうということだった。忍び寄る社会の集合化とでもいおうか。

この変化は、フレデリック・フォン・ハイエクの呼ぶところの「拘束への道」に到るように思われたが、それに反感を示す自由主義経済学者たちは、絶えず強制課税の過度な重みを批判し続け、この制度が当初見込んだ結果とは反対の方へと進んでいくと主張した。例えば、アメリカの経済学者のレイファーが、グラフを示し、課税がある限度を越すと、税収は減少するという説を広めたのは有名である。「重税は無税に等しい」。その意味は、あまりに課税が重いと、それがどんな形の税であっても、納税者は働く理由があまりなくなってしまう。余計に働いても、より沢山徴収されるだけなのだから。

この批評から、ある思想が展開し、八〇年代には政治への影響が大きくなった。多くの税制改革が実施されたのもそのせいである。イギリスとアメリカは、大幅に所得税と法人税を削減した。フランスは、強制課税を抑え、それから削減した。スウェーデン、ドイツ、オランダでも、自由政権が同様の改革に乗り出した。

この強制徴収に敵対する論議が成功したとすれば、それはヨーロッパの国々では特に、社会民主主義の色が濃いために、現実に非常に則したものだったからだ。スウェーデンやイギリスではこうした課税は重く経済の上にのしかかるようになってきており、社会全体も危険な状態になっていた。イギリスやスウェーデンの、才能あるクリエイティブな人々、例えば映画監督のベルイマンのような人々は、国外脱出する道を選んだ。課税が過酷なだけでなく、ほとんど警察権力のような税務署の検閲のために、国内には、重く疑り深い空気が満ちてきた。その上、いわゆる税制機構といったものが、複雑で官僚的な、つまり経費がかかり効率の悪い工場のような様相を呈してきたのだ。「税収入」もその影響を受け、納税者のカネは、部分的とはいえ浪費され始めたのだ。

また、負担が大きくなりすぎることは、企業の競争力を損う。国際競争がいっそう激しくなっている時代だというのに。納税者に国外へ移住する人が出るのと同様、企業のなかにも（繊維とエレクトロニクスが多い）他国に活動の一部を移住させ、自分の国より税制の有利な場所に定着するものが出てきた。

つまり批判は、ある程度正当なのだが、少しやり過ぎた。八〇年代の新思想提唱者は、課税を、すべての経済問題の原因であると言って告発した。その上、課税のレベルについて、執拗に取り沙汰したが、それは短絡的分析の結果にすぎない。実際、課税レベルと経済効率との間に、力学的で確実なつながりをつけるのは間違っている。ある数字を考えてみればすぐ納得できる。それは、アメリカにおける徴税額のGDPにおける割合が三三%、フランスは四四%、ドイツは四〇%、スウェーデン五二%という数字である。

日本のケースは少し違う。二九%と、アメリカに近いが、自由論者が引き合いに出すことは間違いである。その理由は少なくとも三つある。

［1］アメリカと人口比率が同じ、つまり老人比率が同じであれば、この数字は三二%になるはずだ。

［2］退職資金の大部分がこの数字に含まれない。なぜなら、公共機関がそれを支払うのではなく、国家財政に入らない、私的な基金から供給されるからである。

［3］そして最後に、日本でも、強制課税額は二〇年来増え続けているのだ。

キリギリスになったフランス

以下に述べる数字を見れば、ドイツの経済業績が、課税の高率と両立していることがわかるであろう。反対に、アメリカは税の軽減と医療費削減によって経済の落ち込みを抑えることも、日本と対抗して競争力を上げることもできなかった。アメリカでは、もはやだれも労働組合や行政、あるいは偽失業者を景気停滞の元凶として告発するわけにはいかない。アメリカの労働者は、過去には社会進歩の先鋒とされていたが、今や、ヨーロッパの仲間たちの評価も低くなった。アメリカが「第三世界化」しているとすれば、その原因はまさにその超自由主義にあると言えよう。アメリカ人は金銭に関して定見がなく、むしろそれが誇りなのである。ところがそれが原因で、彼らは、自分の競争力にコンプレックスを持ち始めているのだ。また同時に、人間に関しても今まで定見をほとんど持たなかったアメリカにとって、今それが高くつき始めている。

一見矛盾しているように見えるこの事実をどう説明すべきだろうか。その答えは、いまや明らかになった一つの事実を見ればはい。重要なのは、課税の総額ではなく、税制の構造であるということだ。いくら払うかではなく、どうやって、だれが払うか、が問題なのである。そしてこの意味では、ヨーロッパの国々が限りなくライン型に近く、アングロサクソン型とはかけ離れていることがわかる。

ライン諸国では、社会保障に税金の三五％が当てられるが、アメリカでは二八％だ。給与から引かれる公共費（企業から徴収するものではなく）は、ライン諸国（四〇％）のほうがアングロサクソン諸国（二五％）よりずっと大きい。つまり、労働者が直接受けとる給与は、ライン型のほうが少ないのだ。はっきり言えば、その意味するところは、連帯の受け皿とでも呼べるものが存在し、社会の恵まれない人々には、共同して融資するのである。その資金は、給与全体から徴収されるものだ。なんとも公平なことではないか。

社会制度が進んだために、負担額が大きいことは、経済におけるハンディキャップにはならないと言える。逆説を言うわけではないが、これが反対になることさえある。経済のほうがそこから具体的利益を得る。ドイツがそうなのだが、税収入から、経済力向上のための計画に出資することができるのだ。例えば、職業教育はもちろんのこと、研究投資、大規模インフラストラクチャーの改良等である。また、見えざる公共費（道路、郵便、電話、鉄道、港湾）もあり、直接、間接に、企業の役に立っているにもかかわらず、あまり顧られることはない。アメリカのように公職の荒廃が社会に害を与えるという事態だけが目立つのである。

以上の理由で、課税に関する次なる戦いの場はアングロサクソン型資本主義だと考えてよいだろう。イギリスとアメリカは、新たな増税に踏み切らざるをえないのだ。

戦いが、逆の方向へと、激しくなりそうな国がもう一つある。フランスだ。近隣国のなかでもフランスは税の割合が非常に高い（四四・六％に対し、ドイツ、イギリス四〇％）。その上、政府の予算管理が上手いのか、公共費はどんどん医療と定年退職年金のほうへ横すべりしていってしまう。フランス政府は、対外債務を返済し、内債を制限していることに満足している。だが、退職金の準備金を仕立てなかったために、フランスの企業は、負債を増やし、その額は十兆フランにものぼる。これは、ＧＤＰ（国内総生産）の二年分で、一人当たり二〇万フラン（五〇〇万円）になる。つまり、将来の退職者のための費用がこれだけかかるということだ。その年金は、強制負担金によって賄われ、企業の競争力にのしかかってくるその重みはますます大きなものとなるのである。

しかしここでもフランスは、二つの資本主義のどちらにも入れることのできない、一種独特のケースとなっている。ネオアメリカ型を含めた両資本主義とも労働者の退職年金のための貯蓄をしている。古くから貯蓄を知り、用心深い国であるはずのフランスは、今、自ら最も先見の明のないキリギリスと化してしまったことに気づいたのだ。

一般的な話だが、中期長期的に考えて、決定的に重要なことは、いわゆる社会のまとまり、均質さ、調和なのである。これは非物質的要因で、数字にすることは不可能だ。その重要さがわかるのは、それを失なった時である。社会が硬化し始め、その組織が引き裂かれ、緊張が生じてくると、経済における代償が求められてくる。これこそ、超自由主義者が「供給（サプライサイド）の経済」を唱えたときに考えに入れるのを忘れていた、「不公平による弊害」なのである。

もっと均質な社会では、国民の教育はより行き届き、養成も受け、世界の変化や社会の要求に順応していけるのである。したがって、社会としてよくまとまった国は、経済的な業績も最高レベルであることが多い。この考えは、アメリカの保守派には受け入れにくいものであろうが、フランス人にはあまり驚かれまい。それは、シュムペーターの、古い有名な言葉と同じものなのだから。

「車は、ブレーキがあるからこそ速く走れるのである。資本主義も同様である。公的権威と、市民社会によって課せられる制限があるからこそ、市場経済が彼らの手で矯正されるからこそ、市場は競争力を発揮できるのだ」。

この点に関して、二つの逆説にぶつかる。

一番目は、調査を進めてくる段階でわかってきた良いニュースである。経済効率が、必ずしも社会的不公平によって生まれてくるというのは本当ではない。経済発展と社会的公平さが相容れないものだと考えるのは間違いだ。公正と効率は、相容れることができ、その相乗作用は今までになく大きくなっている。ライン型のすべての国でそれが確認できた。

しかし、ここで、二つめの逆説だが、この事実はあまりに知られていないので、世界中で不思議な現象が起こり始めている。ライン型経済より、ネオアメリカ型のほうが非効率的であることがわかってきたこの時期に、なんと、政治的、思想的に、ライン型が後退を始めているのである！

第8章　ライン型資本主義の後退

ライン型の経済的、社会的優位は証明された。そこで、政治的にも勝利が期待できるはずである。成功した者の強味で、ライン諸国は、外からやってくる影響、つまりウイルスには抵抗できるはずであった。そしてなにより、アメリカからの警告にも関知せず、カジノ経済のけばけばしい騒ぎにも本当に動じてはいないはずであった。ところが、まったく意外にも、実際にはその逆が起こっているのだ。ライン型経済は、ライバルアメリカの政治、メディア、文化における影響をまともに受けてしまったのだ。二つの型の資本主義の間でためらいどっちつかずでいる国々だけではない、本拠地である国でも同じことが言える。

アメリカの魅力はあまりに強く、ライン型資本主義を身を持って示している国や、それによる成功を享受している国も、アメリカのもたらす幻想に負けてしまった。つまり、これらの国々では、経済、金融、社会の大変動あるいは漂流といえるかもしれない——が見られる。そして、ライン型の基盤そのものを再検討させる傾向にある。ここでわたしは、いくつかの例を挙げようと思う。

不平等の罠

アメリカ型に比べ、ライン型は、いままで何度も触れたように、比較的公平である。これがその団結力の大きな要因となっており、大きな利益を伴う社会コンセンサスを持続させることができるのだ。ところが、この比較的公平な社会が、今も存在はするのだが、少しずつ崩れ始めているのだ。新たな種類の、はではでしい、成金の、今までと違う金持ち、いわゆるニューリッチ階級が現れたのである。これが顕著なのが日本である。この現象は、過去との完全な訣別なのだ。

戦後、日本の経済は劇的な成長を遂げ、日本の多くの国民は、利益を得た。古くからの財産のほとんどは、その葛藤のなかで破滅していった。民主主義の習得とアメリカの模倣の大きな流れのなか、教育も民主化された。日本に中流階級が誕生したのである。このために、日本の経済復興は比較的公平な土台の上で実現したといえる。もちろん、再建にあたって、他人より多くの利益を得た者もいる。そして新しく金持ちが生まれたのだ。だがそうした財産は、控え目な存在であり、社会に受け入れられるほどのものだった。言わば、戦後復興の辛苦や個人の功績として「合法化」されていたのである。八〇年代半ばまで、慎しみ深く質素な日本のコンセンサスは脅かされることはなかった。

だが今や事態は変わってしまった。ニューリッチ階級が誕生し、消費と贅沢とに、露骨に精を出し始めたのだ。特に不動産所有者、不動産開発業者は都市部の地価の狂乱ブームで富を貯え、投機家は株式取引きで大儲けした。専門家によると、証券と不動産の二つの市場で四〇〇兆円の黒字を生んだという。そしてこの恩恵に預かったのはほんの少数の人々だ。

東京、大阪等の大都市では、わずかな土地の所有者が、とてつもない大金持ちになり、日本社会は、二つに割れてしまった。土地を持つ者と持たないものとにである。持たない者は、国民の七〇％にもなるのだが、たいていの場合、土地を持つことをあきらめねばならず、それでもいくらかの希望を抱いて貯蓄を続けるのである。しかしこれはただの希望ではない。戦後、土地を持つことが、アメリカンウェイオブライフを真似た、多くの日本人の夢のうち大きなものであった。それは言葉まで真似して日本語になった「マイホーム」である。この夢が消え去ったことには、大きな意味がある。そして欲求不満も大きい。

日本に登場した新型の富は、今度は簡単に受け入れられはしなかった。それがあっという間に出来上がったもの、という理由だけでも認めるのは難しい。言い換えれば、その財産には、時間という合法性がない。今の日本では、土地を持つ者は、記録的短時間で何十億円も貯めることができる。収入を得るのに土地を売る必要もないのだ。途方もない富を持つ所有者は、安く金を借りることができ、そこから、また金融投機による莫大な利益を得られるというわけだ。そしてこれは土地を持たない者には、禁じられた方法である。いま税を最も多く払っているのは、所有する不動産の資産価値が、この数年で十倍から百倍にはねあがった人々であるとされている。

これはまさに、今までの日本の資本主義の伝統とは過激な対照をなすものだ。その価値は労働、功績、努力といったものであったはずなのに。八〇年代のニューリッチはほとんど社会に認められてはいない。

これが認められないのは、この富はあまりに突然で、桁外れのものであり、ごく少数の人々のものであるからだけではなく、新しい形の消費習慣の広まりと時期を同じくしているためでもある。高級品嗜好、贅沢、見せびらかしなどの鼻もちならないスノッブな買物狂等が、日本に出現した。フランスの香水、オートクチュール、高級ワイン、貴金属等、日本に店を構える会社は数多いが、彼らはこの現象をよく知っているだろう。サムライとカミカゼの息子や孫たちがナルシストに変身し、毎朝鏡の前で顔にジェルをぬりつけているのだ。ダイアモンドの売り上げは、八七年から八八年にかけて五八％の伸びを示した。高級車（ベンツ、ポルシェ、ロールスロイス、ジャガー、フェラーリ）の売り上げも年一〇〇％の成長を遂げている。新しい金持ち族はベンツ族とも呼ばれているそうだ。

日本社会は、消費競争にひたり、今までの習慣は少しずつ崩され、伝統は追いやられ、価値観の見直しさえ言われるようになった。それはほとんど漫画的で、今までに失った時間を取り戻そうとしているかのようだ。日本には「テレビショッピング」というテレビ番組があるが、真夜中近くに放送されるにもかかわらず、好視聴率を上げている。その番組では、トゥーレーヌ地方（フランス）の城が三億円とか、ケント公が所有していた古いロールスや、六〇年代に法王が乗っていた小さなフィアットだとかが売りに出される。日本のニューリッチ族は今や、十九世紀末、大金稼ぎに成功したイギリスのブルジョワや、五〇～六〇年代に、南フランスのカジノで、何百万ドルも賭けまくったアメリカ人と同類の人種となったのである。円の強さと、金銭の魔力と、目立ちたがり精神が、日本人のメンタリティーまで変えてしまった。

過去に経験がない、この不公平な状況は、ほとんどの国民からは納得を得られるはずもなく、国民は疎外感を味わっている。「あなたの暮らしは豊かですか？」の質問に六二％の日本人がノーと答えている（朝日新聞アンケート）。そして六〇％の人々が、不公平感はこれからますます大きくなるだろうとしている。つまり、サイレントマジョリティーは、昔から続いてきた、労働や貯蓄や公共活動への協力といった生活様式をだんだんと失ってきていると感じているのである。

日本経済にとって、特に若者のアメリカ化現象は、深刻な影響がある。スノビズムや外国高級品指向によって、日本の貿易黒字を保証してきた名だたるナショナリズムは危機に瀕している。また家庭貯蓄の習慣も強味の一つだったのだが、これも危うくなってきた。貯蓄率低下はすでに始まっている。可処分所得に対する貯蓄率は七〇年の二四%から八九年には一六%まで落ちているのだ。多数の日本人が特に住居のための貯蓄をする気力を失っている。そして企業への献身、これは今も外国人が驚異を感じているものだが、これもまた変わり始めた。日本人が快楽主義と大量消費を覚えたからである。今や、日本人が韓国人の仕事熱心さを皮肉る場面も東京で見られるようになった。韓国は工業国となり、日本の輸出に脅かされてもいる今、半ば期待しながら日本を見守っている。日本社会が変化し、弱体化が避け切れないでいる様子を。

コンセンサスの危機

ライン諸国では、あの社会コンセンサスが見直され始めている。コンセンサスには、その基盤となる優先事項があるが、まず個人の利益より全体の利益を優先させること、そして組合や協会の力、さらに企業の管理形式が重要な要素だった。

集団意識が個人主義の台頭によって薄れてきたのは、特にスウェーデンにおいて顕著である。社会福祉国家の政府は今や絶対のものではなく、近年、〈スウェーデン型の終焉〉といった書物が多く書かれている。政府の役人も含む多くのエコノミストが、完全な社会保障制度は経済面の代償が大きすぎると評価している。重税によって、最高に能力のある人々が外国へ移住し、企業は外国に投資をする結果となった。スウェーデンの対外投資の波は膨大に増えて、八二年の六九〇億フラン（約一兆七五〇〇億円）が、八九年には五一六〇億フラン（一二兆五〇〇〇億円）に増えた。その上、税制が貯蓄を奨励するものではないため、家庭の貯蓄率もマイナスになってきている。

ついでだが、フランスにとってそれが前例となるであろうことを警告しておく。この国の課税、そして特に給与から天引きされる社会負担費はどの隣国よりも重いものであるのだから、スウェーデンのような損失にも備えておく必要がある。

市民精神の薄れによって、労働者は、社会保障を濫用するようになった。スウェーデン人自らが言うのだが、この国に記録的数字が二つある。一つは健康で、一つは病気欠勤だというのだ。病欠は一年に一人当り二十六日にもなる。だが、欠勤日も完全に有給で、なんの規制も受けずに休めるとしたら、あたり前のことではないだろうか。単なる欠勤も、企業においては二〇％という記録を打ち建てている。

スウェーデン人は、彼らの行勒が、社会保障制度の存続にどんな影響を及ぼすかを考えることはせずに、その活用のことだけを考えるようになったのだ。スウェーデンの経済学者はこう皮肉る。「強制保険は、人々がそれの使い方を知らないうちはうまく機能する」。

こうした暴走の反動はすぐにやってきた。一九八九年十月二十六日、社会民主党内閣のカールソン首相は、国家の生活保障費を約一三五〇億フラン削減すると発表した（1フランは約二五円）。そして同時に経済の自由化を始めた。税の軽減、銀行業界と資本の国際移動の規制緩和、農業助成金の削減等である。

名高いスウェーデン型は困難に直面していて、最初の問題が起こったのは七〇年代初期にまで遡ることができる。「事実、スウェーデン経済は動脈硬化に似た症状を示し始めている。スウェーデンの経済成長は日本を除けば西側諸国で最も速いものだったが、今そのスピードは落ちている。生産力の伸びも弱くなった。収支決算は赤字である。特に、労働市場における給与の増大が国の競争力を崩し始めている」と記事にしたのが、一九九〇年十月二十九日付の英「ファイナンシャルタイムズ」である。

スウェーデンのケースが興味深いのは、これによって、レーガン＝サッチャーの保守革命が普遍的に通用することを認めさせることができるからである。労働党政権下のイギリスと同様、社会民主政権のスウェーデンも、今や、連帯という方向へ走りすぎたのを理解したと言える。それは、最初は寛大な精神を持って、取りかかったのだが、最後には、無責任と怠惰に溺れることになってしまった。そしてその代償として生活レベルの低下、インフレ、対外的なアンバランスを得ることになったのだ。二つの資本主義の戦いで、最初のライン側の敗北者はスウェーデンである。

個人主義と人口問題

ライン型の後退という本章の中に、人口の問題が列挙されるのは驚きかもしれない。本当のことだろうか。人口減少が、常に個人主義の発達を意味する、あるいは伴うものであるとすれば、答えはイエスである。ライン型の各国は、憂慮すべき人口問題に直面しており、人口の「増減分岐点」（女性一人に子供二・一人）は確保されていない。その結果、日本とドイツでは、労働人口が減少することが必至だし、非生産的人口が生産的人口に対する割合は、一・五倍増え六〇％にまで達する見込みである。

この変化はどの先進国にも見られるが、日独で特に大きい。日本とドイツの人口現象を見るかぎりでは、人口の低下が意味することは、将来への希望が小さくなり、より快適な暮らしの追求と個人主義の台頭が目立ってきたということではないだろうか。一九八九年四月二十五日の仏「ルモンド」紙はこう書いている。「西ドイツは未来を恐れている」。日本でも、経済、財政、社会的な拘束を受けて（特に住居の！）、子どもの数を限定する家族が多い。

このような人口低下が経済的な活力にもたらす結果を数字にしている例は数多い。労働力不足、非労働人口の重圧、定年制度の危機、社会保障費の高騰…等々である。だが、それ以外にも、多数の若い研究者を必要とする研究の効率低下や経済全体の沈滞化、老齢化する社会にありがちな内向的傾向等も無視できない。論理から言えば、ライン諸国は、これほどの人口不足に脅かされては、全体の利益のことを考えれば、出生率向上のために思い切った政策をとるべきであろう。ところが、それはなされていない。政府も、理解を得られるとはかぎらず、その効果も保証されていないような措置には踏み切れずにいる。

だが、今までのこうした予想は、東側からの大量の移民候補者たちがもたらす重圧で、根底から覆されようとしている。

新たな風俗、新たな要求

風俗の変化のもう一つの例は、ライン諸国での労働との関係に見られる。もう触れたが、ドイツの労働時間はＯＥＣＤ諸国で最短である。そしてドイツ労組の中間的目標は週三十五時間だ。日本では、こうした現象が新しいものであるだけにいっそう劇的である。

日本ではサラリーマンがすべてを仕事と企業に捧げてきたのだが、ここでも疲労感が目立ってきた。現在日本人は概して年に一週間しか休暇をとっていないが、若い世代はもっと要求している。政府もこの動きを奨励しており、週四十四時間の労働時間を四十二時間にすることを提唱しているが、今のところ実現していない。この時代を反映する現象がある。何年か前から日本で異常な成長を遂げているのは、レジャー産業なのだ。そして世論も、働きすぎのもたらす不都合を告発し始め、その声はますます強まっている。マスコミでも、ルポルタージュやアンケートでその状況の報道が盛んだ。ストレス、早死、家庭崩壊等々。厚生省の行った調査では、働きすぎのサラリーマンを襲う「過労死」現象の広がりについても報告された。その調査によると、毎年、成人男子の一〇％が文字どおり、仕事に殺されているという。

その肉体的な影響以外に、日本では、この状況の社会的影響が心配されている。厳しい勤務時間プログラムや慢性的な過労が、自殺、離婚、アルコール中毒につながってくる。日本の奇跡にも限界があったのだ。そして若者は、あからさまに今までのような生活形態を拒むようになった。確かに彼らには、ドイツ人と同様、両親が抱いた、国の再建のための意気込みはない。戦争に敗れ、弱体化し、傷ついた祖国を知らないのだ。今や日本は繁栄し、円は強く、貿易黒字、財政黒字を誇っているのだから、現在を楽しもうという風潮は台頭してきて当然である。この欲望が育つことで、日本型経済が影響を受けないはずがない。今までなじみの薄かった、個人の自由を楽しむ生活を覚えようとしている日本社会の変化への影響がないはずはないのだ。

共同精神の弱まりに加えて、当然のことと言えるが、ライン諸国における労働組合と団体交渉方式の衰退傾向が見られる。この衰退はフランスに比べればたいしたことはないが。もちろん、労組離れは世界的な兆候だ。フランス、アメリカ、イギリス、スウェーデン、日本、そして程度は少ないがドイツでも見ることができる。しかしライン型経済においては、労働組合は社会的コンセンサスの柱の一つであったのだから、その衰退は別の意味を持っているといえよう。

労組離れは、スウェーデンにおいて顕著だ。最大組合のＬＯは労働市場の解放による負担を負わされ、団体交渉作業は各組織でバラバラにされることになった（今、交渉は、国家的レベルではなく、各企業のレベルで、経営者と労働者の間で行われるようになっている）。逆説のようだが、この新たな柔軟性がインフレの原因である給与の乱れを促進することになり、国全体の競争力を危うくしている。しっかりした枠組みも調整役もないので、交渉は、ますます競売的な様相を示し、労働力不足も加速する。組合の弱体化がもたらす弊害を見事に実証しているのだ。柔軟性や組合離れが、効率を伴ってくるとはかぎらないという証しがさらに一つ増えたと言える。

ライン諸国で組合が弱まっているのと同時に、企業の経営方式もまた批判の的になっている。細かく作り上げられた年功序列構造は重圧になり始め、機能をも麻痺させてしまうと考えられるようになった。多くの日本人の大卒の若者が、課長になるのに十五年、重役になるのにさらに十五年待つことを受け容れなくなったのである。そしてさらにいろいろな階層においても、多少滑稽にも見える年功重視の礼儀や形式に対する告発の声が聞かれるようになった。トヨタでは、昔の家長制度を感じさせるような「長」の肩書を撤廃している。ドイツでも、ジーメンスが、いくかつの序列を廃止し、情報交換や物事の決定を速くできるようにした。あの有名な「重役会議」と「監査役会」も、今厳しい批判を受けている。重苦しく、作業が遅いとして非難されているのだ。

報酬の面でも同じことが認められる。直接または間接に、ネオアメリカ型の影響があるようだ。日本やドイツの若者で、アメリカの大学を出た者は、母国に進出している外国企業の勧誘を受け、年功や業績、資格が重要視される報酬の昇給を忍耐強く待てなくなった。もっと短期間でより良い給与を要求し、昇進したいと考える。昔ながらの方法に対する反発は、成長の速い企業においてさらに強い。優秀な若者は、アメリカ的サクセスストーリーのほうを、ドイツや日本の重苦しい堅実な「キャリアプラン」よりも好むのである。

アメリカの宣伝効果は華々しく大きい。自分の国のことを予言できる人はいないが、遠くで眺めるかぎり、アメリカはまだ、輝かしく、光を放っているのだ。その影響は、嘆くべきかどうかは別問題だが、もう一つ別のレベルに見られる。そしてそれは、さらに重大な問題かもしれない。

金融の魅力

今までわたしは何度も言ってきたが、ライン型企業の強みは、株主層が安定している会社が今もまだ多いことと、銀行からの融資が保証されていることだ。しかしそう強調するたびにわたしは、本書をお読みくださるであろう個人投資家のことを考えていた。

もちろん、ひとまず、個人投資家は自分が投資した会社に愛着を持つだろう。しかしその一方で、株式公開買付（テイクオーヴァー・ビッド：ＴＯＢ）というものがある。これは何なのだろう。小口投資家に直接申し出がされるオファーであり、目的の株で、彼らが一生一代の大仕事ができるかもしれないチャンスである。フランスのＯＰＡ法（株式公開買付法）の目的も、小口投資家に対して市場相場より割の良いオファーをし、彼らの正当な投資欲を満足させようというものだが、これは他の国々では、一般に、特別の株主、つまり大口投資家にしか認められない特権だ。ここで、一つの理論があることを認めよう。企業買収のないところには、株価値上がりもないというものである。わたし自身、疑問を感じていたので、一九八〇年十二月三十日から長期間にわたって、ライン型の四市場——フランクフルト、チューリッヒ、アムステルダム、東京——そしてアングロサクソン型のニューヨークとロンドンの各市場における、現物株式指標の変化を計算させた。前記の六ケ所に、パリを加えた七ケ所に一〇〇フラン（二五〇〇円）ずつ投資し、十年後の値を調べてみたのである。

東京	三三四・一
アムステルダム	二五二・一
フランクフルト	二三八・五
パリ	二一三・九
ロンドン	一七三・三
ニューヨーク	一七二・二
チューリッヒ	一七二・〇

その結果は驚くべきものだった。八〇年代のアングロサクソン市場の熱っぽさに反して、ライン市場が（チューリッヒを除く。スイスは八六年以降、欧州統合市場にからんだ問題で経済停滞が続いている）圧倒的に勝っているのだ。とはいえ、わたしのこの結論は条件つきで考えたい。なぜなら上記のような数字は、個人的な計算の結果であって、科学的に調査したものではないし、指標サンプリングの比較をしただけのものであるからだ。その変動には、アングロサクソンの配当金が高いことも、税金も考慮に入れていない。しかしながら、小口投資家を安心させるために、ここで強調しておくほうがよいと思うこともある。結果は、少なくとも、まるで勝負にならない

試合のようだったのだ。

特例は日本である。日本では、株式市場が八〇年代の初期から目覚め、本物の狂乱となって、今や世に知られた日経指数は、相場の記録的上昇を示した。企業収益に対する株価収益率は六〇を記録し、これはアメリカやイギリスのものより四倍から六倍に当たるのである。日本の大手の事業銀行は、相当な収益を得たのだ。金融という小さな世界では、だれもが、野村、第一、住友、大和といった名前を知るようになった。シカゴ、ロンドン、パリを真似た定期取引、オプション取引等が東京でも開始された。

ドイツは、残念ながら、今までの彼らの文化に合わなかったためもあって、遅れを取ったが、やっと大銀行が、新しい国際市場に参入してきた。金融界が、あの「アメリカ的お祭り」の影響を受け始めたのだ。それはあたかも、クレイジーホースサロンのきらびやかな騒ぎが、厳格な修道院に影響を及ぼしているといった様子である。東京と同様、フランクフルトでも、株式市場が台頭してきた。

そして、最近起こった二つの事件は、ライン型経済の特徴であった金融保護主義の伝統にひびを入れたのである。

第一の事件は、一九九一年初めのことである。オランダの最大手保険会社の「ナットネッド」社が、公開株式操作で、オランダに今まで例をみない規模の合併吸収をすべく、オランダ第三の銀行ＮＭＢポストバンクと株式交換を申し出たのだ。小口の株主たちは、連合を結成し、ただちに、交換の条件が不足であるとして反駁した。さらに、保険会社のエーゴングループも、ナットネッド社の株の一七％を押さえた。だが、その努力もいたらず、当初の申し出をさらに引き上げることで吸収は実現してしまったのである。ライン川岸へのアングロサクソン型の進攻状況を象徴的に表わした取り引きであった。

第二の事件は、ピレリ・コンティネンタルのもので、さらに興味深い。なぜなら、ドイツに、イタリア企業のピレリが入ってきたからである。ピレリは、世界第五位のタイヤ製造会社だが、この業界は、極端に勢力が集中している。そのピレリが、少しずつ、ドイツのライバル、コンティネンタル・グミ・ヴェルケ社の株を買い、五一％までも所有してしまった。そうするとどうなるであろうか。これによってピレリは、何の権限も持たない。というのは、ドイツでは普通のことだが、コンティネンタル社の定款によって、議決権が最高五％に限定されているのである。ピレリからの吸収の申し出は、もちろん却下された。

だが、ここで新しいのは、株主が臨時総会を招集して、議決権の五％制限の条項を削減させてしまったことである。これに賛同した票は六六％にも及んだ。取締役会が敗北し、株主が勝ったのである。これは、ドイツ資本主義の金融史上、画期的なできごとである。経営者に対する株主の力が台頭してくるのを防ぐことができず、株式市場が活気づくにまかせるしかなかったのだ。

金融と、そして特に株主が少しずつ力を得ていくにしたがって、銀行と企業の関係も変化してきた。ドイツの識者は、ハウスバンクの昔ながらの役割が少しずつ減少し始めたとしている。フランスのホームドクターがだんだん少なくなっているのと似ている。外国の銀行の魅力的な申し出や、金融市場の有利さに刺激されて、企業は馴じみの銀行に忠実ではなくなってきた。そして、銀行のほうも、昔のように、口座の管理をまかされている株主たちの委任状を総会の際に、自分勝手に操作することがなくなった。今や、はっきりとした委任状が必要なのだ。国家レベルで言えば、いくつかの政党（社会民主党、自由党）は経済に与える銀行の規制権限を減らすよう求めている。目標は、企業の資本における銀行の持株比率を一五％に押さえることである。

ライン諸国における金融市場の台頭は、もう一つ別の影響をもたらした。政府の通貨当局が自立的な立場をある程度失ったこと、そして、もっと広い意味で、行政当局も同様である。その現象は論理的にも明らかだ。金融市場と活動が国際化すればするほど、中央銀行と財政当局は、国際資本の動向と、国内市場の反応に依拠せねばならなくなる。経済の諸問題に関して以前のような自由な行動はとれなくなる。例えば、税金、金利、通貨準備金等がそれだ。

コール首相の実施した源泉徴収の試みは、旧西ドイツにおいて、資本の大量流出という結果を引き起こし、断念せざるをえなかった。これは、新たな依拠の証拠ともいえる。九一年一月、Ｇ７会議が決議を出した十日後に、これに逆らって、ドイツ連銀は主要金利を切り上げて独自の行動をとったが、それでも、総体的には日本とドイツの銀行は、結局、金利の改定をユーロダラーに合わせざるをえない状況にある。そのユーロダラーは、アメリカの連邦準備理事会（ＦＲＢ）の決定と密接に結びついている。日本とドイツの通貨当局の権限が弱まったことは、この二ケ国に、世界経済において他の国々と異なる立場を取ることを可能にさせていた経済政策の自立の弱まりと見ることができる。

「金融事情の伝染」とでも題すべき本章で、ライン諸国において、疑しい、犯罪とも呼べる行為が見られるようになった事実を記すべきであろうと思う。カジノ経済と切り離せない現象である。横領やプロの犯罪が、うわさにのぼるようになる。ドイツでは、フォルクスワーゲンのスキャンダルがまさにそれを証明している。幹部の一人が、会社の金を使って株で儲けようとしたのである。それは国内で大醜聞として騒がれた。醜聞と言えば、アメリカでは、大企業が、イラク化学工場の建設に力を貸したりするようなことは、言語道断なのである。また、スイスの銀行が、アメリカの圧力に屈して、あの神聖な営業機密を破り、イラクの金が二〇〇億ドルもジュネーブやバーゼル、チューリッヒに預けられていることを暴露し、サダム・フセインの怒りを買ったが、これを不満に思った人はいないだろう。

日本でも、「カブトチョウ」の道徳観が疑われ始めている。ヤクザがからんだり、不正な利率での取り引きがまかり通っている。スキャンダルにも事欠かない。リクルートコスモス社事件では、首相が二人退陣に追い込まれた。

要するに、軽く手に入るカネが、ライン型経済にも少しずつ浸透してきたということである。この伝染が困りものなのは、アングロサクソン諸国とは違って、この種の状況に対抗する免疫ができていないからである。規制に必要な法律もなく、調査機関も整っていない。しかもこれは、金融のグローバリゼーションと呼ばれる大きな氷山の一角でしかないのである。

ネオアメリカ型経済の普及において、最も強い媒体は多分金融であろう。アメリカの資本主義の変遷に果たした役割を見てきたし、日本やドイツへの影響もわかった。金融はまさに資本主義思想を浸透させるための最強の武器だと言えるし、経済界での市場の位置や、市場が企業に及ぼす支配力を強めるのに特に役立つ。

十五年ぐらい前から、市場経済は、資本主義国各国で、それまでになく大きな重圧を及ぼしてくるようになった。つまり過去に例のなかったほどの強さで世界に打撃を与えたのが、この金融のグローバリゼーション現象なのだ。そしてこの現象の土台となっているのは、大きな流れであり、その現象は一時の流行ではなく、本当の、大きな時代の波となっていく。すなわち技術革新、国際化、規制緩和がそれだ。こうした根本的要素を検討する前に、金融界のとてつもない成功の原動力となった「激変」について探るべく、グローバリゼーションの現象の歴史を振り返ってみよう。

急激な変化

グローバリゼーションの起源をいつにするかは難題だ。実際、資本の国際的移動は幾世紀も前から行われていた。ルネッサンス時代のヨーロッパで融資を行っていたのは、イタリアのロンバルディア地方の銀行家だ。それが今も、ドイツ連銀の金利を決定する「ロンバード金利」として残っている。ロンドンのシティ地区の重要な通りの一つである「ロンバート・ストリート」もそうだ。その後、イギリス人とフランス人が、十九世紀の間ずっと、世界中に、資本を持ち出していた。なかでも、彼らの植民地に向けて多額の資本が移動した。ロシアの借入れや、トルコの借金は、フランスとイギリスの貯蓄で賄われたのだ。

第一次世界大戦後も、英国の財政の国際的強さは、アメリカも頭角を現してきたとはいえ、もっとずっと大きいものだった。二九年の大恐慌の際も、資本の国際的移動による影響がはっきりと示されたのは、株式市場のショックが伝わったのが世界の金融ルートからだったからである。第二次大戦後は、やはり、国際金融市場も鎮まったかのようで、国家は、必死で安定の確保と現体制の維持を監視していた。

ブレトンウッズ条約の成果である世界通貨金融制度は、安定し、信頼性が高く、首尾一貫したものと思われた。金が最大の価値基準となり、ドルがそれと同じ力を得た。その他の通貨は、アメリカのドルを中心に固定相場制で決定された。その監視機関も設置された。ＩＭＦ（国際通貨基金）がまず、世界経済の安定を維持する役割を担った。そしてＩＢＲＤ（国際復興開発銀行）は、経済復興と開発のプロジェクトへの出資の責任者となる。そうしたすべての制度は、ドルの絶対的優位の上に成り立っていた。ドルは、他の通貨にとっての基準となり、国際的通貨交換の手段となったわけだ。それは、論理から言っても、アメリカの政治、経済的優位につながるものである。アメリカは、世界の生産量の半分を生産し、金の備蓄量の五〇%を所有し、技術面においても、かなり進歩していた。その結果、通貨と財政においての主権はアメリカが握り、だれもそれに抗議することはできなかった。要するに、経済の論理の枠組みは、各国家が形成するが、特にアメリカが取りしきったのだ。

だがこうした見事な体制も、世界経済を揺り動かす、金融、通貨の激動には抵抗することができなかった。主な変化として三つの事柄を挙げよう。まず、アメリカの主権が、速いスピードで弱まったことである。それとともにドルの力も弱まった。日本とヨーロッパが遅れを取り戻した。他の通貨も国際化してきた。特に、マルク、円、スイスフランである。

第二に、ブレトンウッズ体制は、一九七一年の八月のある日に崩壊したのである。ニクソン大統領がドル・金交換停止を発表したのだ。ドルの価値は八〇%引き下げられた。七六年、ジャマイカでの協定改正で、固定相場は完全に変動相場制へと移行した。その上、国際機関（IMF、IBRD）はその任務に失敗した。それは、各国に、共同の規制を順守させるために充分な資力を確保することができなかったということである。ブレトンウッズ協定は、その内容の矛盾を告発されることになった。国際経済は融資するドルの強さのために、二つの相反する要求を受け容れねばならなかった。第一に、世界の経済は、世界に、その仕組みを機動させるに充分な現金を供給せねばならない。つまり必要なドルを得るために、アメリカの赤字収支を保たせねばならなかったのである。一方、アメリカ政府は、ドル・金交換レートを維持せねばならず、もちろん、対外赤字も押さえねばならなかった。そのジレンマは、世界経済を抑圧するか、あるいは、流通しているドルとその赤字を限りなく大きくさせるか、というものだ。そしてアメリカは、その任務を果たすことができなくなる危険があった。ブレトンウッズは、こうして爆発してしまい、それとともに、一応保たれていた秩序そして共同規律を消滅させてしまったのだ。以来、通貨は、不安定な時の流れに身をまかせ、どちらかといえば混乱しがちな資本移動の意のままに漂うことになるのである。

機関の崩壊は、もう一つ、根本からの激動を生み出した。それはほとんど象徴的と言える、通貨の本質に関わることなのだ。通貨が、単なる商品となったのである。シカゴの超自由主義経済学者のミルトン・フリードマンは「マネー　イズ　ア　コモディティー」（金は商品だ）と言った。この言葉の意味は強い。それは、アングロサクソンでは商品であるが、ドイツ、日本では共同体である企業にもあてはめることができる。通貨はもはや固定基準ではなく、安定した価値のしるしとして、十九世紀には全面的に影響力を誇った、彫刻を施された小さな像でさえなくなってしまった。麦や金属、そして牛と同じように市場で取引きされる、単なる動産になってしまったのだ。それまで、農産物市場や原料市場で使われて成功していたさまざまなテクニックをこれにも適用させた。先物取引や、オプション、スワップ等である。これは、シカゴの大市場で、農夫が、豚の骨やオレンジジュースや大豆を売る時のテクニックなのだ。だから当然、そのシカゴで、新たな金利や為替オプションやマルク・ドル契約等が発達していったのである。通貨のステータスが変わった。その事実が金融改革の津波を引き起こしたのであった。

金融の飛躍の原因となった第三の急変は、世界の均衡喪失である。石油ショックとともに、ドルショック、貿易不均衡、第三世界の負債と、七三年の世界は激動を経験した。その結果、さまざまな主要金融変数は、過激な流動を始めたのである。金利、為替相場、株式相場、債券などが影響を受けた。例えば、金利については、一九八〇年の四月までにアメリカで記録された変動は、一〇ポイント以上にもなった。

こうした不安定感の中で、証券ディーラーたちが身を守るための手段を求め始めたのも不思議ではない。それが、先物取引やオプション取引といった新しい市場の発展につながった。フランス人の投資家が、アメリカで五年から十年の見通しを立てて株取引きをするのがどれだけ危険なことかは想像がつく。もしドルのレートが五〇%下がったら（十年間に二回あった）、投資による収益はすべて無駄になる。そしてマージンが数パーセントの輸入業者にとっても、そうした変動は破滅的である。ところがこの変動が今や日常茶飯事なのだ。こうして現在、地球のまわりを徘徊する巨大な資金が作り上げられ、その実体のない物質は、リスクをカバーするという名目を持っているのだが、だれも実体を感じることがないまま、本当は、すべての人がその重荷を負わねばならないのである。ここで、金融のグローバリゼーションが出現した原因となった、根本的で大きな動きのうち最大のものについて見てみたいと思う。

技術革新：金融のための手段

グローバリゼーションは、もしも技術と法律の力がなかったら、これほどの規模にはならなかったであろう。技術面では、コンピューターと遠距離通信が金融の武器となり、力を与えた。コンピュータ、衛星、通信ケーブルのおかげで、金融データは自由に世界を駆け巡り、瞬時にして取り引きされるようになった。新技術導入によって取り引きにかかる経費は九八%減少した。コンピュータスクリーンを眺めながら、ゴールデンボーイズたちが、絶えず、地球のあらゆる市場に介入してくる。パリで、アメリカ財務省の国債を扱うことができる。ロンドン、東京でもフランスの石油会社の株を交渉することもできる。そしてシカゴで、ヨーロッパ通貨のエキュが始めて値をつけたのである。技術は、金融の拡がりに大きく貢献した。

革新の第二の要素は金融分野にある。七〇年代までの金融界は、驚くほど活力がなかった。銀行が貸し付けを行い、市場で扱われるのは従来の株券のみだった。だが、十五年前から、金融市場にはさまざまな取り引きが出現し、それまでにない量の新しい商品が出まわるようになった。先物、オプション等も発達した。ワラント付き証券や転換オプションなど、さまざまな商品が考え出された。ＮＩＦ、ＴＲＵＦ、ＭＯＦＦなどの見なれない名前も氾濫した。

つまり、全く新たな金融の世界が作り出され、それはきわめて重要な位置を占めるようになったわけである。先物取引が行われるシカゴの市場では、取り引きの量がニューヨークウオールストリートの二倍から三倍にもなっている。さらにこの改革は国際的にも進展し、市場のグローバリゼーションを加速させた。各国市場で交渉される商品は、もちろんのこと外国へも向けられる。政府も、市場の国際化を奨励した。フランスの国際先物取引市場のＭＡＴＩＦには、ドイツ人が取り引きにやってくる。なぜならドイツでは銀行の力が強く、安定した確実な価値を好むことから、この洗練された高度な技術の革新にはアングロサクソンと違って大分遅れをとってしまったからだ。金融のグローバリゼーションは、すなわち通貨が厳格な銀行の手を離れて、気まぐれな株式市場に近づいていったということである。一般的に言って、金融の国際化は、アングロサクソンの発想と技術から発して、強化していったと言える。

金融界のこうした国際化は、その発展の直接の結果なのである。だがもっと根本的なところを考えれば、それは経済の各分野が国際化しており、それに伴って金融も変わっていったのだと言えるかもしれない。

最初にこの現象が広がったのは商業だった。これは資本主義より古いものだ。だが新しいのは、一九四五年以来の国際貿易の飛躍だ。生産量の伸びの二倍の速さで伸びを示してきた。つまり、国際的に取り引きされた製品とサービスの量が生産国に留まる量に比べ、増えているということだ。その当然の結果として、経済は外に向かって開く。その証拠に、アメリカの国内総生産に対する輸入額の割合は一九七〇年から九〇年にかけて倍増し一四％となった。フランスでは一九六〇年の一五％から九〇年には二三％となったのである。

国際貿易のダイナミズムは強い。その背景には産業の国際化があり、二つの動きがそれを促している。一つは、企業が新たな市場の征服を狙うため、目標顧客のなるべく近くに進出しようとする。これが多国籍大企業のやり方だ。一方、企業のなかには、人件費を削減するため、製造の一部を本国以外の場所へ工場を移して行うものもある。エレクトロニクス部品の大部分が東南アジアで製造されるのはこういうわけである。

商業と産業の面における経済の国際化は、巨大な国際金融の流れを引き起こした。なぜなら国際貿易や投資のために融資をし、リスクをカバーして、配当金を本国に取り戻さなければならないからだ。金融の強さの栄養源は、今や、国境を越えるための資本がますます多量に必要となってきたという現状である。それに加えてOPECの石油黒字や、ドイツや日本の黒字が、資本の足りない地域に投資目標を探しにくるという動きがある。

つまるところ、国際資本とは、絶えず地球の各地を漂っている巨大な額の資金なのだ。為替市場で毎日取り引きされる額は九〇〇〇億ドルにのぼり、それはフランスの年間国内総生産に等しい。それと比較して、各国中央銀行の準備金総額は七〇〇〇億ドルにしかならない。資本は国境を、海を、砂漠を、一秒の何千分の一かの速さで渡ってしまう。地球上のあらゆる市場に同時に参入し、それは絶えず、前進している。国際金融の機能は眠らない。東京が閉まれば、ロンドンが開き、それからニューヨーク、そしてまた数時間すれば日本へと取り引きは移っていく。銀行等の金融仲買業者は、世界三大市場をカバーする世界ネットワークを開発しなければならなくなった。アメリカ、日本、そしてヨーロッパだ。日本の最大手の野村証券は、市場操作の本拠地をロンドンへ移した。今や世界に市場は一つしかない。各国の市場は広い海を漂よう小舟で、資本移動の波にもまれているといった状況なのである。

規制緩和と規制

グローバリゼーションの要素として最後に挙げるものは、いちばん小さな要素では決してない。それは規制緩和である。資本の移動に対する規制の影響力はよく知られたものだった。六〇年代には、制裁をもって圧力をかけてくる規制から逃れるために、アメリカの銀行が大量に活動の場を国外に移した。こうして、ユーロダラーがロンドンで発展するようになるのである。アメリカの、かの有名なQ規制は、定期預金の金利に上限を与えていたものだが、これが撤廃されると、銀行業務は、顧客獲得合戦をくり広げるなどで、十倍の量に増えた。フランスでは、ＳＩＣＡＶ（投資信託会社）、ＦＣＰ（投資共通債）等が一九七八年に創られ、それが成功して、現在では一兆五〇〇〇億フランもの金額を管理するようになった。

アメリカとイギリスの影響を受けて、規制緩和は世界に広がった。競争から落ちこぼれぬために、各国の市場が規制を軽減し、障壁を撤廃し、あらゆる自由化に踏み切ったのだ。フランスの財政当局も、ロンドンに対抗するため大幅な金融市場の規制緩和を行った。パリが不利になってはならなかったのである。

金融界の論理は二つある。一つは、国家や国境は無視して広がっていくもの。つまり国際化の論理だ。金融には、国内市場は狭すぎてもう間に合わない。国境は粉砕して、国家を意のままにする。ノーベル経済学賞を受けたフランスのモーリス・アレはこう言っている。「地球は広大なカジノとなって、そのテーブルが、経線と緯線のあらゆる場所におかれているような状態だ」。しかしその一方、金融界には、厳格純粋な市場論理もある。拘束のない、監視もされず、制限もなく、多くの変革がひしめき合う市場であるが、そこには大暴落や不正行為の危険もはらんでいる。

こうした二つの意味からも、金融のグローバリゼーションは、超自由主義の資本主義を普及させる、重要で強力な要因となる。それが、構造のしっかりした、例えばライン諸国のような国々の経済文化にまで、打撃を与えているのも不思議ではない。メディアや、サクセスストーリーだけでなく、レーガンのネオアメリカ型資本主義は、ライン型資本主義の真っただ中にトロイの木馬を進めているのである。

第9章　なぜ、競争力のないほうが勝つのか？

分析を進めてきたが、ここで全体のまとめをし、最も基本的な矛盾について、もう少し深く考えてみる段階にきていると思う。資本主義の二つの種類、アメリカ型とライン型では、後者のほうが相対的にずっと競争力がある。社会的にも厳密に経営の面から見ても。ところが今までも見てきたように、八〇年代の初めから心理的、政治的に勝利をおさめているのは前者なのである。ライバルの地元であるドイツ、スイス、そして日本でも同様だ。そしてもちろん南半球の多くの国で、ラテンアメリカを筆頭に、経営政策でも（規制緩和、民営化など）、企業の管理においても、アメリカ的考え方が持てはやされ、もちろんそれがメキシコやチリといった、発展しつつある国々の経済の進歩の重要な原動力となっている（このことはあえて強調しておく）。

話を核心に戻そう。つまり、先進国における影響力の戦いである。少し風刺的になるが、事実を歪めず、要約してみよう。出来の悪いほうが良いほうを追いやるのは、どこにでも見られる現象だ。グレシャムの古い法則の「悪貨は良貨を駆逐する」というのと同じだ。効率の悪いほうが、少しずつ、優秀なライバルを負かしていく。経済の文化がこんなに重要視されている今の時代に、不思議な対照だ。ネオアメリカ型は、自らの心理的優

Source : *Valeurs actuelles*, 27 août-2 septembre 1990, n° 2804, p. 32.

位性と、経済的衰微とを同時に実証している。それはちょうど、自動車にたとえれば、人々の注目を集めるのは、外観がすばらしい車で、中のエンジンはお粗末でもいいというのと似ている。そしてライン型のほうの効率はすばらしいが、魅力には欠ける。

発展途上国で次のような質問をしたとしてみよう。「もしどちらかの国で生活できるとしたら北アメリカと西ヨーロッパのどちらが良いですか？」。合法的移民の生活条件が、ヨーロッパのほうが悪いようなことは、もちろんない。給与は米国と同じで、社会保障もあり、特にライン諸国ではアメリカでは考えられないような小ぎれいなアパートまで与えられるのだ。ところが、ほとんどの人は、アメリカを選ぶであろう。特に若い人は絶対だ。南米とアジアでは、だれもヨーロッパでの生活レベルを知らないのだから当然の答えであろう。

だが、アメリカを世界一好んでいる国は、共産中国なのである。アフリカや東欧でも、多分過半数の人々が北アメリカ、特にカナダを選ぶだろう。カナダは、スカンジナビアより人気があるのだ。なぜだろうか。

この疑問を提起すること、それはまず、経済的な、個人そして共同体の行動の合理性について問い直してみないといけない。経済が厳格な利益の論理のみにしたがうと思ったらそれは大間違いである。経済の主体は、ある決定がよいか悪いかを充分に検討してからしか動き始めないと考えるのは間違いであり、個々人の利益の総額が、かの有名な「見えざる手」によってうまく調和されるというわけでもない。理想的なホモエコノミクス（経済人間）とは、数学的に行動し、冷静に計算された決定を下す、厳格に論理的人間であると、理論家が論証を拠り所に説いているが、そんなものは存在しない。言い換えれば、情熱、非合理的、移ろいやすい流行、人真似への熱狂、こうした要素が、人が思うよりはるかに大きな影響を経済に及ぼしているのである。政府は、民主的に指名されているので、たとえ不条理なことでも選挙民の好むことを無視することはできないのだ。経済でも他の何事でも、ある考えは、それ自体がよいだけではだめで、証拠を見せるだけでも充分ではないのだ。政治的に商品にならなくてはならない。

したがって、世界の人々の目には、ライン型資本主義は、高潔で、平等、慎重、控え目であっても、魅力に欠けると映っている。むしろ、一九九二年市場統合の計画が出される以前のヨーロッパの考え方が、長い間そうであったように、完全なるメディア効果不足なのだ。成功しても気に入られることは期待できない。そして反対に、ライバルのアメリカは、やり方が派手で、神話にも事欠かない。ロマンティックに大衆の気持ちに訴えるのである。

あらゆる魅力

アメリカの資本主義は、ウエスタンの魅力のほとんどすべてを持っている。冒険が一杯で、不安で、ストレスに満ちているけれども、夢中になるほど面白い、強い者のための人生があるのだ。カジノ経済はサスペンスを生み出し、だれもが、危険を身近かに感じながら、勝者に拍手を送り、敗者を罵倒することができる。あたかもサーカスの離れ技のごとくルーレットで賭けをすることもできる。この資本主義は、見ごたえのある戦いに挑んだ、さまざまなエキゾチックな動物たちであふれている。サメ、鷹、虎、竜……。これより面白いものがほかにあるだろうか？　こんなにとてつもない演出を、ほかのだれが上手く演じられるだろう。ライン型資本主義の動物たちは、意外な行動はしない家畜だ。なんと惨めなことか。ライン諸国で約束された人生は、活発なものにはなりうるが、おそらく単調で、退屈なものにちがいない。ライン資本主義は「一家の父親」的経営だ。フランスの民法に描かれている父親像である。アメリカは、むしろクレージーホースサロンの輝きである。あきらかに勝敗は決まっている。まるで、チロルの民族衣装の半ズボンで、ジーンズに対抗する商売をしようとしているようなものだ。

アメリカの資本主義は、まさにハリウッドそのものである。ショウビジネスと冒険ロマンを具現している。「レーガン時代」に使われ、そして豊富になった用語の数々がその証拠である。マイケル・ミルケンという、ジャンク債の発案者が、現在懲役十年、執行猶予三年の刑を宣告されているが、アメリカの銀行マンたちが彼を「キング」と呼んでいたのは偶然のことだろうか。それは、世界のショウビジネスの最初のアイドル、エルビス・プレスリーに捧げられた呼称なのだ。「企業の乗っ取りは、大衆文化のシンボル的な人物像を再現するものだ。例えばウエスタンの悪玉と善玉、その待ち伏せ作戦、あるいは海賊や、妖精の物語（眠り姫等）、そしてスポーツの花形などである」。こう書いたのはP・M・ハーシュである（「アメリカンジャーナルオブソシオロジー」一九八六年一月）。

そして、M&Aにまつわる俗語は、ほとんどが戦争の言葉である。それで一冊の辞典ができるほど豊富で意味深いものだ。例えば、「熊の抱擁」とか「戦争の神」「ディールメーガー」「黄金の手錠」「サメ狩り」等々がある。こうした言葉は、ハリウッドで創られた冒険映画やアニメのものなのだ。遊びの人物が、乗っ取りを正当化させつつ、現実のものとなっていった。なんという遊びだろう。これをあるウォールストリートの記者が皮肉ってこう言う。何年か前に社会学者のジョン・マトリックが聞き出した言葉である。「乗っ取りのやり方は、ますますゲームに似てきた。登場人物は経済や産業界の現実とは全くかけ離れた人々で、子供たちがモノポリゲームで遊んでいるようなものだ」（『テイキングアメリカ』バンタムブックス　一九八七年）。

遊びといえば、アメリカの資本主義は、ジャングルや人生の戦いといった荒々しい魅力があるだけではなく、子供の遊びのような、キャンディのようなバラ色の夢、簡単につくれる財産、突然ふってくる幸運などのサクセスストーリーの面も、ライン型の堅実で我慢強い経済の繁栄とは違った別の魅力がある。「財を成す」という表現はライン型の国々にはもともとなかったのだ。それはアメリカ資本主義と切り離せない表現で、ラスベガスがその象徴ともいえる。「メイク・リッチ・クイック」（すぐに金持になれる）という夢を呼ぶメディアの新産業や、勝つことで魅きつけようとする男たちや、金融ウエスタンの身震いするような魅力は、決してチューリッヒやフランクフルトでは発展しなかった。シカゴやニューヨークに独特のものだった。だが現在では、フランクフルト、チューリッヒでも、経済という見世物があるカジノへちょっと行ってこようか、という時代が来ているようである。やがて一家の良き父が、ゲームに夢中になり、クレージーホースサロンをうらやましげに眺めるようになる。スイスやドイツの一般株主たちも権力のゲームとまではいかないまでも、せめてたまには競馬で儲けてみたいと考えるようになった。特に、戦争を知らない世代の経営者たちは、スイス、ドイツ、日本でも、一財産つくって名を成そうというムードになってきている。日本では、戦争の冒険ができないかわりに、株式市場の狂乱を起こしているのではないかと疑うぐらいである。事実、兜町では毎日、すごいことが起こる。株でのうさ晴らしの興奮が日夜くりひろげられるのだ。しかしこの騒ぎは、閉鎖的なものだ。経済の現実の表面に浮かぶ泡でしかない。芝居やゲーム、スポーツにも似た娯楽を提供しているのだ。

メディアの勝利

アメリカの資本主義は、その失敗や負債、産業の弱体化、不平等にもかかわらず、今もまさにメディアのスターである。数はもはや多くはないが、敵からは悪魔呼ばわりされ、味方からは神格化され、シナリオ作家が絶えず物語に描く、あの資本主義なのである。どんな失敗があったにせよ、常に、マスコミのヒットパレードに登場している。当たり前のことだ。視聴者の意見に忠実なメディアが好むのは、サスペンス、輝かしいヒーロー、金融界アクロバットや大物どうしの争い、白人や黒人の騎士たち、勧善懲悪や、金持ちの暮らし等である。だが、アメリカ資本主義のジャーナリズムにおける勝利は、エコノミストが価値のないものと断定することはできない現象なのだ。それどころか、その重要性は大きい。この勝利の意味するところは、多くの場合、その伝播が

SOURCE : Plantu, *Un vague souvenir*, Le Monde Éditions, 1990, p. 21.

大きな効果を上げているということだ。

メディアが、経済活動において、その役割を拡げているのは衆知の事実だ。それがただ株式市場の機能に関する簡単な理由のためだからとしても。立派な構えの大企業か、国際的に高い評価を受けている、というのでなければ、普通、企業は市場に頼って資金繰りをするので、彼らの従う論理は、広告宣伝、企業イメージ向上、見せ物の論理になるというわけだ。あるがままでいるだけではいけない。装うことが重要である。八〇年代は、「通信」全体が爆発的に進歩をみせたが、特に経済のメディア化が加速されたことも見のがせない。

経済の演技者たちも、彼らが、シナリオの内容にふさわしい好演技をすることを期待されている。優れた経営者は、堅実な企業管理者であるだけではだめなのだ。これ見よがしの「ウィナー」（勝利者）でなければならない。常にその力を拡大し、敵を倒し、堂々と「攻撃」して勝利を得なければならず、カメラマンの前で、勝利のトロフィー片手にポーズをとらなければだめなのである。彼のイメージが企業のイメージそのものであり、メディア向けに研究された彼のルックスが、経営費や市場シェアと同じくらい重要なのだ。例えば、ドイツの企業の取締役会のメンバーの厳格で無口な姿を、メディアが自ら熱意を示して扱うということが考えられるだろうか。あるいはチューリッヒやフランクフルトの銀行家の地味な魅力に興奮するだろうか。

メディアにはその法則がある。その法則は登場する人物がスペクタクルのために身を捧げることを求めている。したがって、ネオアメリカ型のメディア現象の働きは相互的なものだ。それが明らかに心理的成功の鍵の一つである。しかしそれは同時に弊害も大きくする。企業経営者、乗っ取り屋や、若い金融の狼たちは、ハリウッドのスターよろしく、大衆の持つ彼らのイメージとギャップがあってはならないのである。ほとんど滑稽なくらいだ。どれだけ危険に満ちた決意が、そしてどれだけの征服への決断が、メディアに気に入られるため、本人は認めないだろうが、自己陶酔的な目的によって実行されたことだろうか。カジノ経済は自分のために見世物を演じるが、同時にその見世物の虜になってしまったのである。

こうした経済のメディア化は、ネオアメリカ型資本主義とともに大西洋を渡った。好むと好まざるとにかかわらず、ヨーロッパの経営者たちも、自分のルックスが重要なものであり、テレビでの下手な演技や、マイクの前での「くだらない一言」が高くつくことを知ったのだ。彼らは、スポーツ選手や歌手のように、マスコミから人気投票されることに慣れなければならなかった。「芸能界」の完全なる一員であることを認めざるをえなかった。

そして、企業それ自体、予算は色々だが、彼らのイメージを海千山千の言葉で作り上げてくれる「コミュニケーションコンサルタント」を雇うはめになった。一九八〇年には、「コミュニケーション委員会」の名はほとんど知られていなかったフランスでも、現在では企業はそれなしではすまされず、その分野で活躍しようとする若者も数多い。

十億人の夢のために

ここで具体的に考えてみよう。資本主義者、そして資本主義願望を持つ若い世代にとって、とりわけ何が大事であろうか。人生の目的は何なのか。それは疑いなく、財産をつくること、である。今では明白なことだが昨日までは違った。フランスでも大物実業家（ジャック・カルヴェ、アントワーヌ・リブー等）は「儲ける」ことは念頭になかった。会社を成功させることしか頭になかったのだ。ドイツでもこれが鉄則だ。ところがアメリカでは考えられないことなのだ。会社の成功と社長がそこから得る利益とは、財産を、それも素速くつくることなのだ。そのためには法則があり、それは、「つくるよりは買うほうが安い」である。実践例は数多く見てきた。「正々堂々たる」二つの手段をはっきりと区別する法則である。

その手段の一つ目のものは、まず商品、サービス、アイディアを考え出すこと、例えばジルベール・トリガノのクラブメッドや大型家電店のダルティとその信頼契約などである。そしてそれを売ることである。だが、大衆に受け容れられるためには、考案者は、常にメディアに顔を売るのが得策である。そしてたいていの場合それを好む。つまり自分自身を売るのである。

第二の方法は、もっと上品でスマートだ。金融市場に金をかけるのである。古参の企業はひっそりとそれをしている。が、自分のために仕事をする個人の場合は、まず自分の名を知ってもらって、そのつぎに株を買ってもらうように仕向けねばならないのだ。何千人もの小口株主に、何億をもうけるという希望を売ることができる男になれるのは、なんという喜びだろうか。

金融論理にしたがって、ここで価値観について考えてみよう。ジャック・カズヌーヴが「テレビ視聴人間」という文章の中で言っていることだが（『メディアシオン』ドゥノエル・ゴンチエ社　一九七四年）、スターダムは名声のみでなく財産も与えてくれるものだ。芸能の世界でも、名声が富をつくり上げ、行動を正当化するのであって、その逆ではない。伝統的な人間の名誉の場合と同じである。

この全面的なメディア現象、そして「通信」が並外れた重要さを持っているという事実は、経済に特有なことかもしれない。経済は、近代化するにつれ、性質も、やり方も、「情報の経済」となっていくのである。だが言っておきたいのは、この分野では、アメリカの資本主義はライバルより何千倍も強いことだ。すべてが一丸となって世界的レベルで、そのイメージの勝利のために努力する。アメリカ文化の主導性はこの点ではいままで以上に明白である。ジャカルタ、リマ、リオデジャネイロ、ラゴス等の都市で、大衆が夢中になっているのはアメリカの、ハリウッド製のTVドラマや、コマーシャルや、アニメである。マルクス理論がだめになってからは、大学生も同様になった。エジプトやブラジル、ナイジェリアの知識人に、アメリカ資本主義以外の資本主義があると言ったら、多分彼らは愕然とするだろう。ドラマ「ダラス」で扱われていた資本主義の掟と全く異なった法則にライン型資本主義はしたがっていることを、証拠を示しつつ説明してみせられたら。その上、業績は全体的にずっと優れていることを知れば、なおさらであろう。

経済のメディア化とメディアの危機

ライン型資本主義は、マスコミで宣伝することも、イメージを海外に売ることもできないので、ライバルアメリカが、「逆説の二乗」とでも呼べるものを、もっぱら一人占めしている。その逆説の内容は、簡単だ。カジノエコノミーは、ジャーナリスティックな魅力に依るところが大きい。その反面、メディアから受ける影響は甚大でそれによって起こる不都合も無視できない。もっと深く分析すると、それは、投機現象の伝染や、即時収益への強迫観念等、金銭の支配はメディアそのものにも及ぶのだ。

ジャーナリストたちも、もう何年も前から、彼らが職業的不安感に苛まれていることを隠そうとはしない。その大きな原因は、金の力の重圧や、短期の収益を強制されることがますますのしかかってくるようになり、言わば、カジノエコノミーのメディア版となってしまったことなのである。情報が厳密に言って市場法則にしたがわなくなったときに、メディアが視聴者に情報を売るよりも、広告主に視聴者を売るほうの心配をするようになったら、彼らの職業意識は堕落したと言える。この点で、ネオアメリカ型に先んじているのは、米国ではなくフランスなのである。

アングロサクソン諸国では、ジャーナリストの独立を守るというほとんど組合的な伝統があり、知識階級の読者層に支持を受け、特に経済、金融の分野では、かなり、経済に不都合なメディア化を妨げてきたが、フランスではそうではない。そして主要チャンネルが民営化されてからはその傾向は強まってきた。

フランスのメディアの専門家が幾度もとりあげているテーマはそこから出てくる。ジャーナリズムという職業に、本物の危機が襲いかかっていることが懸念されているのだ。

一九九〇年二月、フランソワ・アンリ・ド・ヴィリコーが、タイトルも意味深い著書で、こうしたフランスジャーナリズムの退廃を告発した。『メディアクラシー』（メディア支配）だ。また九〇年八月、「デバ」（討論）誌では、「メディアの危機感」という大がかりな特集をした。その中で、「ヌーベルオプセルヴァトール」誌のダニエル編集長は、「商品と同じように情報を考えるという哲学」とは訣別するようマスコミの人々に呼びかけている。九〇年十二月、「エスプリ」誌も、「ジャーナリズムはどこへ行くのか」という特集を発行した。

経済記者のジャンフランソワ・ルージュが書いた長編の記事は、「カネの危機とジャーナリズム」という題で、フランスのマスコミに見られる「能動的、受動的な腐敗」を指摘し、最近それがひどくなっていると書いている。「第二次大戦のパリ解放以降、報道の自由が脅かされているのは、基本的には、政治の分野に限られているように思えた。その領域では警戒することが当然とされてきたのだ。金銭は今までも堕落させる能力はあったが、その範囲は、マスコミの相対的な独立を侵すものではなかったし、大手の報道機関はとりわけ独立の立場をしっかりと保っていた。ところが、こうした微妙なバランスが、脅かされるような行為が、いくつか見られるようになった」。

一九九一年二月、フランスを代表する経済学者の一人であるアラン・コッタは、市場経済を常に擁護してきたのだが、ある著書を発表した。『資本主義のあらゆる状況』（ファイアール社）がそれで、これは寒気がするような内容で、五章のうち三章が資本主義の最近の変遷を次のようなタイトルで描いている。

1　メディア化した資本主義

2　金融の手の内にある資本主義

3　腐敗した資本主義

「腐敗が広がってきたことは、金融とメディアの活動の活発化と切り離すことはできない。あらゆる金融操作、特に吸収、合併、公開株式操作等にあたって、情報が、一生労働して稼ぐほどの金を一瞬にして得ることを可能にしてしまうのだから、その情報を買ったり売ったりする誘惑には抗しがたい。手数料が買収を招くのは、雲が嵐を呼ぶようなものだ」。

役人が、先進国では優遇されていて、賄賂を受けとるなどというのは発展途上国の恥ずべき病気のように見なし面目を保っていた時代には、その論理にだれも反論できなかっただろう。だが現在、正統派の経済が、規制緩和の波に支配され、その一つの顕れが腐敗である、とコッタは言っているが、そういう時代なのである。国家の力が最小限まで落ちて、まるで企業精神の一つであるかのように腐敗を煽っている、と非難する意見は、まさに論理的といえよう。しかも煽動は成功しているのである！　例を二つあげよう。一九九一年一月のダボス会議でのメキシコのホセ・コルドバ官房長官の発言によると、この三年間メキシコ警察が押収したコカインの相当価額は、ニューヨーク相場で一五〇〇億ドルになり、メキシコの対外債務の二倍にあたる。堕落のマクロエコノミーは今に始まったことではないが、さらにひどくなっていると言えよう。米準備制度理事会ＦＲＢは、各国中央銀行と同様、紙幣の印刷を担当しているのだが、数年前、銀行が申請するドル紙幣の数が異常に増えているのに驚いた。調査の結果、アメリカで造幣される紙幣の九〇％が国内流通につかわれているのではないことが確認されたのだ。そして、外国で、特に闇経済の要求に答えるものであり、銀行口座を通さない麻薬取り引きに使われていることも明らかになった。

ある人々にとって、働かずして財産を成すことが容易になればなるほど、彼らの成功が価値あるもののように見えるようになり、堕落の道を進んで行く人や、麻薬取り引きに代表される闇の商売を志す人が多くなっていく。メディアが「即利益」の法則に従うようになれば（ライン型諸国はおそらく最後まで、BBCにならって、コマーシャルなしの公共放送を守るだろう）、経済金融活動の報道は、常に欲求不満のスターたちの被害妄想感情が規制を越えてしまうような姿を通してしかできなくなっていくのだ。法律違反や時間の混乱も起こる。コッタはさらにこう言う。

「完全なテレビ娯楽を作り出すには、時間の経過を拒否し、ある瞬間の人物に焦点をあてねばならない。それは、社会からの束縛を忘れることであり、なによりも死を忘れることだ。テレビシリーズの時間は、線状時間のシミュレーションだ。時間を避けて、何も止まりはしないという印象を与えるのである」。つまり、永遠の現在、そして現在のための利益なのである。

現在のための利益

八〇年代の知的状況は、ネオアメリカ型の、現在のための利益という点に絶対的に有利なものだった。まず、総合的な思考体系が危機を迎え、遊びに熱心な個人主義が頂点に達し、ジル・リポヴェツキーが呼んだところの「虚空の時代」が勝利した時代であった。「残るのは自己の探究、自分の利益の追求、個人の解放の歓び、肉体とセックス妄想のみである」という「世界観」はさらに「個人への過剰投資と、その結果として過疎化する公共スペース」でもあった（『虚空の時代』ガリマール社　一九八六年）。

この、夢を失いそして滑稽なほどに個人主義的なムードの中で、ネオアメリカ型資本主義の示す考え方は、強く明快なものであるという点が有利だ。それは、マルクス理論がそうであったと同じぐらい、心安まる聖典だった。即刻、最大の利益を得る。個人の利益を最大限にする。絶対的に短期利益を偏重する。そして、あらゆる集団プロジェクトに対しては、期待外れだとする。——ここに見られる論理は別にして、控え目なシニズムやメディア操作は、共産主義に似てきたようにさえ見える。ネオアメリカ資本主義が、自らの勝利を決めた相手、共産主義に。

メディアの視点からは、まさに時代の波に乗っていると言える。即利益の信仰は、乱暴なほどの単純さと明瞭さという点で優れている。その利点が強力なのは、伝統的道徳の価値観が失われていく、われわれの時代の、不安と混乱の闇の中では、ただ一つの新しい目標であるかのように輝いているから、なおさらである。

個人の成功を正当化し、勝者を神格化することで、個人主義は増長していく。短期を優先することや、「我亡き後は野となれ…」の心境、ためらいなく借金に頼る傾向、それはみな、今の時代の快楽主義にふさわしいというわけだ。道徳や哲学に幻滅して、だれもが未来より現在にメディアを向けているこの時代に、貯蓄の必要や長期利益の重要さは簡単に教えられるものではない。そして残るのはジャングルの掟であろう。なにしろ他の法則やあらゆる形の公的規制はすべて不信感を持たれているのだから。イデオロギー破綻の後、「現実という土台」に戻ってきたと言えるだろうか。

八〇年代の利益信仰の蔓延は、その聖堂が増えたことでもわかる。あんなに多くのビジネススクールが創られたのは初めてだった。そして教科書はどれも『優等の価格』（インターエディション　一九八三年）に象徴されるように聖典となった。何のための「優等」か？　もちろん利益を成すためだ。それでは、何のための利益なのか？　この質問だけはやめておこう。なぜなら、新たな聖典の第一章に書かれていることを疑ったとして、ただちに聖堂から除名されてしまうだろうからだ。その第一章のタイトルとは「利益の最終目的は利益である」なのである。

ここは和解不可能な部分であるが、絶対必要なのは、目的に関する哲学的な疑問は取り下げて、手段に関する技術的な勉強に専心することである。その結果、到達するのは、アメリカ資本主義の新たな総論というわけだ。つまり利益のための現在、そして現在のための利益なのである。

ある考え方が、アメリカ型社会の原則といえるものに則って作り上げられた経済システムの教育の場で、頻繁に教えられている。——成功するものは効率が高く、効率の高いものは正しいものである。よって成功するものは正しいのだ。

時代の先端を行く、少しばかり皮肉なこの考え方は、八〇年代に大歓迎されたものだが、それに対抗する波が、いま感じられるようになった。感情抜きの経営や、自信過剰の能率の良さなどによる、表層的とも言える陶酔は消えてしまったようだ。新しい流行は、倫理である。もうすでに、考えの進んだ経営者たちの心を捉え、昨日までの功利主義は終わりを告げようとしている。この新風もやはりアメリカからやってくるのだ。わたしは、二つの理由からそのことを強調したい。まず始めの理由は、アメリカ型の考え方はすべて、すでに成功したものと見なされることである。特にフランスではそうだ。本書に目的があるとすれば、それは、資本主義が社会発展に貢献することができるのは、国際法の規則と倫理にしたがうという状況のもとでだ、と言うことを伝えることである。第二の理由は、アメリカ人は倫理を真剣に考える。が、ラテン諸国では、一般的に、それはほとんどありえないからだ。

ここで、フランスの学者の中で例外的存在である一人、フィリップ・ディリバルヌという社会学者に敬意を表しておきたい（『名誉の論理』『企業経営と国家の伝統』Ｓｅｕｉｌ社　一九八九年）。

ヴィーナスの魅力とジュノンの高徳

昨日までの流行に逆行する流れは、九〇年代に広がっていくであろうが、だからといって時代の気分や、現在の感受性は、まだまだネオアメリカ型に好意的なのだ。ライン型はいまも不人気である。すべてにわたって流れに逆らうものなのだ。ライン型が拠り所としている社会的コンセンサスは、組合離れや集団組織に共通する危機的な状況とは、かけ離れてしまっている。長期利益に向ける配慮も、少なくとも表面的には、今の瞬間をむさぼるように消費するという傾向と相容れない。組織や共同体としての企業という考え方はライン型資本主義の土台となっていたので、それを凌ぐ勢いの強烈な個人主義とは共存できないのだ。株式投機に対する不信のまなざしや、遅々として変化のない幹部の昇進プラン等は、古臭い道徳観念の匂いがする。社会保障や労働者にたいして確保していることが自慢の安全も、ヒーローや冒険といった生活にたいする流行りの夢とまったく合致していない。

ラインの資本主義は、その概観から判断するかぎり、どちらかと言えば時代遅れで、ルックスが悪い。夢や、遊びや、興奮にも欠ける。そう、セクシーではないのである。ネオアメリカ型の魅力はヴィーナスのそれに似ているが、ライン型が思い起こさせるものは、ジュノンの高徳で平凡なまでの正統さである。ジュノンをご存知の方がいるだろうか。名だたる画家や彫刻家で、ジュノンに霊感を感じた人がいただろうか。そして経済学の教授たちも、ドイツの経済社会的なすばらしい成功から得る教訓を教えはしないのだ。どこに、ライン型を自分のモデルとして選挙民に紹介する政治家がいるだろうか。

しかしながら、心理的、政治的なライン型の不成功は、メディア化が下手なこと、価値観（むしろ非価値観と言おうか）と相容れないことだけが原因なのではない。もっと深く掘り下げて考えると、ライン型資本主義の価値観や考え方そのものが、あまりに知られていないこと、知っていても疑いの目を向けられていることがわかってくる。

もう一つ知られていない事実に、教会の教理が市場社会経済の成立において果たした役割がある。これは主に、ＣＤＵ（キリスト教民主党）のカトリックと、ＳＰＤ（社会民主党）のプロテスタントの両方の影響を受けている。このことが知られていないことは驚くべきことである。ヨハネ二十三世からヨハネパウロ二世にいたるまで、カトリックの道徳的権威が、企業の生みの親である機能を作り上げ、価値を付けつつ、教会の社会教理が進展していくのと同時に力をつけていった事実があるのだから、知られていないのが不思議なぐらいだ。ここで知っておいて欲しいのは、ライン諸国と日本を結びつける数々の要素のなかで、深い類似点が一つあるということである。企業の共同体的機能がそれなのだ。これは儒教哲学と教会の社会観念との類似とも言える。だが、これも知られてはいない。それでも、共産主義崩壊後の白紙状態のなかで、社会キリスト教がその活力を取り戻し、半世紀近い間、ライン諸国の範囲内に限られていた影響力を再び発揮することが求められているのは間違いない。

今、人々が懐疑の目を向け始めているのは、ヨーロッパでは特に、ライン型や市場社会経済と無関係ではない社会民主主義の大きな流れである。もっと話を進めてみよう。ほかにも同じ見方の学者があるが、わたしが本書でライン型資本主義と呼んだものは、結局のところ、理想的な社会民主主義が、近代化し改訂された予想図と近いものかもしれないと言える。

その社会民主主義は、スウェーデンが模範として知られているが、理念としては、衰退が加速している。二十年前から、活力を大幅に失っており、一種の官僚的で怠惰な労働主義といったものに流されているのが現実だ。

スウェーデンのある工場主任は、訪問者の「ここでは何人が働いているのですか？」の問いにこう答えたという。「やっと半分ぐらいですよ」。この状態に加えて、高い税率と、インフレ率や投資率も、ヨーロッパとの競争に求められるものとは両立してはいない。だが、スウェーデン人は悟った。彼らは、彼らなりのやり方で、八〇年代の終わり頃から、経済の総体的な均衡を回復しようとする試みに取り組んでいる。他の西欧社会主義の政治家もしたことである。イタリアのクラクシ首相、スペインのゴンザレス首相、ポルトガルのソアレス大統領、そしてだれよりも、フランスのミッテラン大統領のような政策だ。

スカンジナヴィアの社会民主主義は持ち直すだろうか。それは、スカンジナビアが国家の社会主義の大いなる矛盾に直面し、さらには崩壊の被害がひどいものだけに、確実だとは言えまい。

東側の大きな空白

ここでフランソワ・フュレが「共産主義の解体」と呼んだ（「サンシモン財団ノート」一九九〇年）事柄について、わたしは持論を進めていこうとは思っていない。なぜなら、この桁外れの、そして予想だにしなかった思想上の大地震のもたらす結果は研究されつくしてはいないのだし、なにより本書の冒頭で述べたように、この解体こそが、資本主義を自己との直面という危険な状況に導いたのである。共産主義の終焉と東西対決の終結は、一つのシステム（自由主義）の別のシステム（国家統制主義）に対する勝利として片付けられるものではない。難破船は、あたかも大型の竜巻のように、さまざまな思想、反応、感受性、分析をひとまとめにして引きずり込み連れ去っていくのだ。決して失ってよいものばかりではない。長い目で見れば、歴史が選別をするだろうが、まだその選別はなされていないことは認めざるをえない。

それどころか、東に突然できた巨大な空白は、荷崩れを起こした積荷が「世界」という船の片方側に、殺到していることを意味している。歴史的失敗によって窮地に陥っているのは、スターリンの官僚的共産主義だけではない。少しずつ、根拠もなく、社会主義、改革主義、あるいは単に社会的な理想と近く、または遠くに結びついていたすべてのものが破滅の危機にあるのだ。

今はまだ細部まで注目する余裕はないが、この事態の抵抗しがたい力の大きさは、よく見極めねばならない。東欧諸国やソ連でさえ、ある種の言葉が本来は普通の言葉であったのに、共産主義の赤旗のもとに動員されていたという理由だけで、もはや使いものにならなくなった。だれも使おうとはしなくなったのだ。「党」「集団」「労働者」等がそうである。そして、東欧で新しく生まれた政党は、「フォーラム」（チェコスロヴァキア）、「同盟」（ハンガリー）、「連合」（ポーランド）といった名称を選んだ。ハンガリーやチェコの新生民主主義報道のなかに、昨日までの言葉は見つからない。労働者、計画、戦略目標といった言葉は制度とともに葬り去られたのだ。

西側諸国ではもちろん、そんなことはないが、思想的には、共産主義の崩壊の影響は東側と異なるものだとは言えない。不平等の是正といった観念や、組合といった現実、集団規律のような思想、計画経済や直接税等の制度、さらには、社会民主主義という基準になるべきシステム。それらすべてがマイナス評価を受けているのだ。

完全に信用を失墜させたわけではないが、ある程度疑いの目を持って見られ始めている。「大いなる空白」は、西側のわたしたちの社会においても、左派の空白を生んだ。そして思想・理論派とも呼べる中道左派にもその余波は及んでいる。

この観点から見ると、ヨーロッパの政治は半身不随に見舞われたと言えるのだろうか。片側だけが、致命的な沈滞感に襲われている。

これは、立場が逆だが、第二次大戦のパリ解放後の状況を思い出さずにはいられない。フランスの右派政党がヴィシー政権や対独協力者と結んだおかげで、政治、文化、そして文学にいたるまでの、ある一連の感性が、その権威を失った。そしてその後三〇年間、左派が文化、大学における支配権を独占したのである。

そして今日では、左派、中道さえも、孤立し、不利な立場に陥り、拠り所も自信も失っている。歴史の失敗という闇へと追い払われたと言えよう。この現象はフランスだけではない。政治の重心は、ヨーロッパにおいては、認めるかどうかは別にしても、保守主義へ移っている。

ネオアメリカ型の資本主義は、純粋、厳格なものとされてきたが、こうした巨大な流れの恩恵を当然、享受している。ライン型は反対に、社会的思想が浸透していて、社会民主主義の従兄とも言えるのであるから、新しい、超自由主義の感性とは真っ向から衝突する。

ネオアメリカ型は、力強く、率直で、妥協のない、まさにプロフェッショナルな資本主義であるのに対し、ライン型は、複雑な、少しばかり軟弱で、不透明、さらには、一種の善意に満ちたアマチュア主義体制の中で、金融面で束縛を受けつつも社会の要求にも応じねばならず、将来に向けての焦りを感じる一方、過去の遺産といったものが厳然と存在し、それらすべてが混じり合っている。しかしながら、今、アメリカ社会を特徴づけている新興富豪と新興貧民との間の亀裂は、近い将来、東側の国でも、大規模に、そしてさらに激しい勢いで再現されることになるだろう。したがって、ポーランドで兆しが見えているように、「人間の顔をした資本主義」について関心を持ち始めねばならないのだ。それこそが、わたしがここでライン型と呼ぶものに大変近いものなのである。アメリカ型の、メディア、政治、心理面での成功は、始めに考えたほど逆説的ではない。だが、そのもたらす効果には、悪いものもあってそれが必ずしも表面化されない。それが輸出され、大西洋を渡ってライン型に浸透するとき、イギリスを誘惑し、フランスに夢を見させるとき、特効薬は一緒に持ってこないのである。だが、その特効薬は多少なりとアメリカでは機能を果たしており、「ジャングルの掟」の行き過ぎを是正しているのだ。例えば、精緻な法律尊重主義や、宗教から出る道徳観念、公共精神、団体精神がそれである。

ヨーロッパや南半球の国々においては、文化背景がアメリカとは異なる。アメリカで見られるさまざまな制御装置、補正措置、抑制力等は存在しない。あったとしても同じやり方で機能しないのである。輸出版のアメリカ型資本主義を、ヨーロッパの超リベラリストたちは崇拝しているが、実は、原型よりも厳しく、バランスの悪い、いっそうジャングルの恐怖が増した型なのである。用心して適用しなければ、解毒剤なしにいきなり荒療治を行うようなものだ。東欧諸国は、この種類の過激な経験をする危険がある。

多国籍企業万歳！

効率の悪い者が勝つ、という新しい傾向には一つの大きな例外がある。それが、多国籍大企業である。矛盾するようだが、事実なのである。アメリカンエキスプレス、コカ・コーラ、シティコープ、コルゲート、フォード、ＩＢＭ、マクドナルド、こうした会社ほどアメリカ的なものがほかにあるだろうか。それらはまさにアメリカ型という表現そのものではなかろうか。だが、もっとよく見ると、全然違うのだ。多国籍企業は、二つの大事な点において、ネオアメリカ型資本主義とは異なっている。

まず第一は、これらの企業は、基本的に、技術、営業革新という産業計画に沿って内部から成長していくことで大きくなっていく。そのため、常に長期的に物事を考えるのだ。企業計画を考え出したのも彼らで、その成功によって、ビジネススクールでも企業計画化を教えるようになった。

第二に、世界各地で発展するには、多くの国々で、従業員を雇い、社会の文化や、マーケティングコンセプトを教育しなければならなかった。これは、一日にして成ることではないし、このために、彼らは、市場を離れ、人間関係を重視する政策をまず第一に置かねばならなかったのだ。社員を常時養成し、キャリアを保証したのである。

この二つの点で、アメリカの多国籍企業はどちらかといえばライン型なのである。

今度は、ヨーロッパの多国籍企業を見てみよう。ＡＢＢ、バイエル、ネッスル、ロレアル、シュルンベルジェ、シェル等である。アメリカの多国籍企業と同じ特徴が、もっと顕著である。

その意味では、シェルのケースは言及に値する。三つの理由がある。まず、同社は、生まれながらにしてハンディキャップを背負っているはずだった。なにしろ、資本の四〇〜六〇％がイギリスとオランダに分担されていたのだ。こうした財産の出資比率の拮抗という状況は普通弱味となるものだ。だが、シェルは世界の第一線へ飛躍した。それは優れた経済予測力に拠る所が大きい。わたしは、石油危機を数年前から予測したのは、世界で唯一シェル社のエコノミストであったことを知っている。そして彼らは、経営陣に、その予測から戦略を打ち立てるよう説得したのである。シェルは、ヨーロッパの会社ではあるけれど、その倫理規範は非常に厳しく、そして従業員はそれを受け容れている。

上に挙げた会社はすべて、二つの共通点があり、それが、二つの資本主義を総合して最大の効率を生み出す予想像を未来に向けて提示してくれるものだ。

まず第一は、これらの会社は、かなり古参で、強力であるが、生物界の法則は適用されない。つまり、年をとればとるほど、太れば太るほど、退廃していく首脳部と官僚的寄生状態によって滅ぼされる危険が大きくなるということはないのだ。「金持ち大企業」に特有の従業員の意気喪失もない。

なぜ、多国籍大企業は、この「掟」から免れているのか。その理由は、どんな力があっても、株式市場に上場しているかぎり、金融市場に依存しているからだ。市場とは、容赦のないチャンピオンコーチであり、オリンピック出場権を固守するために欠かせない存在だ。そして、力があればあるほど、発展もするし、投資の必要も大きくなり、株式市場資本の増加も考慮される。したがって、これら企業の株主は幸運な人々と言える。

第二に、多国籍大企業が金融市場に依存しているとは言っても、その気まぐれな動きに追従しているわけではない。企業の資本は、常に広く分配され、株主の一人だけが大きな割合を所有して、それゆえ大きな権力を握ることはありえないのだ。さらに、こうした大企業の財力は相当なものであるから、外部からのあらゆる攻撃や、非友好的な株買占めに対する防御は固い。その状態は少なくとも、収益力があるかぎり続き、配当金が増加しているならば心配はない。

こうして、金融市場の当然といえる要求に日々鍛えられ、しかしながら、その専制的とともいえる市場の喧燥には恐れも見せず、多国籍企業は、それぞれが、長期的に産業的国際的戦略を発展させていくことができる。またさせていかねばならない。それが世界中の各地から集められ、能力を認められたエリートたちに共通して課せられた仕事なのである。

マルチカルチャーを本物にしてこそ、多国籍企業はマルチナショナルとして発展できるのだ。ライン型資本主義が、活気に満ちた金融市場の価値を過小評価しているのに対し、ヨーロッパ多国籍企業は、自らの成功をもって金融市場の存在に敬意を表している。

そういったさまざまな点から、米国、欧州どちらであろうと、多国籍大企業は、二つの資本主義を総合させた最良の形のイメージとなっている。そして、ライン型に見られる保護主義の恐れや、アメリカ型の金融熱の危険を超越しているのだ。

第10章　ドイツからの第二の教訓

ドイツの「第一」の教訓を覚えておられると思う。模範的、逆説的ともいえる、効率と連帯との結びつきが、市場社会経済を特徴づけている（第5章、第6章参照）。しかしこの教訓はほとんど理解されることもなく、教育の場で教えられることもなかったのだ。それどころか、八〇年代末期には、ドイツの景気対策がますます批判されるようになり、ドイツ型経済の長所まで否定してしまったといえる。細部に気をとられて、全体を見ていなかったのだ。

しかし、この批判は、一九九〇年、コール首相が勢いにのって実現してしまった東西統一のおかげで一掃された。歴史上、未だかつて、政治社会的統合に対して、経済の力によるあんなに大胆な挑戦は多分だれも見たことがなかっただろう。この挑戦をすることでライン型資本主義のドイツは、欧州全体、いや世界的なレベルで見ても、すばらしく模範的な実験に取り組んだといえよう。

欧州経済硬化症のスケープゴート

八〇年代、レーガン＝サッチャーが権勢をふるった時代、ドイツ型経済は、全く人気がなかった。ドイツ型は、未来のない、古びた機械のように見なされ、その弱さや伝統に固執するやり方が、他のヨーロッパのパートナーに負担をかけているとされがちであった。もっと具体的に言うと、二種類の批判があったのだ。

［1］　ドイツは、高名な「ユーロスクレローズ」（欧州硬化症）という、欧州が患っている経済不振の責任者であるとされた。七四年の第一次石油ショック以降、ヨーロッパは、四五年以来の「栄光の三十年間」保ってきた発展のペースを取り戻すことができなかった。実際、欧州の経済成長率は、大ざっぱに言って半分になってしまった。アメリカと日本は、そうした急変を経験していない。経済は発展し続け、そのペースは確かに少し落ちたが、それでもある程度以下にはならなかった。二回の石油ショック直後を除けば、雇用のリズムも満足できるものだったし、アメリカでは、好転するというすばらしい状況さえ見られた。

不振にあえぐヨーロッパで、経済の実質的硬化症は、精神的なものにまでなっていき、当時ユーロペシミズム（欧州悲観主義）として頻繁に話題にされた。

老化する国家が避けることのできない運命としての、社会保障の重圧や、労働者とエリート双方の無気力感、こうした理由付けは、ドイツを特に批判することから始まって、ヨーロッパ全体に広まっていったのだ。ドイツが、ＥＣ経済の牽引力としての役割を果たさなくなったことを、各国はこぞって批難した。ドイツ人には、隣人の将来などどうでもいいし、年二％の成長率で、自国の繁栄を守れさえすればいいと思っているのだと言われた。

その理由は二つある。

まず、ドイツ人は人口減少期に突入し、経済成長が目ざましくなくてもよかった。六五歳以上の人口が、スウェーデンと並んで、西側では最高になった。予測では、二〇三〇年までには、その比率が二五％を越えるだろうとされている。こうした状況では、新たな雇用を増やしたり、インフラストラクチャー（託児所、学校、大学、住宅等）を建設したりする必要は、減っていく。したがって、高い成長率を必死になって確保する必要はないのだ。

それと比べて、フランスは、ベビーブーム世代を迎え入れねばならなかった。成長率を少しでも伸ばし、雇用を増やし、必要な設備建設に融資を行い、ベビーブーマーたち、彼らは、あの六八年革命の闘士なのだが、彼らに消費社会への道をみつけてやらねばならないというわけである。

強い通貨

人口伸び悩みが原因となった経済の減速という状況は、ドイツの、厳格で正統な財政を守っていきたいという強固な意志によってますます悪化していったとも言える。ドイツ人が、インフレを歴史的に非常に恐れていることはよく知られている。戦前のあらゆる不幸の原因であり、なにより、ナチの台頭の原因の一つでもあるからだ。ドイツ連銀の創立憲章は、四八年の通貨改革の結果生まれたのだが、金融当局は、マルクの安定を確保することを至上命令としている。さらに、七〇年代末期の悲惨な失敗の記憶は、まだドイツ国内で消えてはいない。

その時期、ドイツは、西側のパートナーによって、リーダー的役割を果たすよう圧力をかけられ、その要求に屈したのだった。そしてその結果、赤字を抱えこんだのである。

その後、ドイツは、わたしが第6章で言及した「善循環」の恩恵に預かるべく、強い通貨を維持していくことに決心した。その政策は、短期的には、経済の総体としての均衡を最優先させること、それによって中期的に経済成長を確保することを目標とした。まずはインフレを抑えドイツマルクの安定を維持し、予算赤字を制限して、必要とあれば金利を上げるというものであった。厳格な規律であるが、こうしてドイツは利益を上げ続けたのだ。

当初、彼らの強い通貨の政策は、人口減少のためだといって非難する声があった。ヨーロッパに残存していた、ケインズ学説の名残りが、イギリスでも、サッチャー政府の言う通貨の見せかけの効力を隠れ蓑にして、経済の活力には、ある程度、通貨の緩和政策が必要だと思いこませることに成功していた。そしてその批判は、特にヨーロッパ内のパートナーの間で強かった。彼らは、重大な失業問題と、雇用をさらに必要とする国民とを抱えていたのである。事実、ＥＭＳ（欧州通貨制度）を通じて、ドイツの厳しい政策は、ヨーロッパに広がろうとしていた。為替固定レートのもとでは、資本の移動は完全に自由であるのだから、通貨政策は、これに依存しないではいられない。この状況下では、いかなる国も、金利レートについては、欧州全体の傾向から距離をおくわけにはいかないのだ。自分だけが金利を下げれば、資本は、より割のいい国へと移住してしまう。その結果、自国の通貨の価値は下がっていく。最も力のある国の通貨上のショックや選択が、ＥＭＳ諸国に伝わっていくのである。金利を通して、ドイツの正統主義は、近隣の国々に影響を与えていた。

その当時、貿易相手国のなかには、ドイツが貿易黒字を積み重ねていることを批判し、その頑固一徹な態度を非難するものもあった。自分の力を利用して、自らの法律を押しつけているというのだ。

しかし、こうした批判は、長い間のインフレに苦しんでいたそれらの国々が、ＥＭＳのおかげで可能となった自国の経済発展の結果を理解するとともに弱まっていった。発展は、特に社会主義政権下のラテン系諸国でめざましかった。フランス、スペイン、イタリア、ポルトガルである。社会主義者のなかでも、フランスの蔵相、ピエール・ベレゴボワを、アングロサクソンのマスコミは、強いフランのシンボル男として賞讃しているのだ。

［２］　ドイツに対する第二の批判は、ドイツ型経済そのものであった。産業、金融構造の事なかれ主義的性質が厳しく批判され、特に攻撃的に出たのは、ネオアメリカ型の、公開株式操作、Ｍ＆Ａ、株式での荒稼ぎという夢や、大胆な再構築に魅了されてしまった人々であった。彼らの目には、ドイツ型経済はもはや比較の対象にすらならなかったのである。ドイツの金融市場は、小さく沈滞していた。実業界は、資本が外へ流れるのを恐れるあまり、縮こまっていた。市場社会経済は、この活力のなさの原因となっており、時代錯誤だとも言われた。ドイツの経済は、必ずや後退し、企業は弱体化するだろうと言い切る者もあった。そうした時代の辛い思い出は、わたしの記憶にもまだ新しい。わたしは、パリで、ＣＥＰＩＩ（仏国際予測情報研究所）の所長をしているが、その優れたチームやリーダーたちのおかげで、特にアメリカでは、この種の研究所では最も秀れたものと評価されている。ところが、八一年十月、ＣＥＰＩＩの科学情報誌は、今となっては苦笑してしまうようなタイトルの記事を出した。「ドイツ型経済の脱工業化」である。

詰まるところ、ドイツ人は、黒字の上にあぐらをかく年金生活者のようなものとして紹介され、富を自分のためだけに使おうとしていると見られていたのだ。一九八五年のドイツの個人消費は、年八〇〇〇ドルで、ヨーロッパで最高であった。貯蓄率も、他の国々と異なり、増加傾向にあった。貿易収支は、記録を更新し続け、八八年には一三〇〇億マルクの超過を記録した。
そうして成功と快適さの幸福に酔いしれるドイツは、あの統一という電気ショックに見舞われたのである。

東西ドイツ統一のショック

ベルリンの壁の崩壊による、政治と経済両方の挑戦に、西ドイツがあんなにも早く反応するとは、だれ一人として想像していなかっただろう。この挑戦の大きさを測るには、統一問題が当初引き起こした不安と疑問を思い出してみるとよい。

内政面では、最初の愛国的感動が収まったとき、西ドイツの多くの人々は、東側の同胞たちに払う代償は高くつきすぎるのではないか、そして、結果として西ドイツの生活様式まで脅かすのではないかと感じ始めた。寛大で効率の良い社会保障はこれからどうなって行くのだろう。最初の一週間で流れ込んだ七〇万人の東ドイツ人に直面して、不信感はすでに明らかなものとなっていた。

同時に、統一の政治的影響についても懸念が感じられ始めた。未来のドイツの政治状態に関する不安は数多かった。コール首相が実現させた統一は、彼の党に悪い結果となるのではないだろうか。キリスト教民主同盟が、統一ドイツで政権を維持することには、とうてい確信が持てないので、調査の結果でも、有利なのは社会民主党だろうと出ている。実際、九〇年夏、東西ドイツ統一を喜んでいたのはドイツよりむしろフランスだったといっても極端ではない。

国際的にも、不安感、不信感は小さなものではなかった。ドイツ人は、ヨーロッパ諸国に、ドイツという新たな大国と、その八千万のドイツ人が圧倒的に強い力を誇るEC構造という展望から生じる大きな不安感があることをしっかりと認識していた。

事実、戦後のヨーロッパのバランスは、ヤルタの分割、破れた強大国ドイツの二分というものの上に成り立っていたのだ。二つのドイツの存在で、特に軍事的に見て、二つのブロックの対立から生まれた現状が確保されていた。核の分野では、両超大国の桁外れな戦略武器庫、いわゆる「核均衡」が現実のものか想像の産物かは知らないが、それによって恐怖のバランスが保たれていたのだ。そして、ヨーロッパを舞台として中距離ミサイル（パーシング対ＳＳ２０）がにらみ合い、ヨーロッパの古い大陸の土壌に、核の抑止の主張が根を張っていった。ヨーロッパ人は、いわば、自分たちの土地から発した核で、自らを滅ぼすこともできたのである。通常兵器に関しては、ＮＡＴＯ軍とワルシャワ条約軍が、中央ヨーロッパでの戦争に備えて、常に訓練され軍備も整っていた。両陣営は、双方とも、充分な兵力、装甲車、戦闘機、火砲を並べて、途方もない脅威をまき散らしていた。その脅威そのもののおかげで抑制がきいていたのだとも言える。

ドイツ人は、どんな場合でも、戦争になれば自分たちが真っ先に関係すると感じていた。というのも、戦闘が勃発するとすれば、まずドイツ領からであろうし、最前線には両独の軍隊が配備されていたのである。そのため、西ドイツでは平和運動が強力なものとなる。ドイツの平和国家主義というものは、先ほど述べた経済面のエゴイズムと、ある意味では対称をなしていると言える。

この比較的安心できる状態といえた均衡が、統一によってひっくり返ってしまった。そして、東西陣営や軍事戦略、軍隊、武器は一体どうなってしまうのか、だれもが不安に感じた。ドイツ統一は、結局、混乱さらには脅威として受けとられることになった。統一したドイツの将来の態度も懸念せずにはいられない。どこへ向かうのだろうか。ドイツは、資本主義体制によって西側にしっかりと腰を下ろしていると同時に、ブラント首相が七〇年代初期に決定した「オストポリティク」（東方政策）に見られるように、東側の魅力に抗しきれずにいたではないか。

経済面でも、ドイツの貿易相手国の不安は大きかった。「ドイツ帝国」の記憶がＥＣの内部にも恐怖感を甦らせ、欧州各国は、それぞれのやり方で対処に乗り出した。イギリスは、アメリカとの絆を強め、新たな友好関係を結ぼうと努めたし、フランスは、昔の露仏政策の思い出を引っ張り出して、背後からの協定を結ぼうとした。

ドイツ統一の道には、確かに、多くの経済的障害がある。予測される費用は、六〇〇〇億マルクから一兆二〇〇〇億マルクの間とされていたが、この額は、旧西ドイツのような大国にとっても莫大なものである。だが、それよりもマクロ経済的影響についての恐れが当然のことながら生じてきた。統一のための融資には、金融市場への働きかけが必要となってくる。そして、貯蓄の減少と必要資本の増加という二重苦によって、金利引き下げの新たな緊張が生まれるのは避けられない。ドイツ人による、金融市場での大規模な資金持ち出しで、外国資本は、他のもっと小さな国へと投資先を変え、あまり確かでない投資に走るようになる危険もある。

一方、旧東独市民による需要の増加で過熱するドイツ経済は、インフレを加速する恐れがあった。世界経済は、ただでさえ、インフレに絶えず脅かされ続けているのである。アメリカの目もくらむような赤字、流通する現金の量、生産力稼動率の高さ等がその原因だ。

わたしは、八〇年代半ば頃から、先進国の経済はもはや、長期間、ひどいインフレ（一〇％以上）に陥ることはないだろうと確信するようになった。市場情報がリアルタイムで世界中に伝えられるこの時代、一国がインフレになればその影響は、企業の競争力に致命的になるだろうから、抑制策がすぐにも講じられるはずなのである。だが、この予測を信じない人は数多く、ドイツ統一によって「価格に火がつく」危険があるとされた。

社会的には、旧東独と旧西独の経済力の大きな差をどのようにして解消するか、という疑問を感じる人が多かった。一人当たりの月給は西独は東独の三倍だった。この差の大きさは危険でさえあると思う。その上、それぞれのドイツでの給与の隔差は全く種類の異なるものなのだ。ある種の価格は、東ドイツのほうが五分の一という安さである（パン、じゃが芋、家賃、交通費）。だが、テレビ、冷蔵庫、マイコン等は二倍から十倍も高いのだ。旧東ドイツ人は、基本的な日常品を揃えるのに苦労するようになり、消費社会の恩恵にすぐには浴すことができない。こうした事すべてが、脅威となっていたのであり、今もそれは続いている。

ほかにも、数字と関係しない所で、難題が待ち受け、解決策はだれも思いつかない。二つのドイツの文化の差から生まれる問題である。九〇年末に実施された調査によって、四十年間の別れ別れの生活で、メンタリティー、感受性、生活様式まで違ってしまったことが明らかになった。例えば、宗教の面では、西ドイツでは成人の七％が無神論者なのに対し、東ドイツでは六六％にものぼる。もっと一般的な事柄でも、西側では通用している考え方や言葉にも、東独の人には理解することさえできないものがあるのだ。広告代理店がそれを痛感するにちがいない。

こうした諸々の問題は、ドイツが向かっていこうとしている挑戦の、信じがたいほどの困難さを示してくれる。実際のところ、こんなにもエネルギュシュな挑戦をしようという国は、ほかには滅多にないにちがいない。もっと段階を追っての対処の仕方を試みるだろう。波を荒立てないよう、不安を生じさせないよう、危険の大きすぎる混乱を招かないよう気を配らねばならないので、身動きがとれなくなりそうだと感じるだろう。泥沼にはまり込む危険は、統一がソ連の承認にかかっていただけにいっそう大きなものであった。したがって、モクスワで、危険な変化（可能性はあった）が起こり、再び状況が凍結してしまう前に、もはや引き返せないところまで急いで行ってしまう必要があったのだ。九〇年の末にゴルバチョフ派が直面した問題は、その恐れが根拠のないものではなかったことを証明した。ドイツ人が急いだのは、正しかったのである。

コール首相の華麗なる冒険

それは、コール首相が熟慮した結果の選択であり、世界中の人の度胆を抜いた。大胆かつ迅速な政策で、ドイツはあらゆる障害を吹き飛ばしたのである。

最初の障害は国際的なものだったが、これはすぐになくなった。統一ドイツがただちに、完全なＮＡＴＯのメンバーとして残ることを表明し、ソビエトは不意を突かれ、この決定に形だけでも抵抗して見せることさえできなかったからだ。コール首相はさらに、経済力に物を言わせ、東独に駐留しているソ連軍師団に、事を荒立てることなく計画的な日程にしたがって出ていってもらうことに成功した。ドイツはそのために一二〇億マルクを支払ったが、この種の「軍事」的解放にしてはそんなに高額ではなかったといえる。マルクが戦車や大砲に勝ったのである。

一方、ヨーロッパは躊躇を示したがそのムードは、記録的とも言える速度で取り払われた。ヨーロッパの国々は、ドイツの動きがあまりに速かったので手を出すこともできず、なにより首謀者がボンの政府ということもあって、文字どおり、大混乱になってしまった。ドイツの外交筋は特にフランス人に対し、ＥＣとは以前と同じ密接な関係を維持していくことを伝え、危惧の念を払拭した。「大ドイツ」の復活は、さんざん人々の間で議論されたが、その議論もすぐに、払いのけられてしまったようだ。

国内的には、コール首相の政敵が、統一問題で選挙に望みをかけていたが、無駄骨を折ったことになる。旧東独で行われた初選挙でも悲惨な敗北を喫し、西側でも地盤を失った。キリスト教民主党の連立派は、二回の選挙とも大きな勝利をおさめ、政権を握る政党の安定過半数は揺るぎないものとなった。

コール首相の勇敢さに加えて、西独当局は強い連帯力を発揮させた。公共財政に重くのしかかってくる、連邦と州の予算、社会保障機関の予算は、大変負担の大きいもので、良識的に見ても年に一二〇〇億マルク（八・四兆円）、つまり五年間で六〇〇〇億マルクという計算になる。この一部を、「統一基金」の一一五〇億マルクで賄うことになる。この額は旧西ドイツの海外投資額一年分とほぼ同額だ。別な見方をすれば、家庭貯蓄全額の半分に当たる。したがって、ドイツ納税者、保険加入者にとっては、相当な努力になるわけだが、そうしなければ、外への借金という手段に訴えることになり、それはもっと危険な結果をもたらすだろう。例えば、負債関連費は年間一〇〇〇億マルクにも達する。金利の上昇、国際資本の流出によるものである。

外への借金という、この仮説は今やいらぬ心配となった。確かにコール首相は、選挙運動中には、統一による増税はないという意見を表明しないわけにはいかなかった。ここでも、アメリカのネオキャピタリズムの土台となるもの、つまり、ヒッピーの時代にカリフォルニアから発生した反税の強迫観念といったものが、世界中に広まっているのがわかる。ドイツという全く反対の経済の型を持つ国においてさえ、そして再統一という愛国的大事件の時にあっても、コール首相はこの反税感情に追随しないわけにはいかなかった。しかし、九一年初頭以降、彼は議会に実質的な増税を要請することになる。

九一年、西から東への公共費の移動は、およそ一五〇〇億マルクになるとされ、それは五〇〇〇億フランで、フランス人の医療費全額にあたる額なのだ。また、フランスの所得税収入の三倍でもある。つまり、この予算計画は巨大なものだと言えるし過去に例のないものだ。

その予算が異例である理由はもう一つある。それは何かというと、今、世界のほとんどの場所で、まるで十九世紀の「無秩序」な資本主義の時代のように、不平等が再び顕著になっているが、ドイツだけは、どれだけ金がかかろうと、不平等の是正を優先項目の中でも最優先に置いているという事実である。

東西統一の費用は、公共費だけで賄うのではない。民間セクターも参加する。西独の大企業や中小企業と東独企業との間に数多くの協力協定が結ばれているのだ。旧東独の企業は今や、競争と「市場の現実」に直面し、多くが倒産へと転げ落ちているだけに、西独との協力はますます必要となっている。ドイツの信託公社は、旧東独のすべての企業の民営化を促進するため、一九九〇年に、五五〇億マルクの融資を行うことに合意した。この額の半分以上は返済される見込みすらないものである。総体的に見て、旧東独の新民間セクターの「水準引き上げ」への努力は、西独企業からの莫大な額の投資なしでは成しえないといえる。

メゾジョルノ型か五番目のドラゴンか

ドイツが、言わば「別れ別れになっていた分身」を買いとるために受け容れた財政負担は空前の規模であり、間違いなく、見事な挑戦、そして寛大な試みとして評価することができる。しかしもちろん、ドイツはその見返りを考えないでいるわけではなく、旧東独の吸収によって、さらに成長が大きくなっていくことを予期しているのだ。ドイツは、世界の安定と成長の主軸になったとさえ言えよう。全般的に経済成長が鈍化している現在、これは歓迎される利益なのである。確かに、今すぐドイツ統一の経済への中長期的影響を推し測ることは難しい。だが、少なくとも、いくつかのシナリオを予想してみることはできる。フランスの国際情報予測研究所が、今から五年間の二つの予想図を作り出してみた。

［1］まず一つ目のシナリオは「第五のドラゴン」と呼ばれる。アジアの「四匹のドラゴン」にちなみ、命名された。このシナリオは最も楽観的なもので、旧東独で、画期的発展が見られることを想定している。その土台は三つの仮説である。まず、一九九五年、旧東独では、給与を徐々に引き上げていって、旧西独の七五％まで実現する（九〇年三〇％、九一年五〇％）。それから、旧東独への投資額は、一九九五年まで年額一一一〇億マルクである。三番目に、外国製品の浸透は四〇％に達し、九〇年に延べ三十六万人に達していた西側への移住者は、九五年には五万人に減少する。

こうした仮説が本当になったとしたら、東西ドイツ統一の経済への影響は、劇的なものになるだろう。六年間の平均成長率（九〇〜九五年）は三・七％に達し、インフレ率は変化しない。九五年における失業率は、就労人口の八％を越えることはない。経常収支は、絶えず大幅な黒字を記録し、ＧＤＰ（国内総生産）の約二・七％にあたるものになる。

その上――これがいちばん興味深い点だが――二つのドイツの不均衡は、段階を追って消滅していき、旧東独の失業率は一一・八％にまで減り、経常収支は国内総生産に対してマイナス一・二％に留まるであろう。

明記しておきたいのは、このシナリオにおいては、ドイツの活力が、ＯＥＣＤ全体の経済にも良い効果をもたらし、成長率、インフレ、赤字予算、経常収支すべてが改善するであろうことだ。もうすでに、フランスでは、

Source : Plantu, *C'est la lutte finale*, La Découverte/Le Monde, 1990, p. 135. (「これが最後の闘い」)

九一年第一期の自動車販売量は二〇％低下しているのに、ドイツでは四〇％増加しているのだ。このシナリオは、知性、長期的視点、そして忍耐の効果である。

［2］　二つ目のシナリオは、「メゾジョルノ」という名だ。イタリア南部になぞらえたタイトルである。イタリアの南部地方は、政府の努力もむなしく、北部に比べていつも相当な遅れをとっている。このシナリオのための仮説は以下のようになる。旧東独における給与の増加はずっと速く、九五年には旧西独の九〇％に達する。ここで根本的な違いが見られる。このシナリオは「焦り」と「これしかない」のシナリオであり、理性を否定するものだ。その結果はすぐに出てくる。投資は少なくなり、六年間の平均年額は、およそ九〇〇億マルクで落ち着くだろう。移住者の数は依然減少しない（年間二十万人）。

このシナリオの結果は、もちろんあまり好都合なものではない。ドイツの国内総生産の成長は三・五％にしかならず、失業率は九・八％になってしまう。インフレもわずかだが加速し、経常収支の黒字は、国内総生産の一・二％に落ちるだろう。そして、「五番目のドラゴン」との最も大きな違いは、ドイツは二つの地域の間の不均衡が、深くなることである。旧東独の失業率は、一九九五年には就労人口の二〇・八％に達し、経常収支の赤字は国内総生産のマイナス一六・一％になるだろう。

国際情報予測研究所のエキスパートが断言することは、そうなれば、東独の脱工業化、さらには、過疎化といった状態になるだろうということである。

この二つのシナリオからどんな教訓が得られるのだろうか。それはまず、旧西独が、旧東独の利益のために、より強い連帯感を持って対処するべきだということである。たとえ、当面高い代償を払わねばならなくてもだ。「第五のドラゴン」は、公共費の導入がずっと大規模になるし、払う犠牲も大きいが、長い目で見れば、「メゾジョルノ」のシナリオがあまり強力な援軍を必要としないにもかかわらず、それよりずっと効果が上がるのである。

第二の教訓は、もっと重要なことだ。旧東独の給与は、「ドラゴン」のほうが引き上げの速度がずっと遅い。厳格な給与体制が、失業の減少と成長促進に不可欠なのである。

フランスは、八一年から八四年の時期、それをよく理解した。失業対策のためには、より少なく働き、より多くの報酬を得なければならないという考えは、少しずつ、痛みも伴ったが変わっていった。名目賃金を引き上げることは、購買力を増加するどころか減少させる傾向があること、失業も増加させることを理解したのである。国民の間で、こうして経済意識が変化していったことで、企業への感謝の念が生まれ、フランスの経済の建て直しも可能になった。そしてフランス史上初めて、資本主義の効果に関する、本物のコンセンサスが出来上がったのである。今、東独と東欧諸国が直面しているのは、それと似た問題だが、その規模は、比較できないほど大きい。コール首相は、すでに選挙運動で、東側に対し、「幸せへの道は、長く困難なものだ」と訴え続けた。しかしその警告も拍手の嵐と「一つの祖国ドイツ」の歓声にかき消されてしまった。そして現在、失業を訴えるデモがあちこちで起こり、旧東独の鉄鋼労働者は、旧西独の同僚と同額の給与を一九九四年を目処《めど》に、勝ち取ったのである。今、旧東独があまりに速い給与引き上げによって、「メゾジョルノ」のシナリオへの道を転落し始めたのではないかということを懸念せざるをえない。

ペール総裁の「惨憺」たる失言

ドイツ連邦銀行のペール総裁が、一九九一年三月二十六日にブリュッセルで行った発言はまさにそれであった。彼は、「両独通貨同盟はヨーロッパ統合の際にはしてはいけないことの前例をつくった」とし、「一日のうちにドイツマルクを東独に導入し、何の準備もなく、軌道修正の能力も備えてはいなかった。そればかりか、交換レートは不適切なものだった。その結果は惨憺たるものである」としてドイツ政府を非難した。

だが惨憺たるものの最たるものは、総裁の使った、前例を見ない形容詞である。中央銀行総裁、それもあの「連銀」の責任者の口から出たのだから。確かに、彼が何をおいても、ボンの政府が統一のために借金をしなければならなくなる状況を避けさせたかったのは理解できる。それは彼の役目だからだ。しかしそのおめでたい失敗の埋め合わせに、欧州通貨連合を持ち出すのは行き過ぎだ。このペール発言が、マルクを急降下させたこと自体はさして深刻なことではない。それより、コール首相が、ためらいもなくただちに対策を講じていなかったら、取り返しがつかないことになっていたにちがいないのだ。ベルリンの真中に再び鉄のカーテンが降りていたかもしないことを人々は簡単に忘れてしまった。それが重要なことなのである。怒りの声が出たのは、なにより自尊心が傷つけられたためである。統一の際に、東独と西独の生産性の比率は一対二、あるいは一対三にもなっていた。理論的に見て、連銀は、その率に連動する為替レートを提案したが、コール首相は反対の方向へ決断を下し、一対一のレートを設定したのである。

報道されているところでは、この決断の結果は「惨憺」たるもののようだ。失業率の増加、工場閉鎖、何ヶ月か前まで幸福感に酔いしれていた国民の士気喪失等々の状況が見られる。だがコール首相が、ペール総裁の意見にしたがっていたらどうなっていただろうか。東独の人々の収入の増加率は少なくなるだろう。失業の増加も抑えるという効果はあるが、逆に移住者は莫大な数になって、収容できないぐらいになり、東独は過疎化するであろう。コール首相はこう言っている。「もし、マルクをライプチヒに持って行かないと、ライプチヒの人々がマルクを求めてやってくることになる」。一九九〇年のある一日で、十五万人の東ドイツの人々が、元国境を越えて西ドイツへやってきた。九一年の春には、その人々は数百人にまで減った。「惨憺たる」という言葉を使ったペール氏は、この恐るべきジレンマを見て見ぬふりをしている。つまり、失業を増やすか、東の五つの州の過疎化か、である。一時的な失業問題をとるか、半永久的な過疎化問題をとるか。コール首相は、もちろん、弊害の少ないほうを選択したのである。

さらに、ペール総裁の失言が惨憺たるものである理由はもう一つある。何十年も前から、フランクフルトの金融当局の基本方針は、政治と経済状況があらかじめ整わなければ通貨統合はありえないというものだった。ところが、二つのドイツの経済ほど、均衡には遠くて、差の大きいものはない。つまり、両独通貨連合（UMA）は惨憺たる結果にいたることが必要であった。そうでなければ、連銀は、自らの第一の信条がドイツの国内で破られたことになる。次には、同じ信条を適用しようとしている欧州通貨連合の中でも面目を失う恐れがあるかもしれなかったのだ。それが、ペール総裁の「独通貨連合はヨーロッパが行ってはいけない例の模範となった」という発言の理由である。ところが、真実は手強かった。ラテン諸国の例では、もう十年以上にわたって、通貨連合は経済のレベルの隔差の減少を促進することが証明されているのである。したがってその反対のことを唱えることは、ポルトガルやギリシャ、そして多分スペイン、イタリアという国々を将来の欧州通貨連合から締め出そうということを意味する。

もしそうなら、中央ヨーロッパの、ハンガリー、チェコスロヴァキア、ポーランド等に望みはないと言うのだろうか。彼らの希望は、通貨連合や欧州統合政策の発展と切り離せないものなのだ。もし欧州通貨連合が東欧の援助に向かわないのなら、彼らのほうがこちらにやってくるであろう。今、これを書いているわたしのもとに不穏な最新ニュースが届いた。コール首相は自分の地盤での地方選挙に大敗したという。ペール総裁は辞任したが、それよりもっと前に、金属産業労組のIGメタルは、東独五州における給与を、九一年では西独の六〇％に、そして、九四年には一〇〇％まで引き上げさせることで経営側と合意している。これは、危険で、「惨憺たる」メゾジョルノ形式のシナリオへの転落を意味するものである。

しかし、わたしは、ドイツの与えてくれた第二の教訓に固執し、それを信じる。その教訓によって、ドイツは、ヨーロッパが本当に統合したとき、つまり連合という組織になったとき、いったい何をしたらよいのかを示してくれているのである。

ヨーロッパにできること

議会で安定多数を確保している政府の言うことは、昔から決まっている。「良い財政をやりなさい。わたしが良い政治をやってあげるから」である。ところが、この点で、コール首相は歴史に名を残すだろう。なぜなら、四十年間ドイツは、財政の正統派の総本山だったが、彼は、二つのドイツの通貨統合を瞬時にしてやり遂げるという、未曾有の勇敢さを発揮したのである。専門家の意見も反対で、国際経済の発展によって各国の操作範囲が制限されてきているのにもかかわらず、さらには選挙への配慮、外国とドイツ国内の各州や各組合のエゴの競い合い、こうした中にあって、コール首相は、評判では想像力にも決断力にも欠ける人物だったのが、ものすごい才能を発揮して、今回ばかりは、彼の連邦政治の強い力を、フランクフルトで中央銀行を支配する各州の代表に見せつけたのである。

一つ、忘れがちな真実がある。経済的必要は政治の指揮権の前に影が薄くなる、ということだ。ただし、この原則がアリバイとなってはいけない。つまり、ここでわたしが意味するところは、政治の優位は、あらかじめの経済、金融上の成功があってしか成立しないということである。経済が強くなるほど、政治はその束縛から自由になっていく。もしもドイツに長年の黒字がなく、マルクも今のような状態でなく、さらに企業の競争力や経済力があんなに強くなければ、東ドイツに対する、あんなに見事なM&Aはできなかったであろう。この合併で、ドイツは必ず得をするだろう。なにしろ、あの「経済の圧迫」を抑え、圧倒し、乗り越えたのだから。

このドイツの体験から学ばなければならないことは、大胆さと連帯の結びつきは大変有効だということである。経済における大胆さやダイナミズムは、必ずしも排他的行動や、不平等、社会的不公正を意味しない。そして連帯は、必然的に、官僚主義、事なかれ主義、動きの鈍さにつながってくるわけでもない。

ここで、心に留めておきたい基本的なことが二つある。ライン型資本主義に特有な点で、統一をつつがなく成功させた原因でもある。わたしは以前にもそのことに触れたが、今この特別な状況ではそれを全く新しい姿で捉えることができる。

第一の点とは、国の利益を長期的に見ることである。ドイツ人は、今彼らが経済、社会的に払っている犠牲は、必ずや将来役に立つということがわかっている。もちろん初期には赤字が増えていき、貿易黒字も減少し、社会保障にも影響が出て、納税者の負担も避けられない。しかし、西側も東側も最初はおもしろくないこともあるだろうが、最後には、全ての国民がみな、その努力の成果を手にすることになるだろう。

第二の点は、個人の利益よりも全体の利益を優先させることである。ドイツ人は、個人の利益への欲求を抑えることで、長期政策を支えてきた。個人の利益を考えれば、公共と民間セクターへの金の使い方は、慎重なバランスをとりながら、節約もせねばならない。したがって、コール首相が、西ドイツの納税者や失業者のいうことに耳を傾けていたら、あんな冒険には乗り出さなかっただろう。

ここで思うのは、もし金融市場がその掟や論理を企業や政府に押しつけていたらどうなっていたかということだ。統一というリスクは決して取られることがなかったにちがいない。長期的な賭けは、不安な要素が山積みなのだし、とうてい受け入れられなかっただろう。特に財政面の不安材料は取り除かれてはいなかったのだから。統一によって必要となる巨額な資金集めが引き起こす緊張が、大した苦労もなく解消されるかどうかを予想できる人はいない。金利引き上げ、インフレ、欧州通貨連合内部の動き等々、危険はまだ残っているのである。

しかし確かなのは、金融機関の力が安定している体制では、そのような緊張は解消しやすいことである。ドイツの場合には、もしネオアメリカ型のように金融市場が支配的であったとしたら、状況の変化が激しく、神経質で、予測のできないものとなって統一のショックには耐えることができなかっただろう。安定し、力のある銀行体制で、その方向付けが企業のほうをしっかり捉えている状況だったからこそ、新たな財政の要求に、ひどい痛手を被ることなく対処することができたのである。社会全体の利益についての予測をするには、土台のしっかりした、十年単位で貯蓄してきた業績をもとにした枠組みの中でのほうが、何千人ものディーラーが日々変化する規準、世論に左右される基準に振り回されてその場の収益を追求するというシステムよりずっと容易だ。

「ドイツの教訓」は、今わたしたちに、東欧全体の問題に関して、良い刺激になる考えを教えてくれる。ドイツが、歴史的に不利な立場を与えられていた自らの分身に対して行ったことは、ヨーロッパ全体が、今、五十年の共産主義支配のために、決定的に傷つき破壊された中央ヨーロッパに対してできることではないだろうか。

これに対する答えを出す前に、しなければならないのは、今犯している重大な過ちの大きさを認識することである。この過ちによって東独は、「メゾジョルノ」のシナリオよりもっと悪いところまで堕ちていく可能性がある。二つの大きな過ちがある。それは生産性を大きく越えた給与の引き上げと、寛大すぎる社会保障とである。社会保障のおかげで、働いていたときよりも、働かずしてもっと稼ぐことができるようになってしまったのだ。それなのに、市民は不満を表明している。その理由は生活レベル、そしてなにより将来の展望が西独に比べて芳しくないからなのだ。

いったい、どれぐらいの間、西側の財政的犠牲が、東側に無気力と不満を生み出すという状態が続くのだろうか。それは、投資がどれだけ効果を早く出せるかにかかっている。この投資は、大部分がドイツのものだ。西側であろうともドイツなのである。ところが東欧と中央ヨーロッパの場合、国内で競争力のある投資を発展させる能力は小さい。外国からの投資だけが、市場経済の発進を促進することができる。そのリズムは遅い。なぜなら、もし加速すれば、外国投資で事業が発展しても愛国主義や民衆主義者たちの反感が大きく、経済成長が犠牲となる事態になりかねないからである。

とはいえ、ドイツでの大きな支援資金と、その近隣諸国での資金不足とを比べてみると、そこには、最善の対策を追求する余地が大きく残されていると思う。

だが、最善策の研究は不可能だ。問題を具体的に提起することすらできないのだ。なぜ？　そのことについてもっとよく考えてみよう。

旧東独の人口は、西独の五八〇〇万人に対し、一七〇〇万人である。三分の一にすぎない。東独と、中央ヨーロッパ三カ国（ハンガリー、チェコスロヴァキア、ポーランド）の人口を合わせても一億人で、それに対し、ＥＥＣの十二カ国の人口は、三億四〇〇〇万人である。この三カ国は、八九年、共産主義から解放されたとき、「夢の国」、つまり繁栄の扉が開かれるのを期待したが、実際それは砂漠の行軍の始まりだったのである。この砂漠では、民衆運動を扇動する似非預言者が徘徊し、ＥＢＲＤ（欧州再興開発銀行）の努力もむなしく、東ドイツのような天の恵みは受けとることができないのだ。つまり、八五年以降のあらゆる進展にもかかわらず、ＥＥＣは、西ドイツとは異なり、政治連邦ではなく、統合市場としてもまだ完成していない。それよりむしろ、農業と通貨連合以外は共通政策を持たない単なる自由貿易圏でしかないのだ。

十二の加盟国がそろって、自由世界の連邦のほとんどがそうしているように、財源の一〜二％ではなく一〇〜一五％を自国通貨で出し合えば、ＥＥＣは、たちまち、ライン型経済のほうへ大きく前進することができるだろう。つまり、連帯と豊かさに向かって、各国が国力を強めることができる。それだけではない。中央ヨーロッパの新たな経済不毛地帯に活力を与える方法を発見することもできるだろう。ドイツの教訓をそのまま実行に移さないまでも、アメリカのマーシャルプランぐらいは参考にしたい。一つの国が他国に対し連帯感を持って援助することは、援助する側にとっても利益になることは間違いないのである。

それを具現したのはアメリカだ。アメリカ合衆国はあっても、ヨーロッパ合衆国は存在しない。われわれには残念なことだ。欧州が一つになれないことの代償は大きい。特に、ハンガリー、チェコ、ポーランドの人々にとっても大変な痛手だ。ヨーロッパ合衆国を建設する代わりに、われわれが創り始めたのは、チェコのハヴェル大統領が先ごろ述べたように、中欧および東欧の「絶望と不安定と混沌の地域」なのである。それは「ワルシャワ条約の武装軍と同じぐらい西欧を脅かすものとなる」かもしれない。

第11章　ヨーロッパの転換期とフランス

湾岸戦争の際、欧州の人々は、突如として驚くべき事実を発見した。彼らがTVで、どんな小さなニュースも見逃さずに、熱狂的に見詰めていたドラマは、なによりヨーロッパと深い関わりがあるものであったというのに、そこには、ヨーロッパは存在していなかったのである！　アメリカが、二億五千万の国民の中から五十五万人の兵士を派遣したのに対し、三億四千万人のＥＥＣからは、たった四万五千人の兵士がバラバラの旗のもとに、アメリカ人指揮官の指令を受けていたのであった。

ヨーロッパ軍が存在しないという事実を発見したのは、ちょっとショックだった。あんなにも長い間、ヨーロッパ統合のことを話題にしてきたため、人々は、無意識のうちになんとなくヨーロッパはまとまったのだと思ってしまった。フランスだけではなく、ほかの国々でも同様だった。ところが、統一されたどころか、われわれが見たのは、英国はアメリカにしたがい、フランスは、軍事的にはアメリカと同調しながら、外交で差をつけようとし、ドイツは、憲法上、一人の兵士も出すことができず、さらには、南欧諸国では、スペインの反米デモに代表される分裂状態という姿であった。

このような分裂、非力、無知の状態によって思い知らされたのは、ヨーロッパ共同体が独自の資本主義形式を選択する必要に迫られているということである。国民がそれをしないでいれば、市場の勢力に押し流されてしまうだろう。そして、それはもう始まっている、しかも悪い方向へと始まっているのだ。

一つに見える資本主義体制の内部で、二つの大きな流れが、どれほど深く対立し合っているかを述べてきた。欧州の大部分の国は、ネオアメリカ型よりライン型に近い。しかしライン型は国際的には後退する一方なのである。

それは、ヨーロッパ統合の推移を観察すると特に明らかに見えてくる。第一次石油ショックから、八四年のフォンテーヌブローのサミットまでの十年間、ほとんど中断された状態が続いた後、ようやく九二年の市場統合へ向けて華々しく歩み出したのだが、市場は一体、どのようなものになるのだろう。驚くべきことは、フランスは熱心にこのプロジェクトを支持しているが、その内容は、サッチャー首相の考え方に大きく影響を受けたものであること。一方、ドイツは、あちらこちらの肩を持ちつつ、その本当の意志は、経済通貨連合の発展に反して、もっぱらマルクの安定を確保することにあるという事実である。

現在、われわれがいるのは、高い障壁のふもとだ。経済通貨連合の準備のためと、政治連合のための二つの政府間協議が行われているが、対立する二つの重要な考え方のどちらかを選択せざるをえないであろう。その二つの考え方とは、一つはサッチャー首相が八八年、もう一つはドロールEC議長が八九年に、双方ともベルギーのブリュージュで行った、優れた演説によって表明されている（補遺Ⅰ）。ヨーロッパは、単なる一つの大きな市場となるのであろうか。それとも、連邦としての権力が強く発揮される市場社会経済になるのだろうか。これが、根本的な段階でのジレンマだ。その結論に直接関わっているのが、ECの三億四千万の人々であり、さらには、中央ヨーロッパと地中海の南の国々も間接的とはいえ、この問題に自らの運命を委ねているのだ。
だが、ＥＣ十二ヶ国の中では、どこよりも、フランスにとってこの選択は重大な意味をもっているのである。

重商主義（コルベール主義）伝統との訣別

二つの資本主義の闘いで、フランスの位置を決めるのは難しい。これを、非常に鋭い分析で示してくれたのが、ある外国人のオブザーバーで、イタリア産業復興公社の元総裁プロディ教授という知仏家である。彼は本国イタリアの「イル・モリノ」誌（一九九〇年第一号）に「二つの資本主義形式の間で」という論文を発表している。とりわけ暗示的なのは、その論旨が、本書でとりあげ分析してきた二つの資本主義と、分析の基準の点で非常に近いものであるからだ。

フランスはどうかといえば、どちらの形式も総合的には採用していない。株式市場と金融市場は伝統的に控え目な立場を守っている。パリ株式引取所の規模を、ロンドンに比較するとそれがはっきりとわかる。だが、一方では、銀行グループ等のドイツのような機構を生み出す現象は見られないのだが、公共企業の役割は、産業、銀行、保険等すべての分野において支配的であった。八〇年代の変化は、その意味は一つではないけれど、注意深く考察する価値のあるものである。シラク首相の発想でスタートし、バラデュール蔵相は、八六年、公共企業の大幅な民営化計画を打ち出した。その計画では、五〇万人の従業員を抱える二十七の公営企業を徐々に民営化していくというものだったが、結局、政府が交替したために、一部しか実現しなかった。

しかしながら、八つの大企業が、公から民に移った。その多くは、フランスを代表する重要な企業である。例えば、サンゴバン（硝子）、パリバ（銀行）、CGE（電力）、ハヴァス（通信社）、ソシエテジェネラル（銀行）、スエズ（金融グループ）等々である。

この新政策の当初の動機は、アングロサクソン型への移行を目標とするものだったようで、株式取引所の規模を拡げる目的があった。そこで、新たに数百万の株主を生み出すことが優先事項だったのである。ところが、その目的は少しずつ後退していった。というのは、多くの個人株主は、即刻利益を手にしようと、買った株を素早く売却してしまったからである。これらの企業の民営化の仕方は、逆に、ドイツ型所有構造への接近の前提として考えられる。民営化したすべての企業において、経営の指揮権は「中核」の株の二五％しか所有していない人々が握っているのだ。徐々に合理的な考えになった株主が構成する、巧妙な組み合わせを通じて、今フランスには、いくつかの大規模な金融産業グループが形成されつつある。所有権と相互関係の安定性の点から見て、これらのグループは、アングロサクソン形式より、ドイツ形式に近づいていく傾向が見られる。もちろんそのシステムのものよりずっと小さく、守りも固いものだが。

さらに、フランスには、多数の公営企業があり、その性質は、アングロサクソン体制にも、ゲルマン体制にも似ていない。しかしながら近年、こうした公営企業の戦略は、特に外国企業吸収に関して、アングロサクソンというよりは、ゲルマン的論理に影響を受けている。

実際、そのような合併は、イギリスやECにおいて強い反響をまき起こしている。なぜなら、それは、一企業の戦略の成果ではなく、国家としての戦略の成果として受け止められているからだ。

なぜ、フランスは、今まで五十年間、独自の形式をつくること、資本主義と共産主義の間に「第三の道」を作り出すことを、世界に向けて、あんなに主張してきていながら、こんなにもどっちつかずのはっきりしない状態にあるのだろうか。それには、二つの大きな理由がある。まず最初は、フランスは、やっと今、社会的重商主義（コルベール主義）の伝統から抜け出し、完全に欧州と世界の経済へと参加することができたからである。第二には、この移行のために、われわれは少なくとも、アングロサクソンにも、ドイツ、日本にも、同じだけ知恵を借りているからである。

フランスの伝統は、社会的重商主義であった。国家が、政治的野望と社会発展と両方の名において、経済を指揮したのである。ところが、社会的重商主義は今破局を迎えている。その証拠に、過去には名誉を受け羨望された役人は、いまや尊敬を受けることもなく、心理的地位をフランスの社会で、どんどん失っている。それとともに地位を上げているのが〝スター〟資本家なのである。役人に関して日本のことに触れよう。日本では、学歴と年齢が同じ場合、官・民の給与は基本的に同じである。その上、教師は他の公務員より給与が高い。なぜなら学ぶことが美徳である儒教の国日本では、教職は神聖なのである。日本人にとって、教師は人生の師であり、教育者に社会的地位と敬意を与えることは、子供たちに良い教育を与えるための保証金のようなものなのだ。

話をフランスに戻すと、それでもまだ国家の存在は、あらゆる場で見られる。政治的には、脱中央集権政策にもかかわらず、急進的中央集権主義が、いまだに主流である。ドイツや米国、スイスで支配的な連邦型組織とはまったく異なっている。フランスでは、すべてに、国家の力が最強なのである。ドイツでは、企業援助の資金は、大部分が州政府から出されるし、独連邦銀行の執行部は、各州の代表者で構成され、国際金融の動きにも動じないが、ボンの意見にはさらに動じない。

経済分野において、人々は、間違いを犯している。九一年現在も、フランス国家は、国営企業の重要さから見て、国家統制主義のプロトタイプだと思っていることである。はっきり区別する必要があるのは、政府が独占形態をとっている公社つまりＥＤＦ（電力）、ＧＤＦ（ガス）、ＳＮＣＦ（国鉄）、預金供託公庫等と、国際競争に参加している国営の製造業および金融企業とである。後者は十五年も前から公平な競争の原則のもとに運営が行われているのだ。

官の力が強いのは、むしろ、大部分の研究機関の技術的な面においてである。原子力研究のＣＥＡとＣＯＧＥＭＡ、あらゆる研究を行うＣＮＲＳ、医療研究のＩＮＳＥＲＭが代表的だ。アメリカやラインの国々では状況は全く異なる。研究は主に、企業や大学で行われている。政府は援助を行うだけだ。

つまり、資本主義諸国のなかで、フランスが数世紀にもわたって、最も国家の力が強力な国だと言える。重商主義を守り、経済を監督下に置いてきた。一方では保護主義で統制的であり、他方では投資に熱心で創造力に富み産業社会の調和を重視するのである。

二つの資本主義の対立は、労働組合運動の二つの形式と結びついている。第一の形式はアングロサクソン型で、労使協力や資本分担ましてや共同経営は常に拒否してきた。アメリカのように純粋にビジネス的な行動をとるか、イギリスのように労働党という政党の力の助けを受けて、統制と無秩序が相なかばする形の外部の資本主義と戦うか、どちらかである。

反対に、ライン諸国の労働組合は、日本もそこから多くを取り入れたが、企業の中の統合、競争力の強い一致協力という道を選んでいる。日本では、組合員一人一人が、サッカーチームのメンバーのごとく、自分のチームを勝利させる熱意に動かされているのだ。

フランスの組合は、マルクス主義に影響を受けすぎ、階級闘争に必死になるあまり、どちらの型にも属さないことになった。

国家としての伝統と労組の伝統とが、フランスの資本主義を分類不可能な位置におく二つの大きな原因となっているのである。

重商主義の政府とマルクス信奉の労働者の間にはさまれて、長い間フランスの資本主義は、政府の権威と国民の扇動との間で揺れ動いてきた。国民の力の強さは、給与インフレの長年の統計とフランスフラン引き下げを見るとよくわかる。そして政府の力の強さは、企業がなにより専制的な体質なのを見るとわかるのである。強い力を持つ企業の社長の方針は、ドイツとは考え方が違う、フランス独特のものだ。ライン諸国が、常に共同体としての経営陣の管理が優れているのを示してくれているのに比べ、フランスは、古くさいナポレオンの軍隊のやり方を真似たような形態に固執していて、軍を指揮するためには、優れた二人の将軍がいるよりも、凡庸な将軍でもたった一人のほうがいいと思っているのだ。

そのせいで、フランスは長い間ひどく自由市場を警戒してきた。そしてつい最近まで、「利益」は大きな罪として扱われてきたのである。ジャンジャック・セルヴァンシュライベールは一九六七年に『アメリカの挑戦』を著したが、その中で彼は「私的なもの、民間企業、私有地、個人の指導力等、すべてがこれまでずっと悪と混同して考えられてきた。そして公的なものはすべて善だったのである」と書いているのだが、フランス人は未だにこれをなかなか信用することができないでいる。

フランスをこの禁欲的考えから救ってくれた――それが意図的であったかどうかは別だが――社会党政権には敬意を表さざるをえないだろう。市場経済の根本的価値観を復活させてくれたのだから。

とはいえ、フランスが三十年以上もの間、二つの型の資本主義とは全く別のものとして存在してきたのは事実だ。その二つの型はどちらも、その土台となる市場経済の価値観を最優先させてきたのだから。アメリカのことは見てのとおりだ。ドイツも、彼らの市場社会経済が最初は単なる市場経済だったことを思い出せば納得できる。その後、政府が最も必要な部分だけを補い、だからといって介入したり競争力を損ねたりすることはなかったのである。

フランスの金融システムと企業管理体制の特異性はもう一つある。この領域でもフランス資本主義はやはりアメリカ型でもライン型でもない。株式取引所は、もちろん、アメリカでのような主導的地位は占めていない。ドゴール大統領は、「フランスの政治は、株では動かない」と言っていた。そして、その結果経済への融資は、もっぱら銀行や国庫とその出先機関が行ってきた。銀行を通して流れる資金を表す間接金融の比率は六〇年代、七〇年代を通じて、八五年まで九〇％にも達していた。それにもかかわらず、ドイツとは異なり、フランス資本主義は、銀行との結びつきを重視する銀行資本主義でもなかったのである。フランスに、ドイチェ・バンクのような、影響力を誇る金融機関は一つも存在しない。それどころか、現在もフランスには、イタリアほどではないとは言っても、世襲制の財閥資本主義が根強く残っている。それらはミシュラン、プジョー、ピノー、ＤＭＣ（繊維）、ダッソー（航空）などの大企業グループに代表される。もっともイタリアでは、ミラノの証券資本の三分の二が家族財閥のものなのだ。

典型からはずれ、分類することが困難な、フランスの資本主義は、長年、独自の道を模索し、さらにはヨーロッパ全体の流れに逆っているかのような印象を与えてきた。八〇年代初期、社会党政権誕生後、政府が介入主義をとったことがあった。その後、八三年、突然方針を転換して、新たな、アングロサクソン流の道に踏み出したのである。それにあたっての熱意は、連立政権（八六〜八八年）の期間も弱まることなくますます盛んになっていった。

フランスの二つの転換

この転換とはいったい何なのか。それに答えるのは難しい。なぜならフランスは、通貨管理はドイツに倣い、その他すべてについてはイギリスを真似たため、非常にあいまいな状態であるからだ。

九一年の、フランスにおける物価上昇率は、ドイツと同じであるはずである。だが十年前には、一〇ポイントも差があったのだ！　これは、ドロール（当時蔵相）が取り組み、バラデュールが維持し、ベレゴボワが自らの名をそこへ残すようなすばらしい仕事をした、ある模範的な計画による努力の結果なのである。この計画はフラン強化を目的とするもので、だれもが称讃の言葉を惜しまないと思うが、このためには多くの決断がなされている。まず、価格統制の廃止、これは商品とサービス両方にまたがっている。そして最近の決断は、一九九一年の七月一日以降の資本移動の自由化である。わたしはその日、一人の強力な銀行家に、その二年前、為替の統制がその日（九一年七月一日）かぎりで廃止されることになる、との決定を伝えた時のことを想い起こした。彼は全く信用しなかった。フランスフランが、すぐにも予測される資本流出、という動きに耐えることは不可能だと考えていたからだ。

八四年から始まった、大がかりな金融規制緩和の動きは、イギリスの影響、いや本当のことを言えば、ロンドンのシティーに対するライバル意識で実現したといえる。銀行市場や株式、抵当権市場における障壁の廃止、両替商の独占権の廃止、COB（株式取引委）の強化等の処置は、規模は異なるが、憲法会議を思い出させるような権威を獲得した。そして、さらにMATIF（パリ金融先物定期取引所）が生まれたのである。その勢いはロンドンをも越え、ドイツ人を始めとして多くの外国顧客を魅きつけている。

このため、株式取引の量は、七年間で二十五倍に膨れ上がった（八〇年の一二四〇億フランに対し、八七年には三兆九〇〇〇億フランになっている）。そして債券の売買回転率は、最も活発なものでは同じ期間に七倍になっている。具体的に言うと、わたしが社長をしている会社では、債券の売買回転率が八〇年と八七年では、一二％から一二三％になっているのだ。十年前は、債券管理の仕事は、利札を領収し、期限を待つことしかなかったが、今や、あらゆる金融テクニックが駆使されて、例えばAGFグループの銀行では、債券の平均所有時間は数分にすぎないのである。買って売る。わずかそれだけの時間なのだ。

新しい金持ちと新しい貧乏人

新興の金持ちは、イギリスの流儀で仕事をしようとする金融市場に、新たな貧乏人は、それと反対側の、アメリカの不平等社会の流れの中に存在している。

「栄光の三〇年」が過ぎ去った当時、フランス社会の不公平度はかなり減少していた。証拠となる数字が二つある。第一の数字は、最高に裕福な十％のフランス人と、最高に貧しい人々との収入の差を表すものだが、七五年にこの数字は最も低い三・一二を記録している。第二の数字は、資産の集中を示すもので、六〇年には、十％の裕福な階級が六五％を所有していたのが、八五年には五四％に落ちている。ここでも、不平等の是正は顕著な

SOURCE: Plantu, *Des fourmis dans les jambes*, La Découverte/Le Monde, 1989, p. 99.

のである。

ところが、八四年以降、この傾向が逆行している。八八年、収入の隔差は三・二になった。所有資産に関しては、不動産と証券市場の爆発のために、資本収入のほうが労働収入を追い越す速度で増加したのである。

この点で、フランスは遅まきながらも、アメリカを追っている。米商務省によると、八〇年から八九年の期間に、企業経営者の収入は二六〇％増加したのに対し、従業員の収入は五〇％しか増えていないのである。この数字が意味しているのは、社会の深層からの変化である。例えば、給与の個別化へ向う「アメリカ的」現象と、企業の大きな「フレキシビリティ」で、ネオリベラリズムの原則を、労働力のレベルにも生産の他の要素にも採り入れて各人が、毎年、

そこへ座って、その
有名な、社会の不公平
ってやつを教えてよ。

Source : Piem, *Un trait, c'est tout*, B. Arthaud, 1972.

毎期、実際の能力に応じての報酬を手にするという方法が盛んになってきた（エコノミストはこの能力を、限界生産力と呼ぶ）。

そこに見られるのは、方法の変化だけではない。いわゆる「自然」の法則（弱肉強食）がくり返して適用されて、その結果として表れてくる増大する不平等の論理がそこにある。富は、恥じる理由もなくなり、もはや身を隠すことはなくなった。以前アメリカ人の羨恥心のないことを、「ショッキング」だとしていたフランス人だったが、それが今や自分の国に堂々とまかり通るようになった。だが、そのすぐ隣には、増加する一方の「新たな貧乏人」がいる。フランスだけの問題ではないのはすでに触れた。権利を失った失業者、最初の職を探す若者、不法、合法の移民、あの郊外の住人たち。都市近郊の地域は年々、疎外されてきた人々の住む場所となりつつある。そしてアメリカと同様、個人のイニシアティブによる慈善事業が行われることもある（例えば、タレントのコリューシュ（八六年に死亡）が始めた「心のレストラン」等）。役立たずの政府に代わって活動を始めたのである。

「心のレストラン」の例は象徴的だ。この言葉や活動が出現したのは八〇年代で「二元性社会」「新たな貧民」という語と同時だった。その後すぐ、新しい役所と国務大臣が、都市郊外の生活レベルを向上させるという、巨大な、恐ろしい任務を負わされて、誕生した。

郊外、これはアメリカでも、厄介な大問題の一つとしての様相を濃くしている。だがフランスにおいては、社会重商主義の破綻の裏に新しい疑問が生まれたのである。それは、「新たな貧民のなかで最も目立つのは、国家ではないだろうか」という疑問だ。そのことは、エレベーターの錆や、剥げたペンキによってわかるのではない。人々の公共事業に対する無関心に表れてきている。以前は、公務員は、一種の貴族と見なされ、庶民の子供たちにも、選択試験という方法によって、その門戸は広く開かれていた。ところが今は、公務員は侮辱され、敬意も示されず、給与も低く、意気喪失している。新しい貴族が誕生したのだ。アメリカからフランスに入ってきた価値観を象徴する「セールズ」「ウィナー」「ハンター」等の人種である。

その結果、郵便まで、フランスではしっかりと機能しなくなった。アメリカでは私設郵便が、今いちばん伸びている新産業の一つだ。その大手のある社長が、最近、スイスに別荘を買いに行ったという。だがすっかりスイスが嫌になって帰国した。その訳として、彼が事実こう言ったのらしい。「スイスはわたしには向かない。世界でいちばん公共郵便がうまく行っている所なんだ」。

ネオアメリカ型とライン型、その闘いは、郵便の分野でも見ることができる。

フランスに必要なライン型資本主義

基本的な話に戻ろう。企業の役割が、現代のフランスでは、非常に重要で、しかも論議の的になっている。だからこそ、今、欧州議会に提出するために準備されたある計画についても、世論と関係省庁の意見とを把握しておきたいと考える。その計画とは、「企業の権利及び義務に関する宣言」である。これは、パリバ銀行の名誉総裁であるジャック・ド・フーシエ氏が、陣頭指揮をとったものである（補遺Ⅱ）。

ライン型の資本主義は、企業の権利と義務の間のバランスの追求という問題にかなりうまく対応してくれた。一方では社会保障によって成り立つ資本主義であり、他方、資本を持つ会社としてだけでなく、従業員を抱える団体として考えられている企業によって成り立つ資本主義でもあることを示してくれているのだ。

この二点において、フランスが必要とするものは大きい。

フランスでは長い間、社会保障、病院、退職についてさんざん議論してきたが、それは他の先進国と違って、フランスはそれまで、充分にはそうした問題に対処していなかったからだと思う。しかし、民主政権の時代、それと同じくらい手ごわい、別の分野の仕事を成し遂げた。それは先ほども述べたが、通貨の建て直しである。ネオアメリカ型資本主義の、なによりも税引下げに重きを置く考え方が発展してきて、社会保障の後退という結果を招いたが、フランスが社会保障にはあまり積極的でなかったとも言える。ここで、フランス人がアメリカ人以上の税金を払いたがらなくなった場合、何が起こるのか、具体的に考えてみよう。

社会保障を守るためだけではなく、企業の財政力とその安定性を強化するためにも、フランスはライン型にな

SOURCE : Konk, *Des sous! Du temps!*, Éd. Denoël, 1989, p. 33.

ることが必要である。アングロサクソンの影響下で、近年、産業のリストラクチャーが加速し、M＆Aが盛んにかつ大規模になってきた。八六年には六一〇億フラン、八七年には一六五〇億フラン、そして八八年には三〇六〇億フランにもなっている。

そのうちの非常にわずかな額が、OPAと呼ばれる株式公開買付けによるものである。テイクオーヴァー・ビッドとも呼ばれるこの買収の方法はアングロサクソンの国では盛んだが、日本やドイツでは存在しないに等しい。このやり方はフランスでも、「野蛮な資本主義」というイメージを持たれているのだが、実際は、それに関する規制が、水面下で乗っ取りを行おうとする「レイダーズ」たちの攻撃から個人株主を守ることを目的として、しっかり存在している。少し不当とも言えるそのイメージは、いくつかの熾烈なテイクオーヴァーがメディアで紹介されたことと、フランスで八九年と九〇年に行われた大型のOPAのせいであろう。その一つはスエズ銀行がコンパニーアンデュストリエルを、もう一つはパリバ銀行がナヴィガシオンミクストを買収したものである。

ＯＰＡは、それがフランスや外国の会社が、フランスの企業に対して行ったものであっても、あるいはフランスの企業が外国で行ったものであっても、実質的に資産の細分化に至ったことは一度もない。その目的は、大方の場合純粋に産業上のものであり、市場統合に向けて特に必要となってくる企業のリストラクチャーのためなのである。

この意味で、最も輝かしい成功を収めた企業はおそらくシュネーデールグループ（機械）であろう。シュネーデール社はさまざまな分野で活動するコングロマリット企業で、八二年当時は政府の指揮権と補助金に大きく依存しており、しかも株式資本二五〇〇億フランに対し三五〇〇億の赤字を抱えていた！

ところが、十年もしないうちに、同社は、赤字業務分野を勇敢にも切り離し、電気エネルギーに活動を集中させるという組織的な戦略で、電力供給と自動装置では、ウェスティングハウス、ジェネラルエレクトリック、ジーメンス、三菱の各社を抜いて世界第一位となった。九〇年には、同社の株式資本は六〇倍に増加している。

このすばらしい復興が可能になったのは、五十にものぼる合併の賜物にほかならない。そのほとんどは友好的だったのだが、「テレメカニック」は例外だった。八八年、シュネーデール社がテレメカニック社に対してのＯＰＡに乗り出したが、これは大きな論議を呼んだ。テレメカニック社は競争力もあり、なにより、従業員が経営と資本とに参加しているという点で模範的企業であった。わたしは当時、その合併があまりに急に行われたことを遺憾に思ったものだ。もしそれが、ドイツやスイスならば、もっとゆっくりと、銀行の介在で行われたであろうにと。だが、結果としては、このリストラクチャーはテレメカニック社のためにも利益の大きいものとなった。今や、世界市場でも当時よりずっと強くなっている。

九一年の春、シュネーデール社はもう一つ別のＯＰＡを行うことにした。相手がアメリカのデラウェア州にある、特に保護主義色の濃いスクエアDという会社だったため、あらゆる方法で抵抗を受けた。そのうえ独占禁止法の調査のため、シュネーデール社は大量の書類をアメリカに送らねばならなかった。もちろん英訳である。ところが、その株式公開買付けの操作期間中ずっと、大部分の株主は買い手のほうに加担していたのである。ついにシュネーデールが当初の条件をさらに上乗せして、アメリカでは、すべてが値段次第であったらしく、スクエアD社の社長は、大変得なビジネスを行ったとして貫禄をつけるという結論となった。

ヨーロッパ流のザイバツ

もしフランスが、ライン型のように、競争力と同時に、連帯性の強い体制に向かって前進していこうとするならば、われわれの既成概念の大部分とは矛盾する新たな考え方を採り入れることから始めていかなくてはならない。例えば金融機関（銀行と保険会社）が強い力を持つことが、経済的競争力と社会的公正をうまく結び併せるために不可欠なことになっているのだ。ロジェ・フールー前工業相がこう言ったのもそのためだ。「わたしはライン型資本主義を支持する。なぜなら、金融が本当に産業のためにあるからだ」。

フランスに欠けているのは、あまり承知している人はいないが、安定し信頼できる株主層である。株主に忠実でいてもらうには、特典がなければいけない。だが現在、特典はほとんどない。投資信託会社を通じて、税金面の優遇は受けているが、その評価は短期業績によるもので、どちらかといえば貯蓄を移動させ、なかでもテンダーオファー（株式公開買付けと同義）に有利な効果をもたらしている。小口株主が経営者側に味方し、長期的に好調な経営状態に再び興味を持てるようになるには、昔の長期預金口座（ＣＥＬＴ）を再び導入しなければならないだろう。この長期口座は、ＥＣの企業の株主だけが持つことができるものとし、所有者は、株を売り買いしても、口座預金額そのものを減らす場合以外は、差額について税金を払わないでいいことになっている。同様にこのＣＥＬＴの保持者は、最高額は限定されるが、資産税を免除される。こうした特典で、企業経営者が、株式の二五％以上を所有している場合、資産税に関連する資本は申告しなくてもよいという状況と近いものになるだろう。

企業については、ドイツを倣って、再分配されない利益に対して増税をするのが健全な方法だと思う。さらに現金で支払われなかった配当金には余計に税金をかけるようにする。証券類で払われる配当金は、貯蓄を伸ばさないので、市場にふさわしい再分配がうまく行われないことになる。

以上のようなことによって、フランスの金融機関は投資するための資本をより多く市場で得ることができるようになる。日本やドイツの銀行や保険会社のように、その投資は、自らのリスクで、資本や長期貸付の形態で行われる。

クレディリヨネ銀行の総裁であるジャン・イヴ・アベレール氏が、ドイツ流のユニヴァーサルな銀行のあり方を唱えているのはそうした理由からである。興味深いのは、アメリカでも、現在、財務省が九一年の二月に提出した銀行改革案に関し大論争となっているが、そこでの重大な問題は、この改革をドイツおよび日本形式を採り入れたものにすべきかどうかだということである。この論争で、見ていて面白いのは、こうした変化の中での各陣営間の論戦だ。アメリカの銀行預金は連邦政府が保護しているため、ユニバーサルな銀行システムは、今でもすでに破産の危機に瀕している連邦保険をさらに危険な状態にするだろうということもある。

フランスが、ライン型にもっと近づいて、脆弱な現在の資本主義の組織を強化することが必要であるということとは、九一年一月に「企業経営学院」が発表した調査報告、「資本と株主に関する戦略」において明言はされていないまでも、自明の理となっている。一九九〇年以降、株式公開買付けの熱が冷めて、理性的な企業の合併やグループ内部の集中化が続々と行われるようになったが、フランス企業の自己資金の弱さや、現在もまだＳＩＣＡＶ（投資信託会社）やＦＣＰ（共通投資基金）等に支配されている貯蓄金の不安定さによって、結果として株主もアメリカと同じように安定感のないものになっている。「企業経営学院」のこの調査に参加した、四十名ほどの非常に優秀な専門家たちが確認したのは次のようなことであった。

「企業経営者にとって、月一回の業績報告は、アメリカ企業のマネジャーにとっての年三回のレポートと同じ効果をもたらしている。視野が狭まり、財布の中身の回転が早くなるという現象が起きている」。

この観点から、「企業経営学院」では、株主層の安定を促進するために税制の優遇を提起し、さらにライン型に倣うことを提案している。つまり、監査役会と取締役会のしっかりした会社の形態をつくって株主と執行部の権力のバランスをとること。そして一人の株主が持つ投票権について定款によって規定すること。この二つの提案はＥＣの第五次行動計画とは異なるものであることも明記している（ＥＣの計画は基本的に、アングロサクソンの影響が強いものである）。

それでは、欧州統合や、ＥＣには用心しなければいけないということなのだろうか。いやまさにそれは大きな誤まりである。ＥＣの産業、金融関係の立場は、技術的に、ライン型よりアングロサクソンの影響を大きく受けていることが多いが、それは、ＥＣに要請されたのが、ヨーロッパの公的権威に保護された市場社会経済、つまり一種の連邦組織を作ることではなく、単に統一された一つの市場を作ることだったからなのである。資産とサービスの統一市場は、ヨーロッパ金融機関ネットワークの強化を同時に行っていかなければ、間違いなく《企業に管理される社会》になっていくであろう。

そして、この市場では、企業は商品として取り扱われる……。以上が、フランスの政治の伝統、社会の期待、金融構造が、すべてライン型のほうへと国を導いて行くはずなのに、実際は反対にアングロサクソンのほうへと流れている理由である。なぜフランスは、そうあるべき、そうありたいものに逆行した道を進むのだろうか。その答えは、単純なものである。一つの国家だけでは解決しきれない大規模な問題があるからなのだ。先進国の経済が世界的規模で動くようになって、国家はゲームから締め出されてしまった。政府の方針が何なのかは無関係なのだ。

そして、国家にもっと社会的政策を期待しても、ほとんど見込みはない。政府にできることはもう何もないと言ってよいのだ。資本主義を、競争力を損なうことなしに管理しようとするなら、フランス政府にではなくヨーロッパ政府に頼るべきである。ヨーロッパは、強力な金融組織――ヨーロッパ流のザイバツ――と、忘れられがちではあるが、ＥＣＳＣ（欧州石炭鉄鋼共同体）を模範とする政治機構とを生み出す必要がある。

ＥＣＳＣ：ライン型の典型としての欧州組織

近年のネオアメリカ型資本主義の移り変わりと、それが欧州統合のプロジェクトに与えた大きな影響を考えるとき、ジャン・モネの人生とその人物に教えられることは多い。

モネは、しがないコニャック商であったが、ルーズヴェルト、トルーマン、ケネディなどと価値観を同じくして、最後には大銀行家となった人物である。なにより市場経済を優先させ、フランスを保護主義から救い出し、国際自由貿易の仲間に入れるために、だれよりも努力した。個人的には、相当な資本主義者であり、フランスの経済計画委員長になったとき、独立的立場を維持するために国からの報酬を一切拒否したこともある。だがモネは、市場経済に関しては、まさにライン型の考え方の持ち主だった。つまり、純粋に市場社会経済として考えていたのである。

経済計画委で彼が行った仕事もその証拠となっている。だが、彼のもっと大きな仕事である、一九五二年のECSCを基盤として、「大いなる権威のある」ヨーロッパの建設の大事業につながった考え方も一貫している。まず、彼の考えたことは、ヨーロッパに共通の市場を作ること。ヨーロッパの戦争の際、武器を製造するのに使われた二大産物、石炭と鉄鋼の完全自由市場を創設することであった。

しかし、同時に、第三諸国との競争で、どんどん力を失っている欧州の鉄と石炭の鉱山の復興にも備えねばならなかった。ここに重大な社会問題が生まれてくるのである。

それを解決するため、モネは、ECSCの創立に関わった六ヶ国の政府と議会に、今見るといくらか仰々しい名称の機関の制立を承諾させたのである。それが、「ECSC最高権威当局」であった。この当局は、大きな規制権力と、強力な徴税力と財力を持ち、生産力投資を促進すると同時に、活発な社会政策に融資することができた。

ヨーロッパの税、ヨーロッパの最高権威によって、炭鉱と鉄鋼所の運命を左右する。これほど、〝レーガン＝サッチャー〟の哲学に反するものが、ほかにあるだろうか。

この問いかけが興味深いのは、今、アメリカとイギリスの鉄鋼業が、長い間、破滅状態にあることと、その一方で、フランスのサシロール社が、生産力と収益で世界一の記録を打ち建てているからなのである、だれがこの状況を予想しえただろうか。

欧州機関によって、始動力を一部でも失うことを恐れた各国政府にとっては、「最高権威当局」の権力とその概念さえもが脅威であった。そのため、一九五七年に承認されたEC条約では、共同体の権限をずっと少なくしたのである。ブリュッセルのEC本部は、常に介入しすぎとして批判されるが、これは、最高権威当局のひどく弱まった姿でしかないのだ。なかでも、産業政策に関しては、EC本部には責任も行動力もないに等しい。「産業政策」という表現すら禁句なのである。旧西ドイツの元経済相であったバンゲマン副委員長が、欧州の電子産業を見舞った危機について、新たな考え方を表明し、総会でこの言葉を使ったことは、ちょっとした事件であったといえる。

この危機は、恐るべきものといってよい。なぜなら、電子産業は、二〇〇〇年には世界で最も重要な産業となるはずで、すでに日本では国内総生産の一〇％を占めているのだ。しかもこの危機は、四半世紀も前から予想され、告知され、起こることが確実でさえあった。一九六五年に当時のEC副委員長であったコロナ氏が、閣僚会議で警告を行っていたのである。しかしその効果はなかった。ECは、そのことに関知してはならなかったのだ。そして、コロナ氏の意見にしたがったのは、日本だった。日本の通産省は、かのロボットプログラムを打ち出し、日本を世界一にすることに成功したのである。米国も、同様の措置を行ったが、方法は異なっていた。なにしろ、アメリカ国防省の軍事費に組み込まれている研究費用が、日本の研究開発費全額と同じなのである。

それを目の当たりにしながら、われわれヨーロッパ人は、統合市場の実現の努力を続けている。だが、未来の大産業においては、世界的な競争力を発揮するだけの能力のある機関がない。欧州か非欧州か、その曲り角で、ほとんどの加盟国が選んだのは、EC委のくり返しの警告にもかかわらず、後者であった。その結果、ヨーロッパの電子部品製造の三大企業、フィリップス、ＳＧＳＡトムソン、ジーメンスは、今、悲劇的状況におかれている。さらに、イギリスの一般向け電子産業のＩＣＬは日本の資本に支配され、オリヴェッティはアメリカのものとなった。フランスのブル社も、日本電気の資本を受け入れるよりほかに道はなかったのである。

ＥＣがＥＣＳＣの示した模範にしたがわなかったために、各企業は、非欧州の道を歩み続け、国内ではトップの座を誇ったが、最終的には、アメリカや日本の傘下に入ることになった。

税金天国へのレース

実際のところ、技術、産業に関して、ＥＥＣの加盟国が、そろって、欧州としてのまとまった役割を演じないようにしたことは、ＥＣが、サッチャー主義へと変化していった状況を顕著に示した例にすぎないのである。この変化の過程を眺めるために、八七年に作成された報告書の結論を参考にしてみよう。この報告書は、ＥＣの要請で、イタリア銀行総裁、トマソ・パドア・シオパ氏が率いる専門家グループによって実現したものだ。その題は非常にわかりやすい。効率、安定、公正の三つの言葉である。

経済効率は、本書で何度も触れたが、市場メカニズムから生まれるものである。ＥＣがあり、市場統合の計画があればこそ、西欧諸国は二〇〇〇年までに（為替レートが正常であれば）、アメリカの生活水準を越えることができるはずなのである。

通貨の安定は、ＥＭＳの存在で確保されているが、十二ヶ国全部が初めから参加しなくても、本物の経済通貨連合を作ることができれば、もっと状況は進展していくであろう。独連邦銀行は、連合を実現するために、各国の経済通貨政策を一致させることが不可欠だという議論をやめるべきだ。二つのドイツの通貨連合のためには、幸いにして政策の一致を得なかったのだから！

残るは公正、つまり社会公正である。通貨安定との関連性は限られたものだ。確かに、インフレは、富める者を豊かにし、貧乏人を貧しくする。だが不公平を抑えるには、インフレを抑制するだけでは充分ではない。逆にこの不公平から効率を引き出すのが、市場メカニズムの原則そのものなのである。

不公平に対処するには、自由な相互援助活動のほかにも、資産の再分配のために、公的な力の役割が重要になるのだが、それは二つの理由でだんだんと難しくなってきている。一つは、国家が、ＥＣの所為ではなく、経済の国際化によって舞台から外されてしまいつつあるからである。国際化によって、国の経済競争力は、短期的に言えば、公共費の削減、ひいては国家の貧困化という犠牲を伴うのである。もう一つの理由は、追いてきぼりを食い、動きの鈍った国家の代わりとなれる、ヨーロッパレベルのものが、ほとんど何もないことである。ここで出てくるのが、再び、非欧州なのである。制度や機関が存在しないために、ＥＣは、サッチャー型へと進んで行くことになる。

その例で最も意味深く、すべての市民に関係してくることは、税制の変化である。ヨーロッパの伝統は何だっただろう。二十世紀初頭以来、貧乏な人々に税をかけず、金持ちには税を重くすることが基本だった。これが累進課税の原則で、少しずつラテン諸国と北欧諸国へも広がっていった。が、サッチャー首相の考えはどうだっただろう。正反対なのである。彼女の人頭税改革が、その劇的な証拠となった。人頭税とは住民税のことだが、イギリスでも、ヨーロッパの他の国々でも、この税金は累進課税ではなく比例課税の原則にしたがうものだ。各人は、自分の家賃に比例した額を払う。したがって、金持ちは家も大きいので、貧乏人よりは余計に税金を払う。これが不公平だ、というのがサッチャー首相であった。理由は、貧乏人は、金持ちと同じだけ、いやそれ以上に公共費を必要とする。だから同じだけ払うべきなのだ。この人頭税は、すべての人に等しく、公爵も運転手も同じだけ払うものだ。市民の反発は強く、メージャー新首相は、英国国民のほとんどが反対する政策を急いで撤回せねばならなかった。

このイギリスの例は今や有名になった。だが、それほど有名でない話が、ヨーロッパで起こりつつある。もっと規模の大きい、ＥＣ全域に関わることだ。人頭税は住居税であったがもっと別の問題、つまり、資本所得と、その増収分にかかる税金である。

あなたがフランスに住んでいて、債券を所持しているとしよう。債券の発行人はあなたに払う利札を申告する。免除枠を越えれば貴方は一七％の税金を払わねばならない。もし外国の債券を持っていれば、発行人は申告することはない。為替管理法の廃止にかかわらず、貴方はこの収入を申告しなければならないが、もしそれをしなくても、リスクは採るに足らないものだ。そのため、ＥＥＣでは八九年二月、加盟国住民に対して払われた金額に最低一五％の源泉徴収を制定することを提議した。「西ドイツはこの提案を、欧州精神を持って受け入れ、八九年一月に源泉徴収を実施したが、主にルクセンブルグに向けての資本の大量流出があったため、同年六月、廃止に踏み切った。この失敗で、ＥＣ委員会の計画は終わりを告げ、関係書類は宙に浮き、ゼロ課税が少しずつ定着している」（「欧州税制への道」フランス国際問題予測研　一九九一年）。

このゼロ課税の定着は、だれに有利になるのだろうか。動産所得者、つまり、概して、最も富裕な階級の人々の利益となるのである。他のすべてが平等であっても、金持ちの払う額が少なければ、貧乏人の払う額は多くなる（サッチャーの人頭税と同様）、のである。ヨーロッパのほとんどの国の政府は、これを不公平だと考えている。

だが、この多数の意見は重要ではない。なぜならＥＥＣでは、国の主権を守るため、満場一致の原則を決めているからである。言い換えれば、どのような決定も、ルクセンブルグの承諾なしではありえないのだ。ルクセンブルグ一国のために、残りの十一ヶ国は、税金天国へのレースを開始した。サッチャー氏はもう権力の座にはいない。しかし自分がＥＣの税制に与えた影響は、誇りに思っていいだろう。サッチャー流の人頭税が、資本主義に最も重要なもの、つまり資本へと影響を広げていったのである。

このように、統合市場が、早い時期に本物の政治連合の道を見出せない場合、どのような形になるのかを示してくれる例は数多い。一種のアメリカ風ニューモデルと言ったものになって、国家の力は少なくなり、市場は大きくなるにちがいない。

サッチャーが喜び、ドロールが悲しむ状況である。九二年の欧州統合への分岐点にあって、こんなにも相対する二つの考え方があるとは信じがたい。最も基本的なところで、フランスはそのジレンマに捉えられてしまった。

レーガンとサッチャーは、減税を約束することで、大幅に人気を上げた。だが、国内的には部分的にしかそれを実現できなかった。ＥＣは、欧州全体の観点から見て、もっと優れた仕事をしている。「ルール・コンペティション」（競争のルール）を実施して、税の安い、税金の要求の少ない国がより優遇されるというシステムを作ったのだ。

終章

最後をもっともらしい助言で締めくくる著書は数多い。非常に誘惑的なことなのだ。いつくかの方法を挙げ、後で非難されないように、かなりあいまいな改革を示し、市民の義務感に訴え、未来に有利な方向へと歩み出す。こうした、「これしかない」的な方法論を、わたしは幾度となく告発してきたので、自分がするわけにはいかない。間違った、あるいは慎重とは言えないおしゃべりに時間を割くには、わたしは教育というもののすばらしさや理性の存在を信頼しすぎているといってよい。本書に集めた情報がすでに雄弁に語ってくれたと思う。資本主義が、自分の力に匹敵する敵を失ったことは明らかである。そして、自らが危険な存在となったことも、もう否定できない。二つの資本主義がどのように異なり、深く対立し合っているかも、だいたい示すことができたように思う。二つの形式のうち、異議の多い、効率の悪く、暴力的なほうが、今勝利していることは、まさに危険なことである。なによりもこれを指摘することが、わたしの目的だったのだ。

しかしながら、事実を誤魔化したくはない。例えば、議論したいがために理屈を並べたりするのは間違っている。それに、この十年間にわれわれにもたらされた「良いニュース」も無視してはいけない。なぜなら、そう、とうとう共産主義は破綻し、民主主義が世界的な発展を遂げたのである。市場経済の勝利、経済的相互協力や自由貿易の勝利は、何百万の人々にとってのあらたなる繁栄を意味するものでもあった。世界経済が今のように寛容だったことは一度もなかった。これだけの多くの人々に利益をもたらしたことはなかったのである。官僚共産主義、言論の抑圧、国家統制が後退していったことは、個人の意志や創造性が大きな飛躍を遂げたということだ。レーガンのアメリカでも、サッチャーのイギリスでも、その現象は見られた。「保守革命」は悪い結果をもたらしただけではなかった。良い面もたくさんあった。そして今、自由な個人主義、だれもが移動することができ、企業経営者は活力にあふれ、競争力を増すことに熱意をかける。こうした現状が、われわれの時代にマイナスになるはずがない。西側の世界が、東や南の何億もの男や女を魅了しているのも、そしてアメリカが復活して多くの人々の希望を担っているのも、単なる集団幻覚ではないはずだ。よく使われる表現だが、メディア現象だけのこととも言えない。ハンガリー、ポーランド、アルバニアの人々がシカゴにあこがれても、ワレサ大統領がバッキンガム宮殿を訪問した後、会談する相手がサッチャーであっても、彼らをバカにはできない。われわれは、あまりにも自然に、気づかぬうちに、少しずつ、その恩恵に預かってしまったので、この十年に得たものに気づくことさえできなくなってしまった。このことを認識するのは重要である。

だが、それで充分とは言っていない。資本主義は、どんなに成功をおさめていようと、何を獲得したとしても、今、自分自身の支流によって脅かされていることを、本書で証明したかった。その支流は、一時的なものではなく世界経済の大きな動きにつながっていくものであるだけに、力も大きく危険であるといえる。それどころか、工業化された世界の歴史に残る新たな亀裂かもしれない。この変化の規模を予測した人はないように思う。

資本主義の三つの時代

わたしの言わんとすることをもっとよく理解してもらうために、少し強調しすぎになるかもしれないが、単純な分類をしてみたい。まとめてみると、国家との関係において、資本主義は一七九一年から一九九一年のちょうど二世紀の間に、はっきり区別される三つの段階に分けることができる。今日、われわれは、第三の時代へと入ったばかりなのである。

一七九一年

最初の段階は、国家に対抗する資本主義の時代である。フランスで重要なポイントとなるのは、一七九一年、ル・シャプリェ法という、経済に関する、フランス革命の間を通じて最も重要な法律が制定された時である。ギルドを廃止し労働組合を禁じ、専制国家の従来の支配に対抗するために商業と産業の自由を打ち建てたのである。一世紀の間、進歩は続いてゆき華々しい成果を挙げた。国家は、人権の規制にしたがい、本物の公務員が出現した。役人の汚職もなくなり、なにより国が市場の勢力の前に後退してしまったのである。そして本来の役割である監視官として、「有害な階級」によって公共の秩序が乱されることのないよう配慮することに徹した。「有害な」とは、新たな労働者プロレタリアのことである。同時に、新たな「人間による人間の」搾取が始まる。昔の農民階級が定住の場を失い、労働者は経済的に抑圧され、産業革命という空前の苦難が始まったのである。

マルクスが、「共産党宣言」の中で、見事に暴いてみせたのが、そうしたことすべてである（一八四八年）。

一八九一年という年に、プロテスタント、さらにはカトリック教会が、社会問題を告発し、マルクスとは逆の方向の対策を提示したのである。階級の闘争ではなく、資本と労働との協力を説いたのだ。ローマ法王レオン十三世の回勅は、預言的調子を帯び、国家の公正を労働者のために捧げることを促したが、今もその威光は衰えていない。この言葉が、二十世紀の資本主義に強い影響を与えたのである。

一八九一年

この年、資本主義の第二の時代が始まった。国家の枠組みの中での資本主義の時代である。あらゆる改革が、同じ目標へ向かって行われていった。つまり、市場の行き過ぎを抑え、資本主義の暴力を廃することである。国家は自由市場の暴挙や不公正に対抗する砦の役割を果たし、貧乏な人々を保護した。法律や法令の力で、労働者闘争から圧力を受けながらも社会の取り決めという形を通して、初期の資本主義の厳しさに人間味を加えようと努力した。労働権の面では進歩があり、税金は高くなっていったが再分配システムも活発になった。法律上のこうした変化は、みな同じ方向に向かっていたのである。もちろんアメリカは大規模「労働者問題」に悩まされずにすみ、したがって進展のリズムもヨーロッパとは違っていた。しかし一九三〇年の大恐慌以降、アメリカもヨーロッパに同調するようになる。ルーズベルトからカーターにいたるまで、途中ケネディやジョンソンも、半世紀の間、ヨーロッパの変化にしたがい、穏やかな資本主義を目指したが、それでも、戦後において社会福祉国家を建設するというようなことまではしていない。

この期間、国家の力はどんどん強くなっていったのだが、忘れてはならないのは、資本主義が向上していく途上では、ライバルの共産主義イデオロギーによる精神的プレッシャーや政治的圧力があって、時として後ずさりをしたこともあったということである。共産主義思想は希望と未来という特権を我がものとしてきたのだ。現在では、記憶力を駆使しないと、その圧力がどれほどのものであったかを思い出すのが難しいくらいだが、三十年前には、最も博識なエコノミストの一人であるフランソワ・ペルーがこう書いている。「資本主義は、あまりにも公然と批判され、陰険に反駁されたので、ほとんどの人々が、人類の敵だと思ってしまった。したがって、もう一度罪を被せてみても、もう危険でもないが、手柄にもなるまい。自分の利益を守るには、『死刑宣告』を手にして目の前にいる裁判官に向かって自分の意見を伝えることだ」(『資本主義』クセジュ文庫　一九六二年)。

一九九一年

だが、十年ほど前から、動きは逆流している。

あまりに経済を大事にし、あるいは庇護しようとしたため、国家は経済を窒息させそうになっている。市場を鎮めようとするあまり、麻痺させてしまった。そして人々は、まるでカフカの主人公のように官僚主義に頼っていくことにうんざりしてしまったのだ。一九七九年冬、イギリスで起きた救急車職員のストを覚えておられるだろうか。これで労働党は全く評判を落とし、サッチャー首相を勝利に導いたのである。

物事の優先順位が替わったのだ。国家は、保護者や組織者ではなく、居候か、束縛、足手まとい、として見られるようになってしまった。今われわれは、資本主義の第三の段階に入ったところである。「国家の代わりとしての資本主義の時代」である。それに気づくのに、十年かかった。実際にすべてが始まったのは一九八〇年、サッチャーとレーガンが、ほとんど同時に選挙に出た時であった。今度の選挙結果が、単なる交替ではないということを理解していた人が何人いるだろう。大西洋の両側で、新しい資本主義のイデオロギーが政権に着こうとしていたのである。

その原理はよく知られている。わずかな言葉で表すことができるものだ。市場は善、国家は悪である。社会保障は社会進歩の規準とされてきたが、怠惰を促すものとして告発されるようになる。税金は経済発展と社会的公正とを調和させる基本的手段であると思われてきたが、今や勇気ある人々も大胆な人々も、その士気を挫くものとして税制を非難している。したがって税金を削減し、保険費を少なくし規制緩和をする。つまり、あらゆる場での国家の力を避け、市場が自由に動き、社会が創造的エネルギーを発揮できるようにすることが必要である。十九世紀のように、資本主義を国家に対抗させるだけでは足りない。国家の力を最低限に落とし、その代わりに市場の力を最大限にするべきである。十九世紀には資本主義が、国家の地位を奪う恐れは全くなかった。保険、教育、メディア、どの分野でも同じで、学校、病院、そして新聞が、個人的なものであったためなのである。しかし現代、先進国においては、ラジオやテレビを筆頭にさまざまな分野がだんだんと公共セクターから民間セクターへと移っている。水道工事や郵便配達、家庭ゴミの処理にいたるまで民間で行われているのだ。

一九九一年までは、この「保守革命」というものは、単なる仮説、一時的段階、将来へ続いていかない「一時の衝撃」でしかないのだろう、と考えることができた。ヨーロッパでもそう信じた人は多く、レーガニズム、サッチャリズムに対して、皮肉な視線を遠慮なく投げかけていた。今でもなおこのサッチャー主義の将来については、疑問を抱く者がイギリスにもいる。事実、サッチャーの後継者となったメージャー首相は、早速サッチャー哲学に反する象徴的な措置を取っている。例えば人頭税の撤廃である。しかしアメリカでは、レーガニズムは世論に定着したように見える。

湾岸戦争、シュワルツコフ将軍の勝利、そして兵士たちの凱旋と、ドルの驚くべき上昇が続き、アメリカは過去の屈辱と疑いから、完全にそして恒久的に開放されたかのようである。再び、自分たちの資本主義が世界最高のものだとの確信を持ったのだ。だがそう信じたのはアメリカだけではなかった。すべての人々、あるいはほとんどすべての人々が、保守革命の成功を信じ、そのやり方を真似しようとしているからこそ、重大な歴史的変動が起こるかもしれないのである。

旧共産主義国家のように、だれも市場社会経済やライン型資本主義について聞いたことがない国では仕方もなかろう。銀行システムと呼ぶにふさわしいシステムを造ろうとする以前に、ポーランドはもう、ワルシャワ株式取引所を、元共産党本部の建物内に創設してしまった。そしてワレサ大統領は西欧を駆け回って「シカゴボーイズ」の考え方を説いているのである。

発展途上国でも、「保守革命」の成功を信じているのは当然だろう。レーガン以前には国の発展は、日本や韓国のように、国家の勢力を示すものだということになっていた。だが、この何年かの間に輝かしい成功を収めたのは、メキシコ、タイ、チリのように、規制緩和と民営化を実施したところなのだ。ライン型が、ヨーロッパではいちばん効率の高いものとしても、この社会民主主義のヴァリエーションが第三世界で採用されると、公営企業が増加して経済破綻へと向かって行ったり、政府の介入を許しすぎて汚職が増えるばかりと言う状態になっていることは認めざるをえない。公共費の赤字を削り、税金を削減、民営化や規制緩和を実施するのは、困難なことだが、たいていの場合、効果がある。

同様に、「九二年欧州市場統合」のアイディアもレーガニズムに依るところが大きい。競争を最大限に多くし、国の力を最小限に絞るのである。そこから出てくる社会的影響は長期的で重大なものなのだ。統合市場が政治連合の枠組みを持たないかぎり、欧州各国の政府は、自国の政治的好みが何であれ、国を貧窮化させることで、経済の競争力を強化していく方法を強いられるようになるだろう。レーガン式のやり方で、金持の税を軽く、貧乏人の税を重くしなければならなくなる。いやそれはもう始まっているのだ。

その上、大学や経営学校では、ほとんどの場所で、将来の幹部たちに、歴史的常識、未来の法律はレーガン流だと教えている。

およそ一世紀の間、民主政治と国家の力が資本主義を少しずつ抑え、手なづけてきたのに、今その立場は逆転した。その原因は、なにより経済が国際化して、弱体化する政府が各国バラバラになっていくのを尻目にどんどん規模を広げているからである。

少なくとも、九一年以来すでに「国家に代わる資本主義の時代」に突入していることは明らかなのだ。

こうした歴史的大変動は、活力と繁栄を生み出すことが多いことは本書でも示してきたが、それはまた、時として悲劇的で、危険な社会の亀裂を伴うのである。この二十世紀に実現した社会進歩の基本は、無分別なアンチ・エコノミーの思想だったということになるのかもしれないが、今はまだ社会が危機に陥ろうとしていることは認めにくい。しかし活気を取り戻すためという口実のもとに、世界の先進国は、取り返しがつかない、社会的冷却、分裂、衰退の道を進んでいるのだ。そしてそれは、医療、教育、都市、法律、市民の連帯等、すべての領域に広がっている。矛盾しているのは、何もかも、この衰退を認めているかのように動いているのである。途轍もないレーガン形式の経済に対抗して、わたしが今までその長所を列挙してきたライン型資本主義は、おそらく前者より優っていると思うのだが、その魅力は、田舎のオールドミスのようなもので、伝統に埋ずもれ、人間味あるノスタルジーに耽り、気配りに満ち、用心深いといった具合である。ひと言で言えば、キリギリスではなく、時代遅れの蟻である。ミュージックホールに入る勇気がなくて、壁の花となっているのだ…。

本書の内容で、一つだけわたしがひどく遺憾に思うことがあるとすれば、この矛盾についてなのである。これは前代未聞の非常識なものだと思う。あまり腹が立つので、どうしたら、人々に、今われわれが冒している危険の大きさを認識してもらえるのかをしばしば考えている。何をすれば、何を言えば、いいのか。大原則を訴えても効果がないと思う。こうした話では、説教は意味がないのだ。逆に、わたしは老子のことばを信じている。彼は、世界のあらゆる問題は、「一匹の魚を焼く」のと同じぐらい単純なある一つのことに帰結するというのだ。教育の効果を信じるべきである。市民の知性は、情報がしっかりもたらされたとき発揮されると信じるべきなのだ。だが、情報を正しく伝えるにはどうしたらよいのか。

おそらく、結局のところは、資本主義の亜流が、とことんまで行ってしまったら何が起こるのか想像すればわかることだと思う。レーガン流資本主義に、ヨーロッパとフランスが、どっぷり漬かってしまったら、わたしたちはどうなるのだろうか。この仮定は、決して荒唐無稽なものではない。ヨーロッパのアメリカ化傾向は経済だけに留まってはいない。もっと奥深くまで浸透していっている。フランスのCREDOC（消費研究資料センター）は一九九〇年十二月三十日に発表した調査で、フランス人の生活習慣、考え方の変化を分析しているのだが、湾岸戦争にかかったこともあって、ほとんどマスコミには取り上げられなかった。残念なことだ。CREDOCでは、四つの大きな変化を確認したと言う。以下のようなものである。

［1］　金銭に関する罪の意識からの解放。カトリックの伝統の色濃いフランス社会へ、アングロサクソンの影響がもたらした最大の変化だと言える。

［2］　個人主義の勝利。「自分は自分」の風潮とともに、社会参加のはなはだしい衰勢が、労働組合、協会等の活動の場で顕著である。

［3］ 社会活動上の苦痛の増加。特に労働の場で、あるいは競争、失業によるストレスの激化。
［4］ 行動の画一化。パリと地方との差が少なくなった。これは、絶対的権威を誇るテレビの影響である。
以上の四つの点はすべて、さらに進んでいく可能性があるのだが、明白なのは、これらがみな、アメリカ化現象だということである。フランス社会が、無意識にアメリカ化をしていけば、経済も同じ道を進んでいくと思うのはバカげた考えとは言えない。そして、その運命も共にしていくであろう。

プラス一万六四〇〇フランのために

経済のアメリカ化は何を引き起こすだろうか。このような予想をする前に、用心しなければならない点が色々あるが、そこに留意して、そのイメージをまとめてみよう。一つ、単純だが決定的な規準を取り上げてみる。税制である。税制が、国家の富、すなわち力と市場統制力、弱者を守る力を決定することはだれもが知っている。基礎的な計算をしてみよう。フランスでは強制徴収費（税金、社会保障費）の率が一九九〇年に四四・六％である。

このフランスのケースは興味深い。なぜなら、同水準の国々と比べて、フランスの税率は、群を抜いて高いのである。政府の予算管理が特別に厳しいものであるだけに、この状況は一種独特なものと言えるが、フランスが、社会保障費の暴走をコントロールできない唯一の国だということを考えれば説明がつく。

フランス人は一〇〇フランを産み出せば、そのうち四四・六〇フランを国家またはそれに属する団体に支払っていることになる。アメリカでは、この割合は三〇％にもならない。それでは、ここで、フランス人に突如アメ

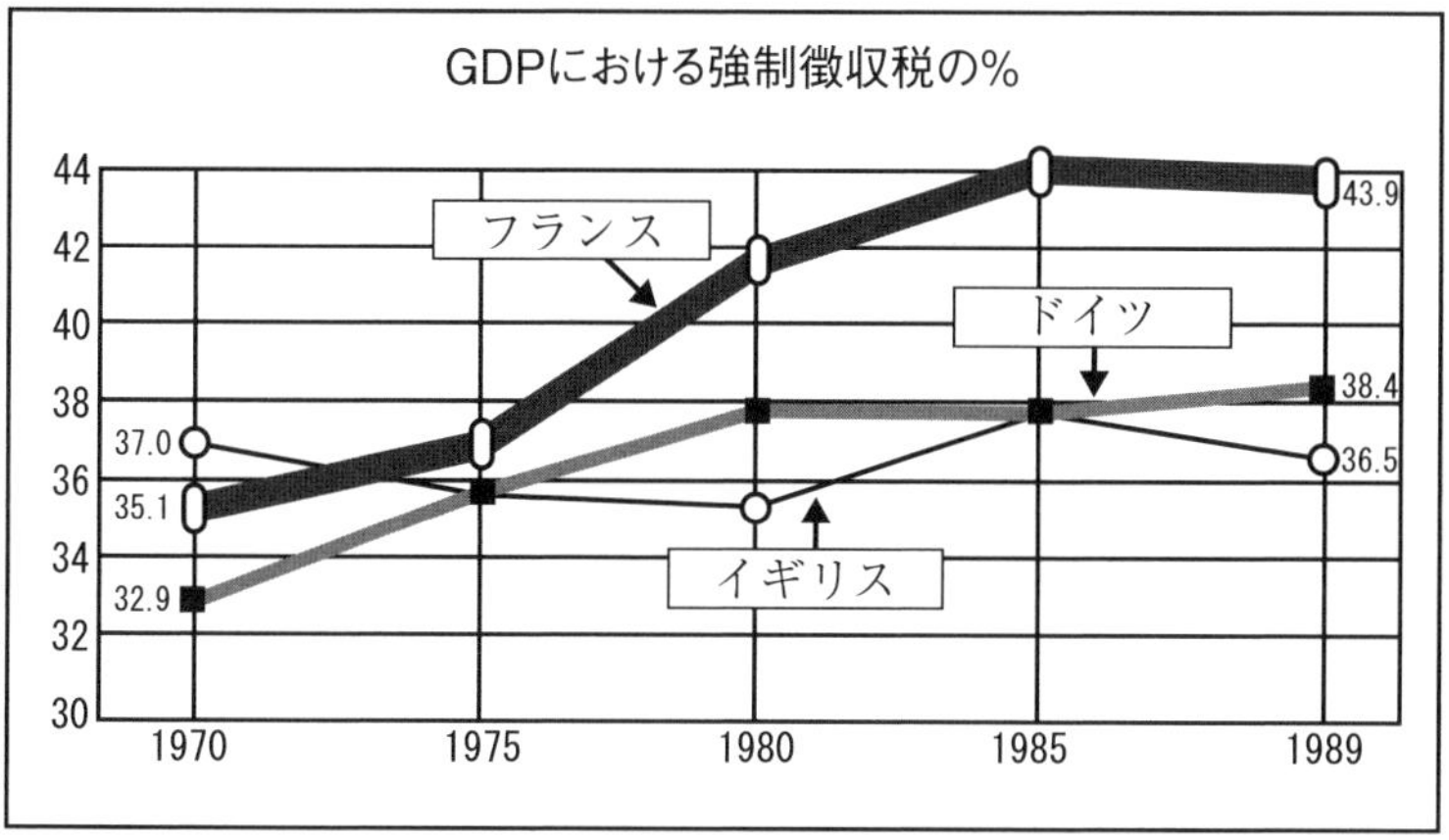

SOURCE : OCDE

リカの税率を適用させてみた時のことを想像してみよう。フランスの国内総生産はおよそ六兆三〇〇〇億フランである。そこで、現行の四四・六%の代わりに三〇%という数字をあてはめてみると、フランス全国民で九二〇〇億フランの倹約になる。国から取り戻したこの金は、われわれの懐に入ることになるのだ。些細な額ではない。一人当たり一万六四〇〇フランになるのだから！　家族四人ならば、ちょっとしたプレゼントである。六万五五〇〇フラン（一フラン二五円として約一六〇万円）の収入増だ。一年に一回である。最も貧しい層の人々がレーガニズムへ改宗したくなるのももっともな話ではないか。年に六万五五〇〇フランの魅力には抗しがたい。フランスの一律最低賃金に当たる金額なのだ。だが、それは本当に確かなことなのか。もっとよく考えてみよう。

このプレゼントには必ずお返しが必要で、それがそう安いものではない。国の財政を細らせておいて、その上、今までと同じことをしてもらおうと思ってもそれは不可能だ。国が負担しているあらゆる経費、広い意味で、地方公共団体や社会保障を含む費用を、われわれ国民が肩代わりすることになる。どんな経費があるかということを、少し例を挙げて説明しよう。

社会保障は当然のことだ。医薬品にかかる費用が八〇％まで控除されたり、だれもが病院に行くことができる時代は終わりになり、先端医療技術、スキャナーやエコグラフィーも手が届かないものになる。フランス人は個人個人で医療費を工面せねばならなくなる。住宅や、食糧、旅行と同じことなのだ。事故に遭って救急科に運ばれれば、まず治療を受けるよりも先に、自分か家族かが治療費を払うだけのお金があるかどうかを問われることになる。

さらにもっと恐ろしいのは、退職金のほとんどが大きく削減されることである。ただし、この場合、退職金は、ベースの部分を除く補足的な部分に限られているのと、老人保険も関係ない。フランスでは、他の国々と同じく、基本退職金の財政は、国民連帯の名のもとに行われている。つまり強制的に徴収される税金から出るのだ。アメリカでは、この退職金が唯一の全国的社会保障となっている。したがって、仮説ではあるが、もしフランスの強制税が国内総生産の三〇％まで削減されたとしても、アメリカの例を見れば、ベースとなる退職金は支払われると考えていい。

反対に、補足的退職金については、フランスは、他の先進国に比べてみると、大規模な組織を持っている。そしてこれも大部分が強制税から払われているのだ。他の国々では、毎年、特別貯蓄される共済年金で賄われている。つまり、強制税が過激に少なくされても、この補足退職金には影響がないのである。しかしフランスでは、年金の引き下げが避けられない事態となるわけだ。フランスの制度は徴税という義務なしには成り立たない。

次に学校である。幼稚園から大学まで無償という状態は想像できなくなる。国民は自分で工面して子供に教育を受けさせねばならない。それがどういうことかというと、アメリカでは、ハイレベルの大学の学費は、一人十万から十五万フラン（二五〇万～三七五万円）かかる。もちろん住居費、学生食堂での食費は別である。良い学校で長期間の教育を受けることは、奨学金をもらう場合を除いて、事実上、豊かな階級の子供たちの特権となる。

公共交通はどうなるか。すぐにアメリカの状態になると言ってよい。つまり、老朽化、不便、荒れ放題ということになる。自家用車が圧倒的に多くなり、その結果は容易に想像されるところだ。駐車料金の極端な上昇や渋滞によるマヒ状態等々。

公共施設についてはどうか。現状を維持するのも全く不可能なことだ。地方自治体や、国に属する設備も、公費の欠如によって被害を被ることになる。公園、緑地帯、道路、駅、空港等々の施設がそうだ。環境美化とはほど遠く、手入れが行き届くこともない。アメリカの多くの都市の姿を想像してみて欲しい。だが、その衰退は、目につく部分だけがすべてではない。あらゆる調査で分かっていることだが、共同施設の質は、企業の競争力の重要な要因に関わってくるのだ。

次に、社会の不公平を挙げよう。税の再分配のメカニズムは、その機能を弱めていく。その結果、すでに見られる不公平社会はさらにその度合を増やし、もはやバランスを取ることもできない。金持ちはさらに金持ちに、貧乏人はさらに貧乏に、教育も受けられなくなって社会から疎外されていく。現在、数十万の人々が恩恵に預っている最低収入補助制度が廃止に追いこまれ、それらの人々は、民間の慈善団体だけを頼りにしなければならなくなる。「新たな貧民層」は突如増加し、いっそう貧しくなっていくだろう。このような衰退が社会の秩序に及ぼす影響の大きさは、予測もつかないが、暴力、非行、麻薬が広まるのは目に見えている。

労働と失業問題。これについては、ネオアメリカ型資本主義がポイントを稼いでいる。フランスは、「栄光の三〇年」の完全雇用の時代を終わって、二十年前から、常に失業対策計画で期待を持たせ続け、その反面、失業者は増える一方でその再就職も困難になるばかりという状態である。現在、失業者率は、全就労人口の九％にのぼる。アメリカは逆に、「完全雇用」政策は、天に逆らう罪だと考えている。だがレーガン以来、失業者数は半分に減らし、六％とすることに成功した。その方法は、扶助を増額するのではなく、反対に削減して、失業者があまり質も高くなく報酬も低い仕事でも受け入れざるをえなくしたのである。その種の仕事の最前線にあるのが私設警察や各種警備員であり、その数は増加の一途をたどっている。

扶助を受ける失業者と、低収入の労働者では、どちらがいいのだろうか。この「資本主義対資本主義」の議論をもっとよく理解するため、二つの点に注目してみよう。一つはライン型諸国だけが、社会保障を寛大に実行しながら、競争力のある経済を維持していくことができたこと。そして他方フランスは、強制税徴収を廃止することも、社会保障を現状のまま長く続けていくこともできないであろうということ。

リストはまだまだ続けていくことができるが、その必要はないと思う。わたしが言いたかったことは、ただ、二つの資本主義の形態から別の資本主義へと移って行くとき、必ず、想像を越える深い変化が伴ってくるものだということだ。それは、一人一人の生活様式の中に現れてくる。結局のところ、もし二つの資本主義の形式の基本的な違いをひと言で言い表すならば、わたしはこう言いたい。ネオアメリカ型は、現在のために、断固として将来を犠牲にするのである。

しかしながら、どのような形態であれ、われわれの時代、将来に投資することは、確実に「生産的回り道」なのである。これこそが富を生み出す源なのだ。おそらくは、新たなる賢者の道といってよいだろう。

特に、ヨーロッパ人にとっては確かなことである。ヨーロッパ人一人一人にとって。なぜなら、ECは、二つの資本主義の最大の闘いの場となるであろうからだ。選択の道は二つある。

その一つは、九二年の時点で、ヨーロッパの人々は、彼らの運命が、基本的に何にかかっているかを理解することができず、政府に対しても政治連合を実現するように、決意を促すことをしない道だ。その場合、結果は、統合市場の崩壊につながっていく。未来のために連合しようという賢明さを持たず、もはやそれは実現不可能となるにちがいない。そして、待ち受けているのは、昔のようなユーロペシミズムの苦悩であろう。結局、ネオアメリカ型へと傾いて行くことが避けられない運命となる。すでに、リヨンの郊外やマンチェスターやナポリに前兆があるのだ。その上自分自身も弱体化しているのに、東と南の両方の第三世界からやってくる群衆に悩まされ、身動きできなくなっていく。その群衆は、われわれの国境を越えて侵入し、アメリカのように、退廃した都市周辺部に定着することになるだろう。

そしてもう一つの道は、欧州合衆国を建設していく道だ。この道を進めば、われわれ全員がより優れた経済社会の形式を選択したことになる。これはすでにECの一部で、すばらしい業績を上げ始めていて、ヨーロッパ型資本主義と呼ぶにふさわしいものなのだ。

アメリカ合衆国より優れたヨーロッパ合衆国を創ろう。

この事業は、われわれヨーロッパ人全員の仕事である。欧州のすべての人々にとっての明日の運命は、今日決まるのだ。

補遺 I

ブルージュにおける二つの演説

資本主義の二つの考え方の間で、ヨーロッパは揺れている。九二年の市場統合は、基本的に自由貿易圏となるだけなのだろうか。この仮説で行けば、二〇〇〇年には、ヨーロッパは、ネオアメリカ型資本主義そのままのコピーとなっているだろう。

あるいは、欧州共同体は、市場形態としてだけでなく、連邦的性格の本物の政治連合としての方向へ進むだろうか。そうなった場合に初めて、ライン型資本主義が、新しいヨーロッパ資本主義のプロトタイプとなることができるであろう。

以上のようなジレンマは、九一年末に開かれる政府間協議の場での討議の中心となるはずである。会議は、一回が経済と通貨問題、もう一回は政治連合に関して、二度にわたって行われる。

この根本的な討論にあたって、その内容を最も良く理解させてくれる二つの大演説がある。双方とも、ベルギーのブルージュで行われたもので、一つはサッチャー首相が一九八八年九月二〇日に、もう一つは、ドロールEC委員長が八九年十月十七日に、コレージュ・ド・ヨーロッパで表明している。

当然、サッチャー首相は、ドロール委員長の考え方に反論を加える論旨であり、これに対してドロール氏が答える形になった。

1　欧州とは何か

マーガレット・サッチャー

(a)　まず最初に、否定的解答：「欧州は、ローマ条約が創ったものではない」。

(b)　それは、地理、歴史、文化的形態である：「キリスト教観念が、長い間、欧州と同義語であった。そして民主的自由も同様」。

欧州の使命は、「お互いをよりよく理解する国家の集まり」となることである。

ジャック・ドロール

(a)　委員長は欧州の歴史については発言していない。彼にとって重要なのは未来なのである。

2　共同体とは何か

マーガレット・サッチャー

(a)　ここでも最初の反応は否定的：「共同体はそれ自体が目的ではない」。

(b)　主権について：「それぞれ統治権を持つ国どうしの自発的な協力」。

(c)　サッチャー氏にとって、共同体にさらに補足的権限を与えることは問題外である。「ブリュッセルに本部を設け、そこで活動する役人たちによって決定が下されること以外に緊密な関係を保って仕事をする必要はない」。

「イギリスは国境を広げることに成功したのに、再び新たに欧州という、ブリュッセルにおいて支配権を握る超国家というものに強制されて国境を元どおりにするつもりはない」。

ジャック・ドロール

(a)「共同体とは、多くの意味を持つ概念である。(中略) われわれの経験していることは未曾有のものである。(中略) もちろん歴史の経験から学びとった行動信条に則って創り上げていくが、その状況は特殊なものであり、史上、他に例のない形式となるであろう」。

(b)「主権の共同行使」委員長は、自らの理論の裏付けに——意味あり気な微笑を伴って——イギリスのサッチャー首相の外務大臣であるジェフリー・ハウ卿の意見を引用した。「欧州共同体の主権国家群は、主権を束縛されることなく分かち合い、来世紀における権限の行使のための要となる機能を確立していく」

(c) 彼にとっては、中央集権化ではなく、逆に援助金の分配が重要である。「わたしは今まで何度も、連邦形態に補助金体制を組み入れた方法を行ってみる機会があった」。この方法は、両立させることが困難と思われることも可能にしてくれる。統合欧州の出現と、それぞれの祖国に対する忠誠の両立がその一つ。もう一つ、現代の諸問題の次元に合わせた、欧州としての権力の必要性と、自分の祖国、定住の地としてそれぞれの国を守っていくという必須の責務の両立がある」。

3　共同体の発展

マーガレット・サッチャー

(a)「共同体の創設者の中には、アメリカの合衆国がそのモデルになる、と思った人々がいたが、アメリカの歴史は、欧州のものとは全く異なるものだ」。この点で、少し微妙なしかし根本的な説明を加える必要がある。ECを、アメリカ式の連邦形態の組織にしていくための進展を拒否することによって、アメリカ型資本主義から遠ざかるどころか、欧州に独特の資本主義の形式を創り上げるのに必要な状況からもサッチャー氏は離れていこうとしている。

(b)「ローマ条約は、自由経済憲章として構想されたものだが、そのように理解されたこともなく、実際に適用もされていない。(中略)この構想(サッチャー氏提案の方法)から取り組めば、新たな書類は何も必要とされない。ローマ条約を改正したブリュッセル条約も、北大西洋条約も、すでに存在している」。

ジャック・ドロール

(a)「人類史上、視野を広く、先々のことまで考える者のみの名が残る。その証拠に、欧州創建の父たちは、今なお、その着想がわれわれに影響を与え、その偉業は伝えられ続けている」。

(b)「そこから出発して、他の形式とは全く類似しない独創的試みを発展させていく。例えれば、アメリカ合衆国建設のような、(中略)ヨーロッパ人各人が、第二の祖国と考えるべき欧州に属していると感じるように願うことは冒瀆であろうか。もしそれを拒否するならば、欧州建設は失敗し、冷酷な魔物がわれわれを襲うであろう。われわれの共同体は、人々の思い入れ、祖国としての愛着を得られないのだから、人間としてのいかなる冒険も失敗する運命にある」。

4　二つの演説の基盤となる、二つの資本主義概念

マーガレット・サッチャー

(a)「企業に対して開放されたヨーロッパの実現が、九二年の統合市場に向けての原動力である。(中略)それが意味するものは、市場の自由化、選択の幅の拡大、そして、政府の介入を少なくすることによる、各国経済の集中化である」。

(b)共同体の経費を削減しなければならない。手始めは、共同農業政策だ。最近の措置のうちで、「予算の規制をより厳重にしたこと」は最善のものであった。

ジャック・ドロール

(a)「大切なのは、大市場の刺激と特典との恩恵を、欧州各国が、何時、どのように享受できることになるかだけではない。現代はあまりにも、金銭至上主義に支配されている時代だ。欧州の若者は、われわれにもっと多くを期待している」。

(b)この点において、ドロール委員長が、どれほどアングロサクソンの考え方に束縛的支配を受けているのかがわかる。彼は、共同体の財政面での望みを相当抑えざるをえなくなっており、新たな政策として、環境問題と、「市場の優れた機能に必要なインフラストラクチャー」を予定しているのみだ。「それにかかる費用は、共同体の公共費全額の五％を超えることもないであろう」この数字は、非常に低いものだ。通常の政治連邦の財政力のレベルに比べて五分の一から十分の一にしかならない。

5　社会的局面

マーガレット・サッチャー

「統合市場の話を終える前に、言っておきたいことがあります。わたしは、雇用費を増加させ、欧州の労働市場の柔軟性や競争力を他国のサプライヤーと比べて少ないものにさせるような新型規制は、いっさい必要ないと考えています」。

ジャック・ドロール

「何百万もの若者が、なによりも職業活動の場を得るために、むなしく大人の社会の扉を叩いている今の時代…（中略）…わたしたちは疑問を持ちます。〈一体、われわれはどんな社会をつくろうとしているのだろうか？〉。弱者を疎外する社会ではないだろうか。（中略）社会権利憲章の目的は、ＥＣが、経済の効率を優先させて根本的な労働の権利を軽視するようなことはしないことを、厳粛に思い起こさせることである」。

補遺Ⅱ

企業の権利及び義務に関する宣言案

序文

最近の欧州と世界での出来事は、民営主導で市場優先の社会が、統制経済システムの社会に優るものであったことを証明してくれた。自由な企業形態だけが、多数の繁栄を維持するための経済効率を保証することができる。

経済の自由は、政治の自由と切り離すことはできない。民主政治のみが、市場経済を完全に成熟させることができる。反対に、所有権と企業の自由を保証しないかぎり、どの体制も民主的にはなりえない。

市場経済は、すべての人に利益となるには法律国家という枠組みの中で行わなければならない。公権力の役割は、経済に関与する者の基本的自由を保証し、競争のルールを厳守させること、さらに、経済成長によって可能になる社会の発展のために、規制や法律をもって尽すことである。

組織的集団として、個性と文化を持つ企業は、社会の実体の基本であり、その繁栄が、経済全体の繁栄を決定するのだ。企業があるからこそ、国民の大部分が、労働への動機を持つことができる。そして、生活手段を獲得することもできるのである。この重要な役割のゆえに、企業は、国家から、認められ保護される権利を授かるのである。「役割」「権利」は、常に義務を伴う。その義務は、各国の立法者によって、年々、おのおの富の発展に応じて決定されてきたものであるから、欧州全体を同一文書で、統一させるのは、時機尚早であろう。精神的義務も原則は同じであり、社会と文化に関する義務と同様と分析される。

自由企業の基礎は、資本保有者、経営陣、そして従業員で成す利益共同体である。熱意、リスク、共同作業等の結果得た成果の分配は、公正に、そして、各当事者のさらなる努力を奨励するべく行われるべきである。

全体の効率と社会的人間関係の向上は、そのことにかかっている。

以上のことを考慮に入れて、以下の宣言文を解釈して欲しい。

〈第一条〉

企業の自由は、フランス共和国の法律が保証する、根本的原則である。公権力はこれを保護せねばならない。

〈第二条〉

経済、社会の法制化は、自由競争、市場経済そして企業間の平等といった原則を尊重する考え方の一環である。競争の規則を免れるためのあらゆる策謀、及び、有利な立場の濫用は禁じられている。独占は例外的に存在するが、法律によって国民の必要に正しく応えるものでなくてはならない。これらの規則に違反したと確認された者は、当事者と無関係の権力機関によって制裁を受ける。

〈第三条〉

企業は、自由に価格を定めることができる。例外が法で認められる場合は、限定された一時的なものである。

〈第四条〉
企業の経営陣は、従業員の採用と養成を自由に行う権利を有する。しかし、契約と労働者の権利を尊重する事を条件とする。給与に関する条件は、経営者と労働者との間での交渉によって決定される。この交渉には従業員の代表が参加することが法律で定められる。

〈第五条〉
企業は、収益の再分配、株主への配当、会社の投資計画を自ら決定する。

〈第六条〉
企業の法人格と、その役割を考慮する場合、その所有と支配は、他の商品と同様に考えることはできない。したがって、資本所有者の所有権は、不可侵であり絶対のものである。国がこの所有権に制限を加える場合も、それは例外的な性質を持ち、国民の利益となるものでなければならない。そして正当で、予告された補償金が伴うものであるべきである。立法者は、過半数をもってのみ、この法を定めることができる。

同様に、同じ理由で、株式会社として組織された企業、株券がいくつかの株式取引所で取り引きされる企業は、市場の規制によって保護され、その規制の正しい実施に責任を持つ当局は、企業当事者、つまり経営者、従業員、株主各人によって有効と判断された計画が持つ動機付けなしに、支配権を掌握しようとする株式操作を監視する義務がある。

〈第七条〉
現行の法律を変更する際、特定の企業に対する異常な、又は特別な先入観を引き起こすようなものはすべて、所轄の裁判官によって定められる賠償金を請求されることがある。

〈第八条〉

企業の経営陣は、株主と従業員とに、定期的かつ完全に企業の経営状況を報告する。会計、財政上の書類は、真正で忠実なものでなければならない。


〈第九条〉

代表として選出された者で構成される決定機関においての従業員の代表意見は、法律で保証される。代表となった者は、委任者の正当な利益を守らなければならない。代表者は、労働条件に関して相談を受ける。経営側はその報告を、企業の主要な問題の検討とその解決法の探究とに、最大限に応用する。


〈第十条〉

企業の経営陣は、企業の運営に不可欠のバランスを重視し、従業員に、業績、資本への参加ができるよう便宜を計る措置を奨励しなければならない。


〈第十一条〉

企業は、従業員の養成に貢献する義務がある。特に、解雇の恐れがある者については、再就職に便宜を計るようにするべきである。

企業は、自らの財力の許す範囲で、教育、文化、化学面の活動に協力し、環境と生活水準を向上させねばならない。


〈第十二条〉

一般的に、企業が活動の自由を持ち、その立場を保証され、そして財力を持つことは、社会全体が期待する発展を促進する原動力の役割を果たしたいと切望することを余儀なくさせるものだ。公権力は、適切な措置、特に税制における措置によって、これを奨励せねばならない。

〈第十三条〉

企業の権利と義務の遵守は、当事者と無関係の判事によって保証される。裁判を受ける者は、公正な訴訟を行う権利が保証されている。

補　遺　Ⅲ

「衰退する資本主義」

一九九〇年十二月、わたしはエクスパンシオン誌に、「資本主義対資本主義」という題の記事を発表した。それに対して多くの解説や反応が寄せられたが、そのうち、最も興味深く、簡潔だったものの一つに、ジャック・プラサール氏の意見がある。それは、本書の編集の後発表されたもので、一九九一年六月十五日付のSEDEIS時評に掲載された「衰退する資本主義」というタイトルの論文である。

作者の御理解を得てここにその文章を転載できることを感謝したい。

⌘　　　⌘

東の国々で（南側でもその可能性がある）現在起こっている歴史的事件が示すものは、資本主義の誕生と発展を要求する、富への切望だと言えよう。それについて説明するには、十八世紀と十九世紀の末期を想い起こすことが役に立つ。そして今、自由資本主義は、ソ連という仮想ライバルに勝利したわけだが、アメリカで、つまり西側世界の中心で、退化、さらには退廃の危機に瀕しているのだ。

ミシェル・アルベールは、エクスパンシオン誌の記事で、明白に新しい論理を打ち出している。資本主義と共産主義の論争は、後者の敗退で終結した。そして、今度の論争は、二つの資本主義、つまりライン型に対するアメリカ型の間で開始されたのである。

この問題を理解するには、東側におけるもう一つ全く異なるケースと同様に、話の主題に直接入っていくほうがよい。つまり、抽象的説明に時間を割かず、具体的現実を見ることである。

ライン型および日本型に対するアメリカ型、この両者の違いは、経済の当事者、資本家が、最大の利益を得ようとするにあたっての展望の距離である。アメリカ経済は、短期の目標を前提として管理されている。年に四回の業績報告や、その結果に常に振り回されているという状態も誇張ではない。ドイツの経済、またそれ以上に日本の経済は長期目標のもとに管理されている。単純に言えば、政策決定者の寿命をはるかに越えた展望なのだ。

ここに出てくる疑問は、原則が同じ体制にあって、なぜ、いくつかの視点の異なる型が出てくるのかということである。アメリカ社会の責任者は、なぜ、ドイツの責任者と異なる政策を取るのだろうか。フランス人は、この違いを理解するには有利な立場にある。なぜなら、フランスには、その二つの行動パターンがあり、対立してもいるからだ。どちらが悪いかを決めるより、まず、よく理解してみたい。

アメリカのシステムは合理的だろうか。株主たち（実際のところ、ほとんどの場合、金融機関が、あらゆる形式の契約によって個人の株主に株の管理を任されているのだが）は資産価値を最大にするように努力を払う。この価値は、昔も今も変わらず、一般的金利（または平均資本利率）と各企業の収益に依存している。そして常に投機が行われるのだ。収益に対する投機は、短期のものではない（プライス・アーニングは、産業や会社によって異なる）。しかし、毎日、入手できる情報に応じて見直しがされる。その情報の内容は主に四半期報告のものである。

市場のメカニズムはスムーズであり、情報に応じての移動は、ほとんど完全に自由である。これを金融の統治と呼ぶ。それが意味するのは、利益至上主義が認められ、支配しているということである。

このシステムの堕落は、情報が不完全であるところに始まる。不完全であることが当たり前になったのは、経済界の人間が、市場は現実の状況によってではなく、ディーラーたちが作り上げる情報によって左右されることに気がついた時からである。「この企業はうまくやっている。でも今日は株を買ってはいけない。なぜなら市場では評価が悪いからだ」というわけである。その逆ももちろんある。

これは、もはや、昔の所有の資本主義とは別物である。所有の概念が土地を意味し、継続性、慣性であったものとは違うのだ。取引の自由、取引料の引き下げ、取得のための金融の普及等が、所有者と所有物を時として感情的に結びつけていた絆というものを弱めてしまった。収入を追い求めるのではなく、キャピタルゲインを求めるのである。この追求は、具体的現実とかけ離れたものなのだから常軌を逸していると言える[*1]。

堕落の状況が最悪になるのは、うわさに左右される株式相場で、金を借りてゲームをするときである。企業の取締役会、その政策、戦略と、証券市場との間に断絶があってはならないはずなのだ。ウォールストリートの喧燥は、間違いなく混乱を生み出すが、保守的事なかれ主義を追放し、実際驚くべき復興をも可能にすることもある。

重大な難問は、株式投資が、経済管理や産業、営業運営よりずっと速く行われることだ。こうした金融操作を批判することもできるが、これが、常に会社の状況を検討せざるをえなくしており、会社が古くなり、大きくなるにつれ、脂肪を蓄え、動脈硬化に陥る危険を避けることにつながっていると見ることもできる。アメリカ社会は、投資を無駄にしていないという点で優れている。

アルベール氏がライン型資本主義と呼んでいる型は、一つの点、たった一つの点で異なっている。所有者は、株を手離さない。もちろん豊かになることは望んでいるが、その手段は、会社を発展させることによるのであり、「株式投機」つまり金融界の放浪によってではないのだ。

フランス人、なかでもアルベール氏は、ライン型に対する好みを強く表明している。わたしはこのライン型と日本型は、全く違うと思っているが。氏の選択が正当なものであることが現在、アメリカ型を前にライン型がどれだけの成功を収めているかを見れば明らかだ。それだけではなく、フランス人が、土地開墾に固執してきたことを見てもわかる。財産は、手離さず後継者に引き渡すべきものなのだ。集団的な習慣と個人的成功への配慮との間に対立はない。社会的コンセンサスと金融的利益の間にも対立はないのだ。農民、実業家そして職人の孫たちと、移民の孫たちとには、時間の観念の差があるだけだ。相関的なことだが、ヨーロッパの所有という言葉には、ある具体的な響きがある。財布を非物質化することは人間らしさをなくすことを意味する。最大の問題は、常に所有に関するものだ。所有は初めから、根本的に、今も、これからも、個人的なものであると同時に社会機能も備えたものであるし、そうでなければならない。

　フランスでは今だれもが大企業の顔である社長の名を知っている。彼らはその会社の魂であるが、彼らも人間なので時として、他人に道を譲るのが遅すぎることもある。彼らはオーナーであることもあるし、名を知られた、会社の資本の相当な割合を所有するオーナーがいて、その人に指名されていることもある。しかしこれに反して、金目当ての傭兵的な社長たちがいる。彼らは、今日はここ、明日はあそこという具合に職を変える。「傭兵である者は、牧師とは違い、雌羊の飼い主ではない。狼が襲ってきたら羊を残して逃げてしまうのだ」。

　傭兵とは、「雌羊が属さない」主人であるが、もちろん経営者となれば、社長の役割を遂行するし、良き牧師にもなろうとし、狼が来ても逃げはしないだろう。しかし、工業、商業に携わる企業にとって、同じ肩書きを持ち同じ方法で権力の座についた人物の中の、ある者は「オーナー」であり、ある者は「傭兵」となるという事実が、その会社を判断する上でこの上ない基準となるのである。公けの区別はもちろんないが、根本的な違いがある。

　しかし、大企業には、責任者を指名することができる株主がいる。三つのケースがある。

　最初のケースは単純なものだ。オーナー、または大部分を所有する人間がいる。所有物の移行は、遺産承継という形である。後継者は必ずしも才能があるわけではないが、少なくともその階級、その社会、つまり事業の中で育っている。歴史上、銀行界の王朝では多く見られる。さらには、そうした支配者、その家族そして近親の人々さえ、周囲の人々へ多くの利益をもたらす。有能な人間には、かなり多くの譲渡を行う場合もあるのだ。アルベール氏の取り挙げたライン型資本主義が、相続税が四十年以来世界で最も低い富める国々のものであるのは偶然ではない。[*2] この体制の本物の障害は、不公平に対する嫉妬である。この不公平を正当化できるのは、後継者たちの功績ではなく、社会への貢献度である。

二つ目のケースは、理論的なことになるが第三のケースへ発展させて行くためにきちんと理解する必要がある。株主の民主主義についてである。個人の預金者は、総会で権力を持ち、民主政治の手続きにしたがって、社長を選出する。株主全員が同じだけの発言権を持っているわけではないのは当然だ。だが、古参の株主がいて、彼らの発言権が新参者より大きいのは正当なことである。実際は、後継者を選ぶのは社長と取締役会である。これはローマ帝国の皇帝と同じ体制である。指名される者が傭兵である可能性は少ない。後継候補とその参謀は、会社の事業を続行しようとする。継続性を選ぶのである。

金融機関の役割が大きくなって、これに変化が起きた。個人預金者は、彼らの「動産」の管理を、集団管理制のもとの専門家に委任する。そこで、第三の体制へ移るのであるが、管理人は相当な力を持ち、それをどのような精神を持って行うかが問題になってくる。ライン川流域の諸国には、莫大な財産を所有する家族が多く残存しており、集団管理の方法も、家族資産の管理法を模倣した、あるいはそれに影響を受けたものである。財力の少ない預金者は、大きな固有財産を持つ管財人を信頼する。金融機関は実業と結びついているのである。微妙な駆け引きは禁じられてはいないが、存在しないに等しい。

アメリカの集団管理形式は、それとは変わったものになった。毎日、投資信託会社の相場に留意し、その結果によって次から次へと会社を変える。信託会社のほうは顧客を引き留めておこうとする。

完璧な方式は存在しない。アメリカの動き安い状態も、混乱に陥る以前は利点があったものだ。混乱の少ない通貨管理を確立するための努力は、「投機的」流れの広がりを縮めることが避けられないが、必ずや、時間と向かい合う態度を変えていくだろう。

ドイツの安定性が生み出す価値体系は、現在のフランスのものとは違う（道徳的価値という意味だが）。特に、この十年はそうだ。ドイツの安定の基礎は、目立たないが国家であり、通貨政策の継続性は、十九世紀のものと似ている。

フランス型の変化は、独特の状況の中で進んできた。民主主義のメカニズムを、株式会社という形で片づけようとしたのである。[*3] しかし、決定的なのは、国家が、選挙の成り行きに束縛を受けたことだ。そのために、資本主義の集団管理機構の大部分にかなりの権力を与えたのだ。その方法は、アメリカにも、日本にも、ドイツにもないもので、少なくとも擁護する人はだれもいない。他方、国家は遺産に高い税をかけることによって、財産を国外へと追いやってしまったのだ。

つまり、フランスで行われている資本主義の権力行使方法は、他のどの型とも異なるのである。

アメリカ型とライン型の論争は確かに存在する。それは奥深く、意義深い論議だ。しかし、この論争の外に、ある独特なシステムが生まれている。それは、市場制、つまり競争と集団で管理される財産とを結び合わせたものである。市場といっても、それは、生産手段を私有化することではない。そして、国家的集団的体制と超国家的欧州的個人的体制との間で行われている議論は、まだ終わってはいない。愛国主義のもたらす危険は、まだ大きなものではないが、したたかに潜在している。

欧州は、ライン型資本主義を広めねばならない。だが、ドイツは、自分たちのシステムを輸出したがっていないかもしれない。なぜなら、他人が真似をしないうちは、彼らがいっそう強力でありうるからだ。

＊1　ジャック・プラサール「資本市場考察：会計と業績」（ＳＥＤＥＩＳ記録　一九九一年二月　第二号）
＊2　『強制徴収費：その重さと構造』（レクセコ社版　企業学院編　一九九〇年六月）
＊3　ミシェル・ペブロー「資本と株主の戦略」（ＳＥＤＥＩＳ記録　一九九一年二月十五日　第二号）

監修のことば

戦後四十数年にわたり、一方通行的に拡大してきた日本にも大きな転機が訪れている。

ＧＮＰでは世界の一五％を占めるに至り、世界の新しい秩序を創造してゆく中でも、経済的には一番の貢献が求められるようになった。

その矢先のバブル経済の破綻や一連のスキャンダルは、この転機を促がす時代の新潮流が、測りかねるほど深部からのものであることを示唆している。

世界からの期待も大きいだけに、二十一世紀に向けて日本がどのようなビジョンをもち、どのようなアイデンティティを意識化するかが、時代の呼びかけるテーマにとりくむ前提として特に重要だ、と思われる。

ミシェル・アルベール氏が、この本を通して提示した観察の眼は、その意味で、今日本がまさに必要としている視点であろう。

政治や行政にたずさわる方々、経営者、そして企業や市民生活を支える平凡な、しかし、それぞれに志と感性を抱いた一人一人にとって、この本が刺戟するイメージの拡がりには、大きな可能性があると思う。

例えば、私たちにとって、国際化やグローバリズムは、しばしばアメリカ化と同義にとらえられてきた。日米構造協議や金融の国際化に関連してもそうである。日本の特性は、たとえそれが現実に即してより適切だと思われるときにも異端視されたり、また、現実の成果は失敗と映るのに、アメリカ型の規範に追随しなければならないことに、違和感を覚えてきた人々は少なくなかった。この本は、そうした疑問にも一つの答を示している。

旧ソ連邦の崩壊によって、これまでの世界政治の枠組が変わると共に、社会主義経済は否定されたが、それゆえに残った資本主義経済が一色ではないことが鮮明になる、というのが著者の考え方である。アングロサクソン型とアルペン型、もしくはライン型という分け方が提示されている。読み進んで思わずひざを打つような感がしばしばであるのは、著者がフランス最大手の保険会社ＡＧＦの会長という経営者であり、経済官庁の政策責任者も経験したという経歴に加えて、それぞれの事象が人間という存在にとって、どんな意味をもっているのか、という問題意識が一貫しているからだ、と思われる。

アングロサクソン型の資本主義は、何ごとも利益追求のチャンスとする果敢さや、ゼロから無限をめざすようなサクセスストーリーで、人々の意識を競争へ、競争へと駆り立てる魅力がある。しかし、その反面、いわば近視眼的で他人にはおかまいなし、投機化、バブル化のリスクいっぱいの落し穴がある、として描かれている。典型的にはレーガン大統領が鼓舞したアメリカがイメージの中心にある。

一方、アルペン型ないしはライン型は、連帯を大切にする集団主義的な特色があり、視点は長期的で、人間や文化にも一定の場所を与えている。着実で成果も大きいのだが、若者やこれから発展したいと思う途上国や旧ソ連、東欧の人々の夢をかき立てるような魅力には欠ける、という。この分類の典型はドイツであり、日本でもあるとしている。

資本主義を二分するこうした観点は極めて示唆に富んでいる。フランス経済のこれからの羅針盤としても著者は、ライン型に軍配をあげているようなのだが、少なくともこの本を読んで、アメリカ型なり、アングロサクソン型だけが資本主義ではない、という感じ方をする人が増えることには、大きな可能性がある。

しかし、読者の多くは、おそらくそれ以上のことを感じ取られることだろう。

例えば、日本はライン型に分類されているが、ここ十年近くは、特に金融や証券の面では急速にアングロサクソン型に傾斜してきたのではないかという疑問である。

また、著者の趣旨からは外れるかもしれないが、中国型の資本主義、ロシア型の資本主義、という視点も生まれてこよう。

こうしたイメージの中で思うことだが、〇〇型の資本主義という場合の資本主義とは、グローバルな共通項になりうる経済システムの枠を指しているのではないか。

そのような共通のシステムに対して、アングロサクソン諸国のとるスタンス、ライン諸国のとるスタンス、つまり、東洋的な観点でいえば、色（形）を生み出す空（心）がそれぞれの資本主義の多様さをつくり出していくのではないか。

そう考えてくると、改めて、いまだに戦時型を卒業したあとの日本型資本主義の顔が見えてこないことが気になる。

アメリカ型あるいはアングロサクソン型の資本主義は、良かれ悪しかれ、はっきりしたアイデンティティをもっている。

ライン諸国もそうである。それに対比して、日本は何を本当に大切にしようとしているのか、日本そして日本の文化とは一体何であるのか、何のためにその経済力をこれほど強めてゆこうとするのか。

あいまいなままに、やり過ごしてきたこの問いかけに答えなければならない時がきている。そのことに気づくように促がしているのが、本書のもつ重要な意味の一つだと思われる。本書はまた、これから日本が世界に関わってゆくに当って、欧州とどうつき合ってゆくかについても示唆に富んでいる。

そして願わくば、この本の英訳が多くのアメリカ人にも読まれることによって、これからの日米の対話が、より実りのあるものとなることを望みたい。

それゆえにまた、このたび時宜に適したこの本の出版を企画された竹内書店新社社長竹内博氏、そして編集の中澤孝氏のご努力には深く敬意を表したいと思う。

本書の翻訳については、フランスでの生活体験の深い小池はるひ氏があたられたが、原文にふさわしい適切で小気味のよいフレージングで、読みやすい文章になったことは何よりも喜ばしい。

また、経済、実務など専門分野からのチェックについては、日本興業銀行の前パリ支店長として、八年余在仏された富永重厚氏（現在同行海外参事役）のお力添えを頂くことができ、タイミングのよい刊行となった。お二人に心より御礼申しあげると共に、このたび、翻訳の監修ということでこの本に出会うことのできた機縁に改めて感謝し、しめくくりのことばとしたい。

一九九二年四月十七日

久水宏之

【著 者】ミシェル・アルベール
1930年フランスのヴァンデ県に生まれる。
パリ政治学研究学院および国立行政学院卒。法学博士。政府関係機関役職就任資格のうち最上級のアンスペクトール・ゼネラル・ド・フィナンス（財務総査察官）の資格を持つ。レジオンドヌール勲一等を叙勲。ヨーロッパ投資銀行理事、ＥＣ委員会経済構造・開発局長（2006年名誉局長就任）、エクスプレス・ユニオン副会長、フランス政府経済計画官、フランス総合保険グループ会長等を歴任。
主な著書に『フランスの賭』、『社会主義とヨーロッパ』、『交錯するヨーロッパの視線』、その他、J.J. セルヴァン・シュベールとの共著『アメリカの挑戦』、『天と地—急進社会党宣言』、『痩せた雌牛』などがある。

【訳 者】小池 はるひ（こいけ はるひ）
慶應義塾大学仏文科卒。同修士課程中退。
実務翻訳、ビジネス通訳、ＮＨＫ国際放送翻訳センター。
1985-1987年、海外広報協会より出向し、在仏日本大使館広報文化センター勤務、その他数回滞仏。

【監修者】久水 宏之（ひさみず ひろゆき）
1931年富山県に生まれ、福岡県で育つ。1953年、東京大学法学部を卒業し、日本興業銀行に入行。取締役調査部長、取締役業務部長、常務取締役業務部長を歴任し、その間、大蔵省の諮問機関である金融問題研究会の委員等も務める。1983年に退社し、以後、経済評論家として、執筆、講演、経営相談などの幅広い活動を展開する。ローマクラブ会員。
主な著書に『元気の出る経済学—孤立から共生へ』、『日経産業シリーズ・銀行』、『新しい文明のための経済』、『時代の響きを共に聴く　日本の可能性再発見』などがある。

1992年 5 月25日　初版発行
2011年10月10日　改訂新版
2022年9月25日 改訂新装版 第一刷発行　《検印省略》

資《し》本《ほん》主《しゅ》義《ぎ》対《たい》資《し》本《ほん》主《しゅ》義《ぎ》【改《かい》訂《てい》新《しん》装《そう》版《ばん》】

著　者　©Michel Albert
訳　者　小池はるひ
監修者　久水宏之
発行者　宮田哲男
発行所　竹内書店新社
発　売　株式会社 雄山閣
〒102-0071　東京都千代田区富士見２－６－９
TEL 03-3262-3231㈹ FAX 03-3262-6938
振替 00130-5-1685
http://www.yuzankaku.co.jp
印刷・製本　株式会社 ティーケー出版印刷

Printed in Japan 2022　ISBN978-4-8035-0364-7　C1036
336p　21㎝